Introducing Qualitative Research in Psychology

Second Edition

Carla Willig

Translators

Benyu Guo

Shenlian Wang

Yujing Zhao

心理学质性研究导论

（第2版）

[英]卡拉·威利格 著

郭本禹　王申连　赵玉晶 译

王申连　郭本禹 校

人民邮电出版社

北 京

图书在版编目 (CIP) 数据

心理学质性研究导论（第 2 版）/（英）威利格（Willig，C.）著；郭本禹，王申连，赵玉晶 译 .
- 北京：人民邮电出版社，2013.1（2019.5 重印）
ISBN 978-7-115-30025-6

Ⅰ . ①心… Ⅱ . ①威… ②郭… ③王… ④赵… Ⅲ . ①心理学—研究 Ⅳ . ① B84

中国版本图书馆 CIP 数据核字（2012）第 297782 号

Carla Willig
Introducing Qualitative Research in Psychology, 2nd Edition
ISBN 9780335221158

北京市版权局著作权合同登记号：01-2010-0675

心理学质性研究导论（第 2 版）

◆ 作　　者　［英］卡拉·威利格
　　译　　者　郭本禹　王申连　赵玉晶
　　策　　划　刘　力　陆　瑜
　　责任编辑　刘丽丽　王伟平
　　装帧设计　陶建胜
◆ 人民邮电出版社出版发行　北京市丰台区成寿寺路 11 号
　　邮编　100164　电子邮件　315@ptpress.com.cn
　　网址　http://www.ptpress.com.cn
　　电话　（编辑部）010-84937150　　（市场部）010-84937152
　　三河市少明印务有限公司印刷
　　新华书店经销
◆ 开本：710×1000　1/16
　　印张：16.5
　　字数：270 千字　　2013 年 1 月第 1 版　　2019 年 5 月第 2 次印刷
　　ISBN 978-7-115-30025-6/F

定价：58.00 元
本书如有印装质量问题，请与本社联系　电话：（010）84937153

内 容 提 要

《心理学质性研究导论》英文版自 2001 年首版以来，一直是学习质性心理学研究非常重要的入门书，本书译自 2008 年的第二版。

本书深入浅出地介绍了质性研究的基本概念，质性研究设计的一般原则和四种具体的设计方法，即半结构式访谈、参与观察、日记和焦点团体，六种具体的质性研究方法，即扎根理论、现象学方法、个案研究法、话语心理学、福柯式话语分析和记忆研究法，最后总结了评价不同质性研究方法的标准。书中还列举了具体的研究案例，生动形象地描绘了不同质性研究方法的具体程序。尤其在介绍了每种质性研究方法之后安排了两个互动练习，便于学生将理论结合实践，活学活用。附录还收录了英国密德萨斯大学三位本科生的质性研究报告，并且进行了详细的评述，这对于质性研究的新手非常有参考价值。

本书既注重每种方法的认识论基础，又包含了具体的研究实例，可操作性强，非常适合从事社会科学尤其是心理学质性研究的工作者。质性研究在我国还处于起步阶段，本书既可以用作高等院校质性研究教学的教材，是学生进行质性资料分析方便实用的手册，也可以作为研究人员了解并尝试使用质性研究方法的参考用书。

质性方法在心理学研究中的作用（代序）

陈向明

北京大学教育学院学生委员会副主席、

基础教育与教师教育中心主任、教授、博士生导师

　　记得上个世纪末和本世纪初那些年，北京大学教育学院博士生进行毕业答辩时，不时会有北大和北师大心理学系的老师来参加。而如果博士论文使用的是质性研究方法，我就必须随时做好现场答疑的准备。答辩过程中，这些心理学专业的教授们总会问我（而不是问接受答辩的学生）如下一些问题：质性研究的样本量这么小，如何具有代表性？质性研究的结果如何从样本推广到总体？如果研究结果不能推广，这种研究又有什么意义？质性研究者的主观性这么强，甚至研究结果都可能因人而异，那又如何保证研究结果的效度和信度？是否有什么具体的办法、技术或工具保证质性研究结果的可靠性？如果不同研究者使用同样的方法、技术和手段，是否可能获得同样的研究结果？质性研究如何保证其研究结果具有客观性、中立性和普遍性？通过这种非常个人化的、小规模的实地研究获得的知识到底有什么意义？等等，等等。

　　虽然我使尽浑身解数，力图为这些来自不同专业、偏爱不同研究范式的学者们回答这些问题，但也经常被问得瞠目结舌，不知如何解释才好。而一场博士生答辩会也在不知不觉中演变成了答辩委员会成员之间针对质性研究与定量研究孰好孰坏的辩论会，应该答辩的博士生坐在一旁无所事事，一副百无聊赖的样子，而各位教授却一个个争得面红耳赤，相持不下。

　　因此，当我看到这本《心理学质性研究导论》时不禁暗喜，心想如果那时这本书已经被翻译过来，或者我们的心理学教授们知道这类英文书的存在，也许我就不必那么费尽心机，做口舌之争了。这本书 2001 年就出版了，现在我们看到的是 2008 年修改过的第二版。这说明在国际心理学界，质性研究方法在不断受到学者们的重视。现在本书在我国翻译出版，这说明我国的心理学研究也有同样的需求，越来越多的学者也在用这种方法来研究心理学问题。

　　俗话说，"隔行如隔山"，质性研究与定量研究来自十分不同的研究范式，对世

界本体的看法、认识世界的方式以及从事研究的方法和手段等都存在很大差异。即使在心理学领域内部，不同研究方向的学者们秉持的方法论也很不一样。根据我的了解，侧重心理测量和实验心理学方向的研究者们往往会更加看重定量（特别是实验）的方法，而从事心理咨询和社会心理学方向的学者们则比较青睐质性研究方法。

当然，如果研究问题需要，在研究的不同阶段、针对不同的研究内容，结合使用不同的方法也是可行的。虽然这样的结合需要特别慎重，在讨论研究结果的效度、信度和推广度问题时需要注意自己的研究立场和话语差异，但如果双方能够多一些相互理解和借鉴，总会达到利大于弊的效果。来自不同范式的研究者们如果可以悬置自己的"前嫌"和"偏见"，敞开心扉，放开眼界，一定能够在对方的领地里领悟到另一番天地。

其实，回顾心理学的发展历史，很多心理学大师在自己的研究过程中都使用了质性的方法。例如，弗洛伊德的精神分析使用的方法就与质性方法非常类似，其样本主要来自弗洛伊德自己的病人，而且数量还少得可怜。他不仅通过对个别病案的深入分析，形成了自己卓有洞见的精神分析理论，影响了整个西方世界对人之本质的认识，而且他的很多个人洞见和理论思考均来自对自身经验的体悟和反省，包括对自己的梦的解析，对自己与病人之间相互移情的分析，等等。作为一名学术巨人，弗洛伊德被公认为影响 20 世纪人类历史发展最重要的三个犹太人之一（另外两个是马克思和爱因斯坦）。

不仅对心理学而且对教育学产生了巨大影响的瑞士心理学家皮亚杰，最初使用的也是质性研究方法。他采用的样本非常小，主要通过对自己三个孩子的细致观察和深入追问（其典型技术被称为"临床访谈"），了解儿童思维发生和发展的特点及其阶段性特征。在这个基础上，他和自己的同事们逐渐扩大和丰富研究样本，通过长期的实证研究，形成了自己的一整套有关"发生认识论"的理论解释。只是后来由于担心受到学术界对其小样本的质疑，他才特意将自己的研究发现运用到大样本的调查中，其效果也只是在更大范围内验证了自己原初的研究结果而已。

很多人本主义心理学家，如马斯洛、罗杰斯、弗洛姆等，也都使用了类似的方法。他们具有长期在本领域从业的个人经验，有丰富的个人实践性知识，而且熟谙本领域的学术传统，对学术发展的走向有深刻的个人洞见。虽然他们只是对自己手头的少数典型个案进行细致的描述和深入的剖析，但是他们的研究结果却改写了世界心理学的历史。而且，更加重要的是，由于他们在研究中投入了自己个人的主观情感、审美品位和价值取向，其研究成果对生活在这个世界上的"普罗大众"（无论身处这个地球的西方还是东方）均具有心灵洗涤和精神提升的作用。

更有甚者，最近这些年风靡世界的美国存在主义精神分析师亚龙的自传体小说，在中国大陆也被频频翻译成中文。虽然这些小说的很多情节和细节显然是作者"虚构"的，但其中所蕴含的心理学道理（乃至人生安身立命的道理），特别是那些揭示人的内心潜意识和阴暗面的细微提示，却让我等心理学外行们也爱不释手，玩味无穷。我在暗暗对比自己内心世界的同时，不仅感叹于作者对人性的深刻理解和潇洒玩味，而且佩服他敢于暴露自己的个人隐私以及情感和情绪（喜怒忧思悲恐惊）的卓越勇气。作为一个相对比较"传统"的质性研究者，我个人并不认为严肃的学术研究可以对"事实"进行虚构，亚龙的小说在严格的意义上也不能称为学术"研究"。但是即使是这样的文学作品也能让读者在认识世界、理解人性方面如此受益，使我不得不怀疑"文学"与"科学"之间的界限到底何在。

援引上述心理学大师的故事，并不是希望为质性研究辩护，贬低定量研究的功效。使用不同研究范式得出新颖的心理学知识、改变人类自我认识的大师们当然也大有人在，如教育心理学的奠基人桑代克、实验心理学的大师巴甫洛夫、新行为主义心理学的代表斯金纳、认知心理学早期的代表布鲁纳（他在后期改变了自己的研究取向），等等。之所以着重介绍上述几位心理学大师是为了说明，富有洞见的研究成果并不一定需要大量的样本，也不一定苛刻地要求研究者保持客观中立，不介入被研究的现象，不动用自己的情感、审美和人际影响。人类科学（包括自然科学）发展的历程表明，重大发现往往依赖于科学家的个人洞察力和想象力，而不是简单地重复实验前人的研究成果。任何知识（包括自然科学知识）都必须成为科学家的"个人知识"，才有可能激发他们的探索热情和发现灵感，为其终生不懈的艰苦努力提供信仰和寄托。这种个人知识并不是不具备公共性，而是成为了科学家自身的一部分，科学家本人也已经栖居于被研究的现象之中。这种相互栖居使得科学探究成为一种具有本体意义的、科学家的"存在"状态，而不仅仅是一些外在于科学家的技术性活动或工具的运用。此时，科学家的知识和行动相互渗透，知行合一，其研究与生活也是处于相互渗透、相互影响的状态。

如果自然科学都是如此，那么人文社会科学更应该是如此。后者研究的是人类自己出于"主观"意愿而创造出来的社会，其行动规则和风俗习惯是可以因时代和人类自己的需要而不断改变的。虽然经过世世代代的合法化和制度化，人类的"主观"

意愿已经变成了现世中的"客观"现实，但这些"现实"归根结底毕竟还是人类"主观"的社会建构，还是有意义存在的，因此也还是有对意义进行解释的空间。而深入人类（这一最复杂、最变化多端、最不可琢磨的社会动物）的心灵探寻意义，这是一个何等需要勇气、胆识、想象、审美、乃至道德和价值判断的行动！

　　心理学，在我看来，就是这样一门跨越于自然科学、社会科学和人文学科之间的研究领域，因此它也就有更加广阔的思考空间和想象余地。随着《心理学质性研究导论》这类书籍更多的出版，随着更多的人使用不同类型的方法从事心理学研究，我相信人类对心理学的理解会愈加丰富和深刻，个体对自己内心世界的探秘也会曲径通幽，惊喜连连。

陈向明

2012 年 11 月 20 日

于新加坡南洋理工大学国立教育学院

目　录

专栏列表

致 谢

我要感谢皮特·格林（Pete Green）、玛丽亚·伊格莱西亚斯（Maria Iglesias）、凯瑟琳·约翰逊（Katherine Johnson）、林恩·西格尔（Lynne Segal）、弗朗西丝·斯坦顿（Frances Stanton）和凯瑟琳·玛丽·赛克斯（Catherine Marie Sykes）对于"探险"的含义所提出的想法。同样要感谢乔纳森·史密斯（Jonathan Smith）对第4章所提出的有益意见。我还要向那些参与我在密德萨斯大学开展的心理学质性研究方法模块教学的学生表达感激之情，该课程从1994年一直持续到1999年，为本书的写作提供了灵感。尤其要感谢戈兰·彼得罗尼茨（Goran Petronic）、克里斯·迪尤·瓦卢尔（Kris dew Valour）和卡罗利娜·莫恩斯乔（Karolina Mörnsjö）将其本科研究报告纳入了本书。还要感谢戈兰帮助我整理了最初的出书计划。

自从本书第一版于2001年问世以来，得益于在伦敦摄政学院接受的存在主义咨询心理学的培训，我在运用现象学方法方面获得了更多的知识和经验。我要感谢摄政学院心理治疗与咨询学院的全体教员，尤其是埃内斯托·斯皮内利（Ernesto Spinelli）和哈丽雅特·戈登堡（Harriet Goldenberg）所提供的指导和鼓励。

最后，我意识到，多年来指导了许多研究生开展质性研究项目，这对我质疑、澄清和完善质性研究思想颇有裨益。因此，我要感谢我的硕士生和博士生们为本书第2版所作出的间接贡献。

1

从食谱到探险

"探险是对新的、可能令人不安的经验保持开放态度。"

"探险意味着敢于进入新的领域。"

"探险是发现某些新鲜、令人兴奋的事物的过程；存在一点点危险。"

"探险是令人兴奋的和非同寻常的历程。存在很多的乐趣，可能也有一些挑战。探险令我获益良多。"

"伊妮德·布莱顿[1]的故事……（大笑）……探险令人兴奋，可能会给当事人自身带来一定程度的风险；它有时是可怕的，但最终结果是安然无恙的。你会很高兴经历了它们。"

"探险是一种探索新地方、结识陌生人和拥有新体验的超常活动。这些活动在本质上可能利弊参半。"

1　伊妮德·布莱顿（Enid Blyton，1897-1968）出生于伦敦南部，是世界著名的童话女作家，为不同年龄的儿童创作了无数新奇故事、出版了 700 多本故事书和小说，代表作有《刁蛮女孩》(The Naughtiest Girl)、《五伙伴历险记》(The Famous Five) 和《秘密七人团》(The Secret Seven) 等。她于 1949 年开始创作 Noddy 这个虚构人物，同时将儿童发展研究的概念融入故事中。布莱顿把孩子们纯真率直、活泼好动、喜欢探险和富于幻想的诸多特征集中到 Noddy 身上，使这个玩具城里的小司机数十年来成为一代又一代儿童贴心的好朋友。因此，她被誉为 20 世纪的"鹅妈妈"。——译者注

"探险是突然的、令人惊讶的事件，也是令人愉快的，因为它们是出乎意料的。"

一谈到"探险"，就会激起人们的遐想。我们想知道什么是探险，它给人什么感觉，接下来会发生什么。我们把探险者看做因为经验而改变了的人，永远不会再与过去完全相同，目的是要就上列对"探险"的几种解释回答这个问题："'探险'这个词对你来说意味着什么？"这些解释大多都提到，"探险"涉及某些"新的"、尚未可知的事物，某些我们以前未曾经历过的事物。同时，有人认为"探险"是一项积极的活动，尽管难免会有风险。我们认为应该把研究过程看做一种探险。当我还在读本科时，我认为"研究方法"类似于食谱。研究工作包括选择正确的原料（如有代表性的样本、标准化的测量工具、适合的统计检验）和按正确顺序（"程序"）来操作它们。尽力"处理得当"之后，我们就会屏住呼吸，希望实验已经"成功"了——就好像徘徊在厨房里，等待着美味的菜肴出锅。如今，我要以不同的视角来审视研究。"研究方法"已成为接近问题本质的方法。它们也是证明答案合理性的方法（这就是研究方法与认识论的共同点，将在下文讨论）。无论怎样，我对研究的理解已经由机械模式（如何将适当的技术运用于研究主题）转向了创造模式（我如何才能发现？）。我对研究方法的理解已经从"食谱"转变为"探险"。

本章我想较为详细地探查"研究"的含义以及心理学中的质性方法的研究特征。为此，需要先介绍一些哲学上的重要概念，诸如"认识论"、"实证主义"、"经验主义"和"假设-演绎主义"等。在这一过程中，我会把诸如"科学"和"知识"等熟悉的概念以问题的形式提出来。本章的目的是要给大家提供一种知识背景，以便更好地理解心理学中的质性研究方法，并确定此类研究的定义性特征。

认识方法和认识对象

认识论（epistemology）是哲学的一个分支，是关于知识的理论。它试图回答"我们如何认识以及能够认识什么？"这一问题。这涉及对知识的本质、范围以及知识论断的效度和信度的思考。研究方法为我们提供了探究并且有望解答研究问题的途径。有人称研究方法为"通往目标之路"（Kvale 1996a: 278）。不过，我们首先需要明确我们的目标，并且能够证明我们的选择是合理的。我们要明晰我们的研究目标，并且要对可能发现的研究结果做到心中有数。换言之，我们需要采纳认识论的立场。

实证主义

实证主义（positivism）是认识论的一种观点。实证主义的观点认为，世界（客体、事件、现象）与我们对它的知觉和理解之间存在一种直接关系。实证主义者认为，描述"外在的"事物并且准确地理解它是可能的。这样一种立场也可以称作"真理符合论"，因为它表明现象直接决定我们对它们的知觉，从而事物与它们的表征之间存在一种直接对应关系。柯克和米勒（Kirk & Miller 1986: 14）的实证主义定义强调了以下基本假设："外部世界本身完全决定了观察的惟一正确角度，而与观察的过程或环境无关。"实证主义认识论意味着，研究的目标就是得到客观的知识；也就是说，在"外部"视角的基础上公正无偏地理解客观世界，而不涉及研究者的个人参与或既定利益。

实证主义的历史悠久，但今天极少有（即便有的话）科学家和研究者声称自己是顽固守旧的实证主义者。事实上，在当代的认识论争辩中提到实证主义时，通常含有贬义。这是因为现在人们普遍接受的观点是，观察和描述必然具有选择性，因而我们对世界的知觉和理解再客观也不免带有一定的偏见（要想明晰地了解科学知识的本质和局限，参见 Chalmers 1999）。人们的分歧在于，我们对世界的理解能够在多大程度上趋近客观知识甚或某种真理。不同的认识论立场对这一问题的回答不同，从朴素实在论（naïve realism）[1] 延伸至极端相对论（relativism）[2]，前者类似于实证主义，后者完全排斥诸如"真理"或"知识"等概念。在两者之间，我们发现存在着诸如批判实在论和不同形式的社会建构主义等立场（参见 Parker 1998）。

经验主义

经验主义（empiricism）与实证主义有着密切的关系，它的基本假设是，知识必须来源于"实践经验"（参见 Chalmers 1999）。换言之，感官知觉是获取知识的基础，获取知识的过程就是系统地收集观察资料并进行分类的过程。实验研究也是获取知识的过程。根据这一观点，简单的观察资料结合在一起就能产生复杂的观念，因而理论由此而生。也就是说，理论的建构是为了理解观察到的资料。再一次强调，现如今极少有（即便有的话）科学家和研究者支持纯粹的经验主义。人们普遍接受的观点是，感官知觉无法直接地不带任何主观色彩地了解"客观事实"的本质。我们对一种现象了解得越多，观察它时就知觉得越详细。知觉不可避免地带有选择性，根据观察目的，人们学会了以不同的方法观察同一现象。然而，现代的经验主义者们往往主张，知识的获取依赖于资料的收集和分析。他们认为纯理论研究无法使我们更加接近真理，并且提出所有知识论断都必须扎根于资料。如此看来，区分"经

1　realism，也译为唯实论、现实主义，是西方哲学本体论的一种观点。实在论认为真实的存在独立于人类感官、信仰、概念与想法之外，我们所相信为真实的一切都只是近似于真实的存在。人类感官所感受到的世界，只是真实的一种投射，并不是真实。朴素实在论又称为直接实在论或常识实在论，是根源于知觉理论的精神哲学，主张通过感官能直接认识外部世界，我们对外部世界的认识正如它的真实存在。与朴素实在论相对的是间接实在论或表征实在论、认识论上的二元论，后者认为我们的意识经验并非真实的世界，而是对世界的内部表征。——编者注

2　relativism，又译为相对主义，注意爱因斯坦提出的相对论，即关于时空和引力的基本理论，其英文名称是 relativity。本文提到的相对论均为哲学认识论上的相对主义，而非爱因斯坦的时空相对论。相对论是一种形而上学、唯心主义的哲学学说。它的主要特征是片面地夸大绝对运动而否认相对静止，抹杀其确定的规定性，取消事物之间的界限，从而根本否定事物的客观存在。在认识论方面，相对主义夸大人们的认识的相对性，把相对和绝对完全割裂开来，否认相对中有绝对，否认客观的是非标准、绝对真理、绝对正确的存在。——编者注

验主义者"（empiricist）和"经验的"（empirical）两个术语很有必要。"经验主义者"强调所有知识论断都必须扎根于观察资料这一态度，而"经验的"是一个描述性的形容词，指的是包含资料收集和分析的研究。

假设－演绎主义

实证主义和经验主义在实践和逻辑上的诸多严重局限导致了其他知识理论的发展。卡尔·波普尔（Karl Popper）对归纳主义（inductivism）的批判以及随后对假设－演绎主义（hypothetico-deductivism）的系统阐述，成为最具影响力的替代理论。它奠定了主流实验心理学的方法基础。波普尔意识到这一事实，即观察的积累永远无法得出"甲跟随乙出现"这样的定言述辞（categorical statement）[1]。即使我们观察到甲跟随乙出现很多次，仍然无法断定下一次观察结果相同。总是存在这样的可能：下一次将是一个例外。这就是归纳（induction）的问题所在。波普尔对这一事实也不满意，即许多有影响的理论似乎能够容纳各种不同的观察结果，并认为这些观察结果是其理论主张的证据。似乎没有任何一种科学理论能够永远终结性地经得起实践的检验。这就是证实（verification）的问题所在。为了避免这些问题，波普尔提议科学研究应该依赖演绎（deduction）和证伪（falsification）的方法，而非归纳和证实。波普尔的假设－演绎法（hypothetico-deductive method）恰恰满足了这一要求。在这种方法论指导下，从理论提出假设来检验理论，而假设则通过实验或观察在实践中加以检验。研究的目的就是检验理论观点是否正确，错误则拒绝接受，正确则暂时保留。因此，假设-演绎主义不会寻找能够验证理论观点的证据，而是要通过寻找相反的证据或证伪发挥作用。这样，我们就可以发现哪些主张是不正确的，并且通过

1　"定言述辞"是哲学上的名词，是科学研究工作的基础。定言述辞不仅是一种修辞方法，而且能把两个看似无关的事物联系起来，构成有意义的陈述。定言述辞就是确定两类事物之间关系的简单句子，这里的"类"可以是任何具有共同点的人或物。定言述辞由量词、主语、系动词和宾语四部分组成。所有的定言述辞在结构上都严格遵循上述词序。如"所有的老鼠都是啮齿类动物"；"没有一个水手是旱鸭子"等。因此，定言述辞在研究逻辑时非常重要。——编者注

排除这些错误的主张，我们会更加接近真理。

"科学方法"之批判

波普尔为科学提供了一种方法，它避免了归纳和证实所存在的问题。不过，由于忽略了历史、社会和文化因素在知识形成中的作用，波普尔的假设－演绎主义反过来在20世纪60、70年代也受到了挑战。对假设－演绎主义的批判包含如下指责：

1. 假设－演绎主义无法为理论发展提供足够的空间

这里指的是，该方法依赖于由已有理论提出的假设，这就不可能提出全新的理论。如果科学研究仅仅在于检验已有的理论，或者拒绝它们或者保留它们，那么我们在研究实践中就不可能发现全新的、出乎意料的深刻见解。公平地说，波普尔（Popper 1969：231）曾经的确提出过，研究者应该热爱探险并且应该检验"大胆的猜想"，因为大多数猜想都是从错误中习得的；然而，即使最大胆的假设也是基于已有的知识和预期。假设－演绎主义未曾考虑到的是，证据可以推翻公认的智慧，并使我们以一种完全不同的视角来看待事物。

2. 假设－演绎主义是精英主义的

由于假设－演绎主义研究已有理论，并且依赖于由已有思想体系作出的演绎，它将那些不熟悉此类理论和体系的人排除于其实践之外。假设－演绎法会促进检验自己理论和彼此理论的科学家和研究者团体的形成。如果对知识的理解仅仅局限于拒绝或保留已有理论，那么局外人或初学者就很难（即使并非不可能）为新知识的产生作出贡献。

3. 假设－演绎主义是一个神话

波普尔提出，知识的产生应该是一个渐进的过程。通过拒绝错误假设，知识将获得发展，虽然缓慢但却持续不断。单个科学家通过检验其假设以甄别那些可能被抛弃的理论来促进这一过程。托马斯·库恩（Thomas Kuhn［1962］1970）根本不同意这一观点。他坚持认为，事实上，理论并非真得以这种方式接受检验。当科学家喜爱某一特定理论时，他们并不会根据实验证据去拒绝它。相反，如果证据不支持理论，他们会想当然地认为实验在某些方面出了差错。因此，将失败归因于科学家操作和实验设计的不当，而非理论的缺陷。库恩认为科学并非如波普尔所言以逐步渐变的方式推进，而是通过科学革命导致范式转变的跳跃式发展。这种情况下，范式（paradigm）——特定的概念框架——得以扩展以包纳各种各样的证据。反常现象和矛盾事物不断积聚，直到更宽泛的社会经济和历史过程使得新范式得以产生，顺理成章地替代旧范式。一旦这种新范式占据优势地位，某个时代来临的时候它反过来又会阻碍变革。

女性主义对认识论的批判

上文中提到的几种认识论观点所存在的诸多问题和局限，都是由女性主义学者发现的。20 世纪 60、70 年代，她们关注了这一事实：女性在社会科学工作中是非常少见的；对女性的"研究"发现，她们在智力、道德发展和会话风格等方面都要逊于男性。女性主义者认为，这些"发现"随后用来为社会现存的男女不平等现象进行辩护，并使之得以延续。为挑战这些不平等，终结对女性的压迫，女性主义学者对性别歧视者的知识论断所依赖的认识论（和方法论）基础提出了质疑。这引起了对"男性科学"的广泛批判。这种批判包括如下主要论点：

1. 以男性为标准

以人类为对象的绝大多数研究都是以男性被试来完成的。这部分是因为机会（大多数研究者使用大学生作为容易获得的被试，而这些大学生中多数是男性）所致，部分是因为男性是典型的"人类被试"这一假设。结果，基于（年轻的、白种的、中产阶级的）男性被试的研究结果，概括到了整个人群。换言之，（年轻的、白种的、中产阶级的）男性为后来测量其他社会成员设定了参照标准。这意味着，当女性后来成为研究对象时，她们的表现和行为是依据男性标准来评估的，因而评估结果不合格。在道德发展领域，对"男性标准"这一取向最广为人知的批判是由卡罗尔·吉利根（Carol Gilligan 1982）系统提出的。吉利根对科尔伯格（Kohlberg 1976）的观点提出了挑战，科尔伯格认为女性的道德发展水平平均要落后于男性。科尔伯格的主张得到了许多研究的支持，当然这些研究都使用了他制作的道德发展量表。该量表将个体的道德发展划分为从水平1（最低）到水平3（最高）等几个阶段。两者之间的水平和阶段代表了从基本的道德考量（如就个人所面临的结果来说），经由基于外部赞许的道德考量，到包含个人良知的道德考量的过渡。通过给男性被试呈现一系列假设的道德两难问题并对他们的反应归类，科尔伯格就制作出道德量表。吉利根认为，男性和女性在社会化过程中形成了不同的道德发展取向，鼓励女孩发展关怀取向，鼓励男孩发展公正取向。科尔伯格的量表以公正取向为基础，因此必然有利于男性参与者。吉利根给女性参与者呈现现实生活中的道德两难困境（堕胎），以确定她们是否有其他的道德推理模式。她坚持认为，女性的道德考量围绕着非暴力的内部关怀取向而建立，恰恰与科尔伯格的水平3（个人良知）一样高级。它们只是形式不同而已。

2. 上帝的诡计

"男性科学"声称能做到"客观公正"，或者至少力争如此。这意味着，研究者对待他们的研究主题必须保持超然独立且客观公正的态度。为确保资料收集和数据分析不受研究者"污染"，研究者制定了许多程序，包括标准化的被试指导语、研究者和参与者之间接触的最少化、用于资料收集和分析的单盲或双盲程序，以及使研究环境"中性化"的各种努力（如将所有私人物品移出实验室或者让研究者穿上白大褂）。女性主义批判者认为，为保证"客观"所付出的努力以及为达成此目标所采取的策略，实际上是为了掩盖这一事实：研究者的身份和立场从根本上会影响研究过程和结果。他们坚持认为，研究者不可能置身于研究主题"之外"，因为研究者将不可避免地与正在研究的现象发生关联或者牵涉其中。唐纳·哈拉威（Donna Haraway 1988）把这种自命"客观公正"的企图戏称为"上帝的观点"。"上帝的观点"的对立面是，研究者要反省自己对正在研究的现象所持的个人立场，并努力确定这一立场对研究过程和结论的影响。自反性（reflexivity）这一概念将在本章的稍后部分进行更加详细的讨论，并且将在整本书中反复出现。

　　尽管可以说对已确立的认识论和"男性科学"存在一种普遍性的女性主义批判，但不存在任何一种女性主义认识论甚或方法论。女性主义学者已经以不同方式对实证主义、经验主义和假设－演绎主义所存在的问题和局限作出了反应。女性主义社会科学家和哲学家已提出各种可供选择的认识论取径，包括立场认识论（如 Harding 1991）、民族方法学（如 Stanley & Wise 1983）和各种版本的女性主义的后结构主义（如 Henriques et al. 1984；Haraway 1991）。

社会建构主义

　　近些年来，社会建构主义（social constructionism）已经成为一种影响力渐增的取径（参见 Burr 2003）。社会建构主义注意到这一事实，即包括知觉在内的人类经验是以历史、文化和语言为中介的。也就是说，我们的主观经验从来都不是对客观环境的直接反映，而必须理解为对外部世界的一种特定解读。这并不意味着我们无法真正地认识任何事物；而是说，它表明存在着"群集知识"而非"单一知识"。语言是社会建构性知识的一个重要方面。同一现象或事件可以用不同方式来描述，这就产生了不同的知觉和理解方式，而其中的任何一种描述方式都不必然是错误的。这方面的一个明显实例是，半杯水既可以描述为"半满"又可以描述为"半空"；两种描述都同样准确，只不过一种描述对情境进行了积极、乐观的解读（"半满"），而另一种强调了缺乏和不足（"半空"）。

　　社会建构主义者认为，研究目的就是要找到某种文化下建构社会现实的各种方法，以便探索它们的使用条件，并且考查它们对人类经验和社会实践的影响。例如，心理学中的社会建构主义研究者已经批判性地考察了诸如"情绪"（如 Harré 1986）、"偏见"（如 Potter & Wetherell 1987）和"精神病理学"（如 Parker et al. 1995）等心理学范畴，以表明他们采用的是建构现实的方法，而非仅仅反映现实。

认识论与方法论

认识论与方法论有何种关联？研究者的认识论立场对研究方法有多大的影响？要回答这些问题，我们首先需要区分"方法"和"方法论"。尽管这两个术语经常混用，但事实上两者的确指的是研究工作的不同层面。西尔弗曼（Silverman 1993: 1）指出，"方法论"是指"对研究主题进行研究的基本方法"，而"方法"是指"一种具体的研究技术"。（稍后我们将进一步区分收集资料的方法与分析资料的方法，参见第 2 章。）区分"研究工作的基本方法"和"具体的研究技术"很有裨益，因为前者比后者更直接地受到研究者的认识论立场影响。例如，主要持经验主义知识获得观的研究者，将通过收集资料而非构思理论来研究问题。然而，究竟如何收集这些资料（如观察、问卷或访谈等）则是另一个问题，这不是研究者所持的经验主义认识论立场所能决定的。这方面假设－演绎主义是个例外，因为它给研究者同时提供了一种认识论立场和一种研究方法，即通过做实验来检验假设（但要想了解假设－演绎主义在个案研究中的使用，参见第 5 章）。

然而，并非所有的研究方法与方法论都是兼容的。尽管我们在选择研究方法上有着一定的灵活性，但研究者所恪守的认识论和方法论的确会制约特定研究方法的选择。例如，社会建构主义的方法论就与旨在测量总体变量的研究方法不相容。这是因为，社会建构主义会反思"心理变量"这类既定结构；质疑这类结构的正确性，并且关注于探索它们"成为现实"的各种方式。这不可能通过"测量"这些结构来达到。根据社会建构主义的观点，心理变量的测量本身就是使它们成为现实、对它们进行建构的另一种方式。

质性研究

本书的主题是心理学中的质性研究。我们已经介绍了认识论的概念，并且简要考察了一些主要的认识论立场，现在是该探讨质性方法论的时候了。

首先，认识论立场完全不同的研究者可以使用并且正在使用质性研究方法，承认这一点非常重要。例如，既存在社会建构主义的质性研究者，也存在经验主义的质性研究者。严格说来，这意味着质性研究方法论表现为"群集形式"而非"单一形式"。然而，质性研究者们也具有许多共同的关注点，正是这些共同的关注点构成了"质性研究方法论"。在这一部分，我将 :（1）明确这些共同关注点，描述"质性研究方法论"的基本特征 ;（2）介绍"广义 / 狭义"二分法 ;（3）关注不同质性研究取径之间的认识论差异。

共同关注点 :"质性方法论"

质性研究者倾向于关注意义。也就是说，质性研究的关注点是人们对世界的理解以及对事件的体验。质性研究的目的是要理解个体经历特定事件时的感受"是怎样的"（例如，罹患慢性疾病或者下岗失业意味着什么，感觉如何）以及人们如何处理某些境况（例如，人们如何协调家庭生活或者与同事的关系）。因此，质性研究者倾向于关注经验的质量与本质，而不是寻找因果关系。在研究开始之前，研究者往往不研究自己所定义的"变量"。这是因为，质性研究者往往对参与者本人赋予事件的意义感兴趣。研究者如果使用预先设定的"变量"，会导致研究者将自己的主观意愿强加于研究之上，并且会妨碍参与者理解所研究的现象。质性研究的目标是描述并对事件和经历给出可能的解释，而绝不是去预测。质性研究要考察置身于自己生活领域（即在自然发生的场景如家庭、学校、医院、街道里活动）的人。这些场景是"开放的系统"，其中的诸多因素不断发展并且彼此相互作用，从而研究活动是一种持续变化的过程。参与者（和研究者）对事件的解释本身会影响这一过程。因此，对于质性研究者来说，"预测结果"没有意义。相反，他们要考察过程中的问题，如"当人们形成群体时他们会怎样做？"、"人们如何处理职场中的变化？"或者"人们如何忍受慢性疼痛？"

"狭义"和"广义"的质性研究

基德尔和法恩（Kidder & Fine 1987）区分了两种意义的"质性研究"："广义"指的是开放的、归纳式的研究方法论，关注理论生成和意义探索 ; 而"狭义"指的是把非数字型资料收集方法纳入到假设 - 演绎式的研究设计之中。例如，研究者可能在二择一的迫选问卷中列入一个开放式问题，然后利用内容分析法来给该质性材料"打分"。"狭义"的工作方式并非自下而上（也即始于细节，逐渐积累，上升至更高层次的概念）。也就是说，资料收集与分析的"狭义"方法，不寻求通过分析资料来重新深刻地洞察参与者建构意义和／或体验其世界的方式；相反，这种方法始于某个假设和由研究者定义的范畴，随后用质性资料检验之。

本书所探讨的是"广义"方法论。书中所介绍的六种质性研究取径，都注重探索生活经验和由参与者所定义的意义。尽管它们在认识论、自反性和批判性语言意识（critical language awareness）（参见下一部分）上立场不同，但它们都可以归类为"广义"方法。我已经决定拒绝"狭义"方法，因为尽管它们在本质上是非数字型的，但它们在资料收集和分析过程中会强加研究者的意愿，并且会通过应用预定的编码范畴来严格控制分析所得出的结果。在我看来，这与"质性方法论"的精神是相悖的。

认识论差异："群集式的质性方法论"

西尔弗曼（Silverman 1993: 1）认为，"没有理论就无所谓研究"。这一论断注意到理论在解释研究资料过程中所起的作用（要想详细了解理论在质性研究中的作用，参见 Anfara & Mertz 2006）。例如，如果研究资料只有几页访谈记录，那么在分析之前，我们就需要先确定这份记录稿代表什么（参见 Kvale 1996a: 278）。它可能代表受访者对所经历事件的真实陈述。另一方面，它可能代表受访者企图拒绝承担所发生事件的责任。或者，它可能解读为受访者无意识愿望的表达。或者，研究者据此可能洞悉受访者的世界观。我们对记录稿所代表内容的看法——也就是说，我们对"文本状况"的定义（参见 Flick 1998）——将取决于我们着手处理文本所依据的理论框架。反过来，该框架又受到我们认识论立场的显著影响。例如，如果我们的认识论立场是社会建构主义的，我们就可能利用话语分析的框架来处理文本。这意味着，把文本视为可利用的话语资源，受访者正在利用这些话语资源来建构特定版本的事件。然而，如果我们的认识论立场是经验主义的，我们就可能利用扎根理论（grounded theory）方法或者解释性现象学分析（interpretative phenomenological analysis）来确定受访者用来理解事件的意义范畴。这种情况下，文本可以看做受访者心理过程的一种言语表达。两种情况下，对访谈记录稿的分析都是质性的。在最近的一次展览中，法国艺术家索菲·卡勒（Sophie Calle）举了一个例子（此例中的文本是一封结束恋爱关系的电子邮件），饶有兴趣地说明了文本的无数种解读方式，每种解读方式都赋予文本一种不同的"状况"。卡勒邀请了107 位不同背景和职业的女性（包括精神分析学家、法医精神病学家、犹太教法典学者、法官、礼仪顾问、社会工作者和文字编辑等）来阅读并阐释由她（当时的）男朋友寄给她的邮件信息。展览与配套文本（Calle 2007）一个挨一个地展示这些阅读材料，证实了一封邮件信息看似简单，但解码方式很多，并且有多少种专业（和个人）视角，便会有多少种解码方式。

"群集式的质性方法论"也可以根据它们对自反性的强调程度和对语言作用的重视程度来进行分类。这两种特征是相互联系的。自反性要求我们意识到研究者在整个研究过程中对意义建构作出的贡献，并且要承认研究者进行研究时不可能置身于其研究主题"之外"。因此，自反性促使我们"探索研究者对某项研究的介入对这类研究的主题方向和报告写作的影响"（Nightingale & Cromby 1999: 228）。

自反性有两种类型：个人自反性和认识论自反性。个人自反性（personal reflexivity）包括反思我们自己的价值观、经验、兴趣、信仰、政治承诺、广泛的生活目标以及社会身份对研究的影响。它还要思考研究对我们（包括普通人和研究者）可能造成的影响和改变。认识论自反性（epistemological reflexivity）要求我们探究诸如此类的问题：如何界定、细化研究问题"发现"结果？如何运用研究设计和分析方法"建构"资料和结果？如何运用其他方法对研究问题进行研究？其他方法多大程度上会导致对所研究现象的不同理解？因此，认识论自反性会促使我们反思研究过程中提出的（关于世界或知识的）假设，并且能帮助我们思考这些假设对研究及其结果的影响。质性研究者们在研究中对自反性的重视程度并不一样。对于某些质性研究者来说，个人自反性和认识论自反性对于研究过程都是至关重要的，并且是研究报告不可或缺的部分。也有些质性研究者承认自反性的重要性，但不会在研究报告里深入讨论。

批判性语言意识（Fairclough 1995）构成了自反性的一部分。我们运用字词描述我们的经验，这些字词在我们对这些经验赋予意义的建构过程中发挥着重要作用。语言具有建构性的一面，而不仅仅反映现实。这意味着，研究者在研究过程中所使用的范畴和标签会影响他们的"研究结果"。例如，某些问题的提法会将某些答复排除在外。比如在医疗程序中，如果研究者询问调查对象"感觉如何"，那么研究者就援用了"情感"的范畴。这就意味着，无论调查对象从哪个角度回答这一问题，都必将导向"情感"。情感在该研究中已经变得很突出，并且调查对象的回答将根据这一建构来定位，即便她否认它的重要性。质性研究者们对语言建构各种客观现实所能达到的程度持不同看法。一些极端的研究者主张语言在意义建构中起着核心作用，并且研究者的任务就是要研究这些建构产生的方式、建构跨文化和历史的变化过程以及建构对人们经验的影响。另一些极端的质性研究者认为要描述特定场景中发生的"事件"是可能的，只不过精确度有大有小；这种情况下，语言仅仅是达到目的的一种手段或工具。在两个极端之间，存在各种不同程度的批判性语言意识。

我们可以采用多种方式来给质性研究取径分类，以便突出它们的认识论差异。读者将会在文献中遇到许多不同的分类系统和术语，有时候这可能会让人迷惑。要记住的重要一点是，为了理解研究取径之间的差异，我们需要思考一系列问题。这些问题将在本章的最后一部分进行讨论。

本书概要

本书的目的是要向不熟悉质性研究方法的人们介绍一些最适合心理学的质性研究方法。第 2 章要讨论质性研究设计的重要内容，包括提出研究问题、选择恰当的资料收集方法以及伦理考量和自反性。第 3 章至第 8 章介绍了心理学的 6 种质性研究取径：扎根理论、现象学、个案研究、话语心理学、福柯式话语分析以及记忆研究。每一章分别介绍了一种研究取径及其收集和分析资料的程序和技术，还会指出其优缺点，讨论其写作方式。为了方便比较这 6 种方法，我会针对每种研究取径提出 3 个认识论问题。这些问题见下一节。最后一章（第 9 章）探讨质性研究的评价问题。本书还收录了心理学专业的大三本科生撰写的 3 份研究报告（参见附录 1-3）。这些报告说明心理学的本科课程也能运用质性研究方法。这 3 份报告的质量都很高。为了便于读者理解，我在报告中插入了一些说明注解。这些注解都用灰框圈定并且开头标以"作者注"（C. W.）字样，以便于识别。

三个认识论问题

为了能更好地评价研究方法，我们需要了解研究的目标以及它的目的是要获取何种知识。例如，如果研究的目的旨在查明某种行为带给当事人的感觉，批评该研究没有找到此种行为的认知前兆是毫无意义的。相反，如果一项研究关注于某种经验的主观品质，而它所使用的方法却抑制了参与者公开、详尽地表达其情感的能力，那么该研究就可能会受到批评。为了能够比较各种方法论取径和评价其达到研究目标的程度，我们需要清晰地了解它们的认识论基础和方法论要求。下面的问题可以帮助我们认识各种方法论的认识论根源。

1. 该方法论的目的是要产生何种知识

质性研究能给出描述或解释。质性研究的目的可以是为那些遭到边缘化或忽视的人们"提供发言机会"；它的目的也可以是通过解释人们话语来说明他们这样说话的原因；它的目的也可以是把诸如医患沟通等微观过程和诸如经济与社会关系等宏观结构联系起来；它的目的也可以是充分体现个体对某种经验或情境的主观"感受"，或者希望能找到在一群人中反复出现的经验模式。某种方法论的目的(获取何种知识)取决于它的认识论立场（也即它对认识对象以及认识方法的看法）。质性心理学采纳的认识论立场范围通常较广，从极端相对论延伸至朴素实在论（Madill et al. 2000）。实在论立场使人们坚持这一信念：我们所收集的资料应该为我们提供外部世界和事实真相的信息。这意味着，我们在设计（和实施）方法时应该促进客观真实、没有歪曲的表征的产生。例如，从实在论的视角来看，一项对市中心老年人生活质量的研究，需要找到获取这群老年参与者真实情感和经验的方法。这种情况下，研究者所面临的一个重要挑战是，找到能够鼓励参与者尽可能自由、坦率地表达自我的资料收集方法。与之相反，相对论立场支持这样的观点：不存在"纯粹经验"这类事物，研究的目的应该是探索文化和话语资源的使用方式，从而在不同的背景下建构各种不同的养老体验。这类研究需要使用能够识别并取用这些资源的方法。这种情况下，资料收集和分析的方法需要对话语陈述中的紧张状态、矛盾和变化保持敏感。在这一连续体的两个端点"实在论"和"相对论"之间，存在一系列其他立场。其中包括这样一种观点，它既欣赏实在论要更好地理解外部世界发生的"事实真相"的抱负，又承认研究者所收集的资料或许无法提供了解这一现实的直接途径。这种立场可以叫做批判实在论。还有一种"介于两者之间的"立场主张：虽然经验总是解释的产物，并因此是建构的（和灵活的）而非确定的（和固定的），但它对于拥有此经验的人来说是"真实的"。这种立场可以叫做现象学。尽管沿着从实在论到相对论的连续体对方法进行分类可能有所裨益，但我们也应清楚地看到，这种术语的使用在回答问题的同时也引出了同样多的问题（例如，称某个事物是"真实的"指的是什么？事实真相与客观现实之间的关系是什么？）。因此，重要的是我们不要过于专注于正确标签的使用；相反，更确切地说，关键的是我们要明确我们的目的是要产生何种知识，选择一种能够获取这种知识的研究方法论。

2. 该方法论作出了何种关于世界的假设

这一问题把我们带入了本体论（ontology）领域。本体论关注世界的本质。认识论询问的是"我们如何认识？"，而推动本体论的问题是"我们认识什么？"。也许可以说，本体论所关注的是根本性问题，我们不可能不对世界的本质作出某些假设。例如，我们的出发点可能是这一假设，即社会事件都是由诸如社会经济关系等深层结构造成的，这属于唯物主义本体论。或者，我们可能假设心理现象独立于这些结构，这属于唯心主义立场。本体论立场可以描述为"实在论的"和"相对论的"。实在论的本体论主张世界是由彼此存在因果关系的结构和客体组成的。例如，唯物主义就赞同这种本体论。相比之下，相对论的本体论拒绝这种世界观，而主张世界并不像实在论者所认为的那样秩序井然、有律可循。相对论的本体论怀疑世界的"外在性"，而强调世界解释的多样性。唯心主义就属于相对论的本体论。

3. 该方法论如何界定研究者在研究过程中的作用

所有质性方法论都承认，研究者无论如何都会牵涉到研究过程中。然而，把研究者视为研究结果的创造者还是目击者，不同的质性方法论存在差异。一些方法论（通常是那些具有相对论倾向的）把研究者看做研究过程中的核心人物，因为正是研究者建构了研究结果。这种情况下，可以把研究者比喻为一位建造房子的建筑师。相同的砖块（研究资料）可以用来建造许多迥然不同的建筑物。另一些方法论（通常是更具实在论倾向的），虽然承认研究者重要，但并不把研究者视为研究结果的创造者。相反，它们把研究者看做运用研究技术去发掘证据的人。这种情况下，研究过程可视为一段探险寻宝的旅程，而非一种建构过程。

在探讨本书所介绍的 6 种质性方法及其方法论时，我们会反复思考这 3 个认识论问题。在最后一章，这 3 个认识论问题也是我们讨论、评价和比较这 6 种取径的基本框架。

扩展阅读

Anfara, V.A. and Mertz, N.T. (2006) *Theoretical Frameworks in Qualitative Research*. London: Sage.

Burr, V. (2003) *An Introduction to Social Constructionism*. London: Routledge.

Chalmers, A.F. (1999) *What is this Thing Called Science?*, 3rd edn. Buckingham: Open University Press.

Harding, S. (1991) *Whose Science? Whose Knowledge? Thinking from Women's Lives*. Buckingham: Open University Press.

Hollway, W. (1989) *Subjectivity and Method in Psychology: Gender, Meaning and Science*. London: Sage.

Kirk, J. and Miller, M. (1986) *Reliability and Validity in Qualitative Research*. London: Sage.

Kvale, S. (1995) *The social construction of validity, Qualitative Inquiry*, 1(1): 19-40.

Willig, C. and Stainton Rogers, W. (eds) (2008) *The Sage Handbook of Qualitative Research in Psychology*. London: Sage.

2

质性研究设计

　　我在第 1 章指出了质性研究者的一些共同关注点。这些关注点以意义的建构与协商、经验的质量与实质为中心，对于研究设计具有启发意义。质性资料收集方法必须做到参与者引导或自下而上驱动，在某种意义上，它们要让参与者所产生的意义为人所知。这些方法必须保持充分的开放和灵活，以便促进新的、意料之外的意义和经验的生成。预先编码和研究者自创的编码种类是与"广义的"方法论不相容的。因此，质性研究设计有许多一般性的原则，将在下一节一一列举。之后我们将讨论怎样提出研究问题和选择恰当的资料收集方法。在本章的剩余篇幅中，我们将介绍 4 种主要的资料收集方法（即半结构式访谈、参与观察、日记和焦点团体）。本章还将探讨道德伦理和自反性问题。

质性研究设计的一般原则

　　这些原则关涉我们要收集的资料类型以及研究过程中参与者的角色。质性研究所收集的资料类型必须是自然主义的。也就是说，我们在收集资料时，一定不要对资料进行编码、总结、归类或者"精减"。严格说来，这是不可能的，因为任何收集资料的过程都需要某种形式的转译，从一种媒介转换到另一种媒介。例如，一份逐字逐句记录参与者话语的转录稿，与该参与者的实时言语表现并不一样。甚至记录说话过程的录像也是对现实行为的一种转换。然而，质性资料的收集方法对研究资料的精减要做到最小。在质性研究中，资料收集的目标是对参与者的言语和行为进行全面记录。这意味着，要确保信息"在转译过程中"尽可能少地丢失。因此，质性资料往往数量庞大，很难处理。质性研究者不得不等到研究的资料分析阶段，才可以开始对资料进行"精减"。即便如此，他们也需要对"删除"的部分非常谨慎（这一过程的详细讨论，参见第 3~8 章）。

上述顾虑引出了效度（validity）问题。我们在多大程度上能确保资料的收集（与分析）实际针对的是我们想要回答的问题？也就是说，我们如何能保证研究内容实际上真是我们想要研究的问题？效度可以定义为，研究能够达到其欲描述、测量或解释研究问题的程度。由于质性研究方法具有灵活性和开放性，这为效度问题的解决提供了空间。质性研究不像量性研究那样要依赖于诸如多项选择问卷或结构式访谈等预先编码的资料收集方法，质性资料的收集方法能让参与者有机会挑战研究者对概念、范畴的意义与相关性所提出的假设。例如，在整个 20 世纪 50、60 年代，实验社会心理学研究证实，女性比男性更易从众。然而，后来得知该研究存在效度问题：研究实际所测量的是熟悉性而非从众性（参见 Kirk & Miller 1986: 27-28）。西斯川克和麦克大卫（Sistrunk & McDavid 1971）重复了这项实验，此次使用许多不同的陈述句作为材料，让参与者选择赞同或不赞同。结果发现，如果句子与专业工具有关，女性更易从众；而如果句子与针线活有关，男性更易从众。如果句子与性别无关，男性和女性之间不存在差异。在早期的研究中，与性别因素有关的刺激物熟悉性方面的缺陷，使研究者误认为是女性的从众。

尽管效度是质性研究可能存在的问题，但质性方法论提高效度的方法很多。首先，质性资料收集方法的目的是要确保参与者能够自由地挑战并修改（如果有必要）研究者对研究意义提出的假设。一些质性研究者还从参与者那里获得研究结果的反馈（参与者验证）。有观点认为，如果研究及其结果对参与者有意义，那么该研究必定至少具有一定的效度。其次，许多质性资料的收集（某些情况下也包括分析）发生在真实的生活场景中，如工作场所或青年俱乐部等。因此，没有必要从实验室等人为场景推论概括到现实世界，这意味着此类研究具有较高的生态效度。第三，自反性确保了整个的研究过程自始至终都会受到详细审查，并且研究者会持续不断地反省自己在研究中的作用。这就可以防止研究者把自己的意愿强加于研究之上，从而提高效度。

量性资料收集的另一个重要特征是信度（reliability）。如果某种测量在不同场合得到同样的答案，那么该测量就是可靠的。质性研究者不太注重信度。这是因为，质性研究详细探究的是某一特殊的、可能是独特的现象或经验。它的目标不是测量普通大众所具有的特性。不过，有质性研究者（如 Silverman 1993）强调，如果恰当而严格地使用质性研究方法，应该可以得到可靠的结果。也就是说，如果由不同的研究者使用同样的方法收集和分析相同的资料，应该能得出相同的结果，而不管研究的执行者是谁。必须承认，质性研究者对质性研究信度的关注度存在差别。

最后，资料收集需要面对代表性（representativeness）问题。量性研究依赖于有代表性的样本。量性研究者为了将研究结果概括到总体中，必须确保参与者能够代表研究群体。质性研究的参与者往往人数较少。这是由于质性资料的收集与分析特别耗时费力（详见第 3~8 章）。因此，质性研究并不研究有代表性的样本。这是问题吗？

答案至少部分地取决于研究意欲解决的研究问题（参见下一部分）。如果研究是一项（针对某一个体、团体或者组织的）个案研究，那么代表性就不是问题。此时，研究的目的是了解个案的内在动力。然而，如果研究目的是要探索一种现象，而该现象除与实际参与该研究的人有关外，还涉及研究之外的更多人，那么代表性就可能存在问题。这是因为，在这种情况下，我们可能希望能够将研究结论加以概括外推。例如，如果我们研究的是六位女性的分娩经验，我们可能希望超越我们的资料，阐述一下研究结果对女性分娩经验的一般意义。尽管严格说来，我们不可能将由这类小规模的质性研究得出的结论加以推广概括，但可以这样说，如果"某种既定的经验可能发生，那么它也具有普遍化的倾向"（Haug 1987: 44）。因此，尽管我们不知道是谁或有多少人共有某种特定经验，但是一旦我们通过质性研究明确了它的存在，我们就可以知道它在某种文化或社会形态下是可能存在的。如果我们假定参与者的经验至少部分地包含社会性成分，我们就可能赞同基帕克斯等人（Kippax et al 1988: 25）的主张，"每种能纳入社会层面的个体行为模式……都是可以概括化的。"

解决概括性问题的另一种方法是利用累加技术。这些技术可以在研究的内部和外部使用。在一项研究内部，累加技术可以确保某种情境下的特定观察结果，可以与其他情境下类似的观察结果相对照，说不定就能找到更加一般的或者包罗万象的范畴。在多个研究之间，累加技术可以使我们彼此参照着来审查不同的研究结果。这种情况下，我们企图通过整合大量类似的研究结果来得出更普遍的结论，而不依赖某个孤立的质性研究。

质性研究中参与者的角色可能与量性研究中"被试"的角色迥异。然而，不同的质性方法论之间在这一点上也存在很大差异。一端的质性方法论如女性主义取径、参与式行动研究或记忆研究法（参见第 8 章）等，它们的"研究者"与"参与者"的区别变得很模糊。研究者变成了研究中的参与者，而参与者也有助于分析他们所产生的资料。在某些情况下，研究者与参与者之间不存在任何区别，因为研究者事实上是在研究他们自己（如记忆研究法）。另一端的质性方法论如会话分析或话语心理学（参见第 6 章）等，参与者产生研究者所需要的资料，而对研究没有任何进一步的介入。如果研究资料仅是日常交流活动的记录，情况尤其如此，这在任何情况下都会发生且不存在任何收集资料的活动。

自反性

正如第 1 章所述，质性研究承认，研究者作为普通人（个人自反性）和作为理论家 / 思想家（认识论自反性）都会影响和塑造研究过程。自反性在质性研究中之所以显得重要，是因为它促使我们注意和反思研究者本人对研究及其结果的影响。在研究过程中，我们不太容易将注意力集中于我们自己的作用，尤其是我们所接受的训练都是将"研究者"（理想地）看做超然、中立和客观的——研究者更应该是研究的工具而非活生生有思想的人。然而，自反性不仅仅意味着要承认个人"偏见"，它还激发我们思考我们自身对研究情境和资料的反应，这种反应实际上能催生某些见解和理解。准此而论,质性研究中的自反性与精神分析治疗师所运用的"反移情"（治疗师对来访者行为的情绪反应）有许多共同之处，治疗师运用"反移情"以便更好地理解来访者（亦可参见 Frosh & Saville Young 2008: 111-15）。

研究报告可能会用一个独立的标题（如"自反性"）进行自我反思；例如，在一份研究报告的结尾，研究者可能会反思该研究对他们思考研究主题所造成的影响。或者，研究者可能把自反性整合到整个报告里，在文中任何相关的部分提及。例如，在方法部分，可能会讨论研究者的个人情况（如性别、种族、年龄、有关研究主题的个人经验等等）及其对资料收集和 / 或分析可能造成的影响。在同一篇报告中，自反性可能会多次提到。有许多办法可以将自反性考量从报告中突出和区分出来，例如使用不同的字体或颜色，或者在整篇报告中以一系列脚注的形式标注自反性评论。不过，探讨自反性问题并没有固定的模式。重要的是，要以一种清楚、诚实和启发式的方式把对研究者角色的反思纳入研究过程。

伦　　理

在对待量性研究和质性研究的参与者时，适合同样基本的伦理考量。这些伦理要求包括（参见 Elmes et al. 1995）：

1. 知情同意。研究者在收集资料之前，应该确保参与者完全知晓研究程序并且同意参与研究。

2. 避免欺骗。应该完全避免欺骗参与者。欺骗的惟一正当理由是，没有任何其他办法来解答研究问题，并且研究的潜在利益远大于对参与者可能造成的任何伤害。

3. 退出权。研究者应该确保，参与者可以自由地退出研究，而不必担心会受到惩罚。

4. 事后解释。研究者应该确保，在资料收集之后，参与者能够知晓研究的全部目的。理想情况下，他们还应该有权接触到该研究的任何出版物。

5. 保密。研究者对于在研究过程中获得的参与者的所有信息应该完全保密。

总之，研究者应该保护参与者免受任何损失或伤害，并且应该始终致力于保护参与者的心理健康和人格尊严。然而，许多质性研究者违反了这些基本的伦理准则。布林克曼和克沃勒（Brinkmann & Kvale 2008: 263）认为，质性研究充满了伦理问题，因为"质性研究中的人际互动会影响研究者和参与者，并且质性研究获得的知识会影响我们对人类状况的理解。"从这个角度来看,伦理问题在研究一开始就产生了（如研究问题的提出）,在研究者与参与者互动的整个过程中一直存在,并且在研究结果传播的整个过程中还会牵涉其中。例如,一些质性研究者在伦理上并不仅仅要保护参与者不受任何损失或伤害,还要带给参与者积极的收益。行动研究通过让参与者的行为变得更好,从而得到某个过程或系统的知识。在此,所采取的任何行动都必须"尽可能地为参与者争取利益"（参见 Hart & Bond 1995）。类似地,批判性话语分析的目的是要挑战社会的不平等、不公正和裙带关系。范戴克（Van Dijk 1987: 4）确定了批判性科学的如下目标:

> 　　除了描述或简单的应用之外,每一领域的批判性科学都会进一步问及诸如责任、利益和意识形态等方面的问题。批判性科学不会专注于纯粹学术性或理论性的问题,而是以普遍的社会问题为出发点,从而从那些受害最深的社会底层角度看问题,并且批判性地分析那些当权者、责任者以及那些有办法和机会解决这类问题的人。

布林克曼和克沃勒（Brinkmann & Kvale 2008: 276-8）告诫要防止将伦理实践仅作为遵循规则了事。他们指出,伦理问题和顾虑不可能在研究的计划阶段一劳永逸地得到处理和"解决"。相反,伦理难题会在研究过程的各个部分显露出来,这就要求研究者在伦理上始终保持协调一致。这可能意味着,如知情同意问题在整个研究过程中会反复提到,有人认为这是"过程性同意"（Rosenblatt 1995）。布林克曼和克沃勒建议,研究者们应该"学习合乎伦理的研究行为","发展感知、判断和行为的能力,恪守研究伦理"（资料来源同上: 278）,而不是简单地学习心理学研究的伦理准则（参见上文列表 1~5）。

　　这一点在质性研究中尤其适用,因为此类研究的开放性和探索性意味着诸如知情同意和保密等看似简单的伦理要求可能会成为一种伦理挑战（例如,对于一项研究方向和范围在研究过程中可能会发生变化的研究来说,我们如何才能做到知情同意? 在对某一异常个体的个案研究中,我们如何才能保密? 如果在一次要求保密的访谈中发现犯罪行为,该怎么办? ）。而且,质性研究的深度访谈可能会导致研究者和参与者形成准治疗关系,可能引发参与者产生研究者意料之外的情感和期望，研究者可能还没想好怎么处理。此外，当研究报告对受访者的陈述作出的解释与他们本人对自身经验的理解不相符合时，阅读这些报告的受访者可能会有受骗感（亦可参见 Willig 2004）。在质性研究中，研究者与参与者的权力关系或许更加微妙和隐秘；然而，这并不意味着质性研究者对此就应该忽视或否认。相反，可以这么说，质性研究中研究者与参与者的亲密私人关系，会带来信任滥用的特殊风险。例如，研究者为获得信息可能会"假装友好"（参见 Duncombe & Jessop 2002）。

研究问题

大部分质性研究项目都是由一个或多个研究问题来引导的。研究问题不同于假设。假设来源于已有的理论主张，可以依据实证证据来检验，从而加以拒绝或者保留。相反，研究问题是开放的，也就是说，它不可能简单地回答"是"或"否"。研究问题所需要的答案，要能详细地描述现象，并且如果可能的话，也能作出详细解释。

质性研究问题明确了研究者想要研究的现象（也就是过程、客体或实体）。它为我们指明了研究方向，而不会预测研究结果。优秀的质性研究问题往往是过程导向的。它们关心事件发生的过程。例如，我们可能会问："患有慢性疾病的女性如何应对怀孕？"或者"已婚夫妇如何协商养育孩子的工作？"质性研究问题总是临时性的，因为研究者会发现，研究问题所使用的概念和术语实际上与参与者的经验不相称或不相关。询问错误的问题会降低研究的效度；质性研究会考虑这种可能：研究问题在研究过程中可能不得不发生改变。可以这样说，质性研究的成果之一应该是：了解什么才是首先要问的恰当研究问题！

然而，研究问题在不同的质性方法（论）中所起的作用可能稍有不同。在某些方法论中，比如话语心理学或话语分析，研究问题由方法论本身直接决定。也就是说，方法论通过其认识论假设规定了我们（不）可以问什么问题。例如，以社会建构主义认识论为基础的方法论，可能（只）探讨与社会建构和/或话语建构现象有关的研究问题。这种情况下，正确的研究问题可能是："当代学术机构是如何建构'失败'的？"或者"临床心理学家们在与来访者和同事互动的过程中是如何建构'心理健康'的？"

另一些方法论可以探讨更广泛的研究问题。例如，实在论版本的扎根理论方法（参见第 3 章）假定，资料本身生成范畴，而范畴产生于研究过程之中并且能描绘所研究现象的实际情况。因此，扎根理论研究所探讨的研究问题可能是过程、经验、结构甚或认知。这种情况下，正确的研究问题可能是，"学生们如何对未来的职业作出决策？"；"电话服务热线如何培训它的志愿者？"；"经历一次变性过程，会是什么样子？"

我们提出研究问题时，还必须考虑它的伦理层面和政治层面。我们首先要考虑询问该问题可能是为了谁的利益，以及社会中的个人和组织可能会如何使用该问题的答案。我们要反思研究问题所获取知识的价值，以及所产生知识的受益者。如果我们的研究得到资助，就应该考虑资助团体支持该研究的动机，以及我们是否也具有这些动机。自反性也要求我们非常仔细地考察我们自己所提研究问题的个人和专业原因。在介绍 6 种质性方法（论）时，我们都会更加详细地探讨研究问题的提出（参见第 3~8 章）。

我引用洛里翁（Lorion 1990: 321-2）的话来为这一部分作总结，他的"路灯"隐喻提醒我们，研究问题应该总是先于方法论选择：

> 我经常想起一个人的老笑话。他解释说，他一直在路灯下寻找他丢失的钥匙，因为"那里光线比较好"……"路灯"吸引我们靠近它，因为它明显可以为我们的搜寻提供便利。

洛里翁的话切中要害，我们不应该仅仅因为某些地方比较熟悉或容易接近，就在那里寻找答案；相反，我们需要在答案可能存在的地方寻找，而不管这些地点是多么陌生或偏僻。这种见解同样适用于研究方法。方法是达到目的的手段。它们是"通往目标之路"（Kvale 1996a: 278）。这意味着，我们的研究问题（"目标"）应该决定我们的方法选择，而不是相反。我们很容易受诱惑，去选择那些可以用自己最了解的方法来解决的研究问题。例如，我们可能已经学习过如何做 t 检验，因此就决定研究两组之间的成绩差异问题。但是，我们真的想要了解这两组人这方面的差异吗？如果是，我们可以继续进行我们的组间设计。然而，如果不是，我们就应该首先提出我们的研究问题，然后选择最合适的研究方法来回答我们的问题。正是在这种情况下，研究表现出探险的特点。

选择"正确"方法

严格来说，研究方法并无对错之分。相反，资料的收集与分析方法适合研究问题的程度只有大小之分。提出研究问题之后，研究者要决定如何收集可以回答该问题的资料。也就是说，研究者必须选择一种资料收集方法。研究者还要思考，如何才能将该研究问题的答案从资料中提取出来。也就是说研究者还要选择一种资料分析方法。研究问题、资料收集方法和资料分析方法是相互依赖的，理解这一点很重要。三者不能割裂开来思考，并且不应该彼此独立地进行选择。在一项优秀的质性研究设计中这三者是彼此协调的，资料分析方法适合回答研究问题，并且资料收集方法所得到的资料同样适合具体的分析方法。研究者绝对不应该在没有决定如何分析资料之前就收集资料。可以这样说，质性研究者和量性研究者都具有一个共同的目的，原则上他们"都认为知识不可靠，有必要将理论与实证观察结合起来，严谨而认真地履行研究的职责，并且有必要对研究进行批判和传播"（Yardley & Bishop 2008: 363）。

从实用主义的观点来看，研究的目的并非要获得一种与人类经验无关的抽象真理，而是要更好地理解社会现象，造福人类。研究设计就是要回答我们的问题，准此而论，研究设计和资料收集与分析方法本身没有对错之分，只是它们适合（所提问题）的程度可能有大有小。有时候，回答某个研究问题最好运用两种或多种研究方法（混合型方法设计）。为回答相关的问题，我们可能在同一研究中综合运用质性和量性的方法。例如，我们可能使用问卷来确定两组人群在某种行为或偏好上是否存在显著差异，然后使用半结构式访谈和／或焦点团体获得这种行为或偏好对于两组人的意义，以揭示这些差异存在的原因。类似地，如果研究需要，我们可能在一项研究中使用多种质性方法。例如，我们可能想要更好地了解某个特定团体（如单身俱乐部、足球俱乐部、阅读小组等）以及参与者对它的体验。为达到研究目的，我们可能选择进行某些参与观察，以便明确该团体所具有的内隐的和外显的行为规则。接下来可能选择一批参与者（或许代表了不同的社会范畴，如女性和男性、老成员和新成员等）进行半结构式访谈，这能让我们了解参与者在团体内的角色体验。再次强调，选择有助于我们收集资料并回答研究问题的方法尤为重要。

　　各种质性资料收集方法所获取的资料差别很大。尽管某种方法（例如半结构式访谈的音频记录）所获得的资料可以用许多不同的技术（包括解释性现象学分析和话语分析）来分析，但某些研究方法也可能与某些资料分析技术完全不相容。例如，在半结构式访谈过程中由访谈者所记的笔记就无法进行会话分析。在本章的剩余部分，我们将介绍 4 种主要的资料收集方法：半结构式访谈、参与观察、日记和焦点团体。并重点介绍它们与各种质性资料分析方法的关系。

半结构式访谈

　　在心理学质性研究中，半结构式访谈（semi-structured interviewing）是使用最为广泛的资料收集方法。部分原因是访谈资料适合进行各种各样的分析，这意味着半结构式访谈这种资料收集方法是与许多资料分析方法（如话语分析、扎根理论、解释性现象学）相容的。半结构式访谈受欢迎的另一个原因是，它比其他质性资料收集方法安排起来稍微容易一些。这并不是说，半结构式访谈的实际过程"容易"；更确切地说，我的意思是，安排一系列由少量志愿者参与的半结构式访谈要比设计一项纵向研究更容易。纵向研究可能需要做更多的工作，比如为进入某个组织或团体进行参与观察而进行协商，或者要求参与者承诺在一段时间内坚持写日记。作为一种资料收集方法，半结构式访谈的盛行已经引发了访谈在质性研究中作用的争论（参见 *Qualitative Research in Psychology* 2005）。波特和赫伯恩（Potter & Hepburn 2005）已经注意到这样的事实，即许多访谈资料的质性分析没有关注访谈材料的诸多情境特征（如互动性特征、交谈双方的身份地位、访谈中双方不可避免地存在着的利害关系等），而是根据"表面价值"选取这些资料。反思访谈对于访谈者与受访者的意义和经验，并且当心不要以为受访者的话是其思想和情感简单、直接的反映，这一点尤为重要。

半结构式访谈需要仔细地准备和计划。研究者必须考虑派谁去作访谈（以及为什么）、如何招募参与者、如何记录和转录访谈内容、采用什么类型的访谈以及询问参与者什么问题。在这一部分，我将讨论（1）半结构式访谈的一般特征、（2）访谈议程表以及（3）访谈的记录和转录。

半结构式访谈的一般特征

半结构式访谈能让研究者倾听参与者谈论其特殊的生活或经验。研究者提出的问题具有触发作用，会促使参与者谈论。这种类型的访谈有时又称为非指导性的访谈；然而，必须承认，正是研究者的研究问题推动了访谈。访谈者通过问题和评论，能操控访谈以获得可以回答研究问题的资料。访谈者既要对访谈及其进展方向保持控制，又要给予受访者一定的自由来重新定义研究的主题，从而有利于研究者产生新颖的见解，访谈者需要在这两者之间找到适当的平衡。要做到这一点可能比较困难。经过深思熟虑构建的访谈议程表一定程度上能确保访谈者不忽略最初的研究问题（见下文）。

为了鼓励参与者自由、开放地发言，并使他们自己最大限度地理解访谈所传递的信息，我们建议研究者考虑他们自身的社会身份（即性别、种族、国籍、年龄、社会阶层等）对受访者可能造成的影响。他们还应该熟悉参与者所处的文化环境以及"访谈"在这种环境中的相对定位。例如，对于正式访谈，一位中年职业人士可能比一位失业青年感觉舒适，因为在后者的经验中，此类访谈可能与管理上的不信任和苛刻的评价有关。研究者必须了解访谈对受访者来说意味着什么，以便充分地理解受访者的回答。

研究者还必须认识语言的多义性。同样的词语对于不同的受访者可能意味着不同的事物。在半结构式访谈中，注重的是词语的意义而非词语的比较。这意味着，研究者必须努力理解受访者所说话语的意义，而不关心他们所选择的表达方式（话语分析是个例外；参见第6章和第7章）。同样值得注意的是，语言都具有情境性；

也就是说，言语的意义依赖于表达言语的情境。例如，"等很长时间"在等待公共汽车这一情境中可能指的是大约 20 分钟，而在谈论买房时可能指的是数月甚或数年。

半结构式访谈或许比其他访谈更依赖访谈双方确立的和谐关系。然而，半结构式访谈在某些方面显得模糊不清。这是因为，它综合了正式访谈（如固定的时限、"访谈者"和"受访者"的固定角色、访谈议程表）和非正式谈话的特征（如问题的开放性、对叙事和经验的强调）。这意味着，虽然访谈双方的和谐关系很快就可以确立，但是当访谈者作为研究者的角色变得突出时，这种和谐关系也可能会突然破裂。这种情况可能发生在访谈过程中，例如，当访谈者需要翻转录音带并由此使受访者想起他们正在"接受访谈"时。这种情况也可能会发生在访谈之后，例如，当受访者阅读访谈转录稿时，认识到在当时看似"正常的"会谈中，与表露自身很少的访谈者相比自己表露更多。半结构式访谈需要就访谈者与受访者的和谐关系进行敏感、伦理的协商。访谈者不应该滥用访谈的非正式气氛鼓励受访者表露太多的信息，以免事后他们可能会对此感觉不适。

访谈议程表

半结构式访谈的访谈议程表由相对较少的开放式问题构成。以较为公共的问题为开端，当和谐关系已经确立时再转向较为私密的问题，这是非常好的做法。一些研究者更喜欢先确定话题而非问题，然后他们在访谈过程中围绕着话题来构想问题。这能让研究者将受访者自己的用语和概念纳入到问题中，并由此使得问题更适合受访者或者与受访者有关联。然而，使用话题所存在的问题是，由于研究者深入地介入访谈过程，他们提出的问题可能开放性不足，指导性过强。访谈之前要仔细思考问题的各种表述方式，以便提出更适合的问题，如果访谈者是新手尤其如此。不过，在整个访谈过程中，重申受访者的意见并将之纳入到后面的问题，都是很好的做法。这样做向受访者证明了访谈者的确在用心倾听，并且让访谈者有机会与受访者核对这些意见的理解是否正确，还可以保持整个访谈的连贯性和持续性。

获取受访者全面详细陈述的好办法是清楚地表明自己的无知。谦虚的访谈者可以鼓励受访者"陈述显而易见的事实"，从而说出其他隐含的假设和期望。这可能非常具有启发意义。鼓励受访者详细陈述的另一个办法是，要求给出事件或经验的例证。当受访者提及抽象概念或一般见解时，这种做法尤其有效。例如，在听到受访者说人们不怎么重视自己时，访谈者可以让受访者给出一个具体实例，以说明自己何时有这种感觉以及是如何处理的。

斯普拉德利（Spradley 1979）提供了构想 4 种不同类型问题的实用准则：描述性问题、结构性问题、对比性问题和评价性问题：

- 描述性问题提示受访者对"发生了什么"或"情况怎样"作一般性陈述。此类问题针对的是传记式的信息（如"你是做什么工作的？"）、奇闻轶事（如"那天发生了什么事？"）、生活史（如"你是如何来到伦敦生活的？"），等等。
- 结构性问题针对的是受访者如何组织他 / 她的知识。它们提示受访者弄清楚他们用来理解世界的意义范畴和意义框架。这种情况下，我们可以询问此类问题："成为犯罪活动的无辜受害者意味着什么？"或者"你是如何决定进行艾滋病病毒抗体检测的？"
- 对比性问题能让受访者在事件和经验之间作比较。例如，我们可以问"你愿意报案而冒遭报复的风险，还是保持沉默而免受骚扰？"或者"你喜欢在公共部门还是私人部门工作？"
- 评价性问题针对的是受访者对某人或某事的感受。评价性问题可能含糊不清，如"你现在 / 曾经对此感觉如何？"；也可能非常明确，询问有关某种特定情绪的问题（例如，"你做血检时感到害怕吗？"）。

最后，一定要确保所提问题对于参与者具有切实的意义。跨文化研究者已经注意到这一事实，即并非所有问题在所有文化中都具有意义。例如，多伊彻（Deutscher 1978）提醒我们注意勒纳的观察：某些人（如法国人）可能认为假设性问题（"如果……你将会做什么？"）不值得注意，而对于其他人（如北美人）可能就不存在问题。

访谈的记录和转录

为了全面分析资料，有必要对访谈进行录音 / 录像和转录。大多数质性分析方法要求逐字逐句或近似逐字逐句地转录材料。访谈期间记笔记并不能代替全面记录。访谈时记笔记会分散受访者和访谈者双方的注意力，妨碍目光接触和非言语交流，并且不利于受访者与访谈者和谐关系的发展。然而，用磁带录制访谈过程可能也会影响访谈。在有录音机，或者更糟糕，有录像机在场的情况下，参与者可能会感觉不适，难以放松。重要的是，研究者要解释录音／录像的原因以及具体要求。如果可能的话，向受访者提供一份复制的访谈转录稿也是好做法。研究者可以请受访者评论转录稿。这些反馈就构成了附加资料。

如果访谈要录音，研究者要确保录音机放置得当，可以清楚地录音。可以将它放在访谈者与受访者之间的桌子上，从而研究者能够密切注视录音机，以确保它能正常工作。研究者在必要时还要及时更换磁带。至关重要的是，在访谈之前研究者要检查录音机能否正常工作。每次访谈最好都使用新电池。如果发现长达一小时的访谈没有录制下来或者音质非常糟糕以致听不见将是令人极其沮丧的。录制糟糕的访谈还要花费更长的时间来转录。

访谈的转录方式很多。如果我们对访谈双方交流互动的微妙细节感兴趣，我们不仅要转录言语而且要标注言语的表达方式，如停顿、中断、语调、音量等。这些不同的言语特征可以用转录标记的符号来表示。此类详细的转录通常使用由盖尔·杰斐逊（Gail Jefferson）发明的标记符号。这种转录标记符号的使用指南可以在波特和韦瑟雷尔（Potter & Wetherell 1987）以及阿特金森和赫里蒂奇（Atkinson & Heritage 1984）的著作中找到。对于会话分析和某些话语分析，详细的转录必不可少。如果我们只对访谈的内容感兴趣，就不需要转录言语的非语言特征。这种情况下，转录正在说的话（语词）就足够了。这非常适合扎根理论分析。然而，即便如此，我们也必须对要记录的内容作出决定。例如，我们可能希望记录不完整的句子、不成功的开端、笑声以及重复的语词。或者，我们可能希望"整理"转录稿。这完全取决于我们处理转录稿的目的。也就是说，访谈的转录方式取决于研究问题以及分析资料的方法。然而，我们要牢记，所有的转录方法都是将口头言语转换成其他形式。访谈转录稿永远不是访谈的镜像，不可能完全如实地反映访谈的所有方面。

参与观察

许多研究活动都包含"观察"。可以这样说，没有一定的观察，研究者就无法开展任何研究。不过，这里我们关注的"观察"是一种收集资料的方法。弗利克（Flick 1998: 137）指出了 5 种区分观察类型的特征，包括观察的隐蔽程度、观察的系统（或标准化）程度、是否在自然情境下观察、观察者是否参与观察活动以及观察在多大程度上涉及自我观察（或自反性）。我们这里所关注的观察类型是参与观察（participant observation）。这种观察往往发生在自然情境（如学校或医院，酒吧或俱乐部）中，观察者或者隐姓埋名（隐蔽的）或者公开研究者的身份（公开的）。它通常至少包括一定程度上自我观察（参见自反性），并且所作的观察往往不是标准化的（即非系统的），至少在研究的早期阶段如此。参与观察要求研究者从事各种活动，包括参与、编制文档、（非正式）访谈和反思。研究者必须在参与和观察之间维持平衡。换言之，研究者必须足够投入以理解正在发生的事件，但也必须保持足够超然以便能够反思正在研究的现象。这可能极其困难，尤其是研究涉及充满感情色彩的主题时。例如，我们在观察美术馆的参观者（参见附录 2）时可能要比在特护病房（ICU）作参与观察时更容易保持反思性距离。马什等人（Marsh et al. 1978: 119）在描写足球迷的著作中，提醒我们注意情感介入在参与观察中的重要作用：

> 关于参与观察，这里有一点必须说明。许多人似乎都将这种方法论等同于走近事件并简单地观看事件的进展——他们似乎忽略了参与这一点。但参与行动是参与观察的基本要求，尽管它会受到很大限制。我们不仅必须观察正在发生的事件，而且必须**感受**处在这样一种特殊的社会情境中会有什么感觉。完全冷静客观的旁观者不会有这方面的体验。对于足球迷来说，这种体验经由分享兴奋和情感而产生，这些兴奋和情感构成了"激动人心的"气氛，而这正是周六下午最重要的特点。（强调是原文所加）

参与观察者要对所作的任何观察作详细记录。某些情境中，最好分阶段进行观察和记录。当参与活动需要研究者保持全神贯注时，尤其如此。那么记笔记的事情只能暂缓。然而，研究者在观察完毕后务必尽可能快地记录观察内容。这一方面是为了防止遗忘，另一方面是因为经过一段时间的反思之后，我们看待事物的方式可能会有所不同。第一印象不可能再次体验到。观察笔记应该尽可能详细，要逐字逐句或近似逐字逐句地引述人们所说的话，具体描述有关的环境、人物和事件。尤其是在研究的早期阶段，研究者应该当心不要将那些当时看似不重要的琐细观察资料排除在外。这是因为，表面上琐细的资料很可能会包含关键的信息，它们的价值可能只会在研究的后期阶段才显现出来。一些研究者发现，根据他们所关注的焦点来考虑观察笔记很有裨益。

记录的大部分内容都会涉及所作的实际观察。这些笔记包括针对环境、事件和人物的描述以及对人们所说话语的引述和 / 或概括。这些观察记录可以称为实质笔记。另一些笔记内容会涉及观察过程本身。此类笔记将反思研究者在研究中的角色、研究者与参与者的关系以及现场遇到的问题，例如与角色协商有关的任何困难。这些是方法笔记。最后，研究者希望记录出现的主题、关联、模式，等等。这些是资料分析和理论构建的开端；它们可以称为分析笔记。

参与观察的一些取径将资料收集与资料分析结合在一起。这正是参与观察在人种起源学中的使用情形。这种情况下，分析笔记显得冗长宽泛和渐趋复杂。参与观察的另一些取径将资料收集与资料分析分阶段进行，资料收集阶段之后，跟随着观察笔记的分析阶段。然后，初步的资料分析会引起另一阶段的资料收集（这次更加集中），以此类推。扎根理论研究者正是这样使用参与观察的。参与观察的第三种取径是在资料收集阶段之后再进行资料分析。当研究者没有时间或由于某种原因无法返回现场时，这种取径比较适合。

前两种取径（资料收集与分析的结合和分阶段进行）需要集中观察。集中观察以辨明某一现象的特定方面作为密集观察的焦点。集中观察是对纯粹描述性观察的一种超越。它基于已出现的理论构想，目的在于根据现实"检验"研究者的预感。例如，如果我们认为，我们可能在观察资料中找到了一种重复出现的模式（例如，在经历了与病人特别紧张或痛苦的接触之后，护士会抽烟休息），我们就可能希望将我们的观察聚焦在相关的情境或事件（如与病人紧张或痛苦的接触）上，以便进一步探究该模式。然而，研究者务必保持开放的心态并进行广泛的观察，容许出现否定的观察结果。生成的理论不应该限制研究者考虑其他解释。从描述水平向解释水平转变需要谨慎应对。

日 记

在心理学研究中，日记（diaries）作为一种资料收集方法并没有得到广泛的应用。这是因为，日记方法对于研究者和参与者来说都是一种挑战。参与者要承诺在相当长的一段时间里（对他们的体验、活动、情感等）坚持作记录。记日记将不可避免地影响他们的日常生活，并且最有可能影响他们的体验。日记变成了参与者的"亲密伴侣"，然而在资料收集阶段结束时不得不移交给研究者。反过来，研究者要招募那些自愿记日记的参与者也有一定的困难。有些人群可能更愿意参加日记研究。然而，读写能力并非参加日记研究的先决条件。录音机可以替代日记。研究者必须构想出一套指导语来指导参与者写日记，但不能给他们增加不必要的限制。参与者对于因研究而写的日记可能会有不同的预期。一些参与者有写日记的习惯；也有些参与者会觉得描述自己的这种想法有些奇怪，并且可能让人不舒服。研究者要为参与者指明合适的交流方式。因此，要仔细考虑参与者的招募和初步培训。

与访谈一样，日记的结构化程度也有大有小。这里我们关注的是非结构化的日记。也就是说，要求参与者用他们自己的语言来记录他们对某一特定问题或主题（如他们的怀孕、配偶、工作、慢性疾病等）的体验、活动和情感。研究者不会为他们提供一组问题或评定量表，以完成每次的日记记录工作。然而，即使对于非结构化的日记，研究者也必须向参与者提供某些方面的指导：

- 期望他们多长时间作一次记录（如每小时、每天、每周、每月等）；
- 使用哪种报告方式（如录音、书写、拍照、录像等）；
- 记述哪些内容（也就是研究的焦点）；
- 覆盖的时间段（如一天、一周、一个月、一年等）。

依据研究问题的不同，以上 4 方面或多或少都具有一定的灵活性。此外，研究者可能要向参与者指明，他们记述自己体验应该达到的详细程度。然而，重要的一点是限制不要太多，因为这可能会减弱参与者参加研究的动机。对于研究者来说，定期（如每天或每周）收集日记是很好的做法，这样可以与参与者保持联系，回答他们可能提出的任何问题，并激励他们继续记日记。

如果运用得当，资料收集的日记方法所获取的信息是其他方式很难得到的。日记所产生的资料是依时间先后来排序的；也就是说，它们揭示了事件是如何前瞻式实时展开的。它们避免了回溯式报告所存在的问题，回溯式报告可能容易受到参与者的当前状况、对事件的回溯式解释或对细节遗忘的影响。日记也便于获取非常个人的或私密的信息，这些信息在面对面的访谈中可能不会出现。然而，由于对参与者的要求较高，日记方法的确会面临应招者缺乏和退出率较高的问题。它的成功很大程度上依赖于参与者的动机和对研究的承诺。日记方法也存在伦理问题。记日记可能会使参与者对某些经验变得敏感。例如，记病痛日记可能会使某些参与者的疼痛感增加。记日记可能还会促使参与者回想生活中的不愉快体验。对记日记的承诺可能会增加参与者的压力，尤其是在压力较大的事件上。研究者要监控记日记给参与者可能带来的任何不利影响，并且在必要时提供支持。

焦点团体

对于心理学质性研究者来说，焦点团体（focus groups）只是最近才成为一种标准的资料收集方法的。然而，焦点团体正在迅速流行起来，特别是在质性健康心理学领域（如 Wilkinson 1998）。焦点团体为半结构式访谈提供了一种替代性选择。焦点团体实际上是利用参与者之间的互动作为资料来源的一种团体访谈。这种情况下，研究者扮演了协调员的角色，其任务是介绍团体成员相互认识，介绍团体的焦点（如问题或广告、照片等刺激物），并且温和地"引导"讨论。这种"引导"可能包括定期回顾起初的团体焦点，提示团体成员回应他人提出的问题，或者明确团体成员之间的一致和分歧。协调员还会给讨论设定某些限制，比如讨论的开端和结尾。

焦点团体作为一种资料收集方法，其优点在于它能够动员参与者回应和评论彼此的贡献。这样，能够质疑、延伸、发展、贬抑参与者所发表的观点，从而为研究者提供丰富的资料。这些资料能让研究者处理态度的形成和改变问题，以及参与者共同建构意义的问题。参与者可能以何种方式为他们的立场作辩护？其他人如何说服他们改变观点？焦点团体都能提供相关的证据。此外，焦点团体还营造了一种比一对一访谈更弱的人为情境，这意味着焦点团体方法收集的资料可能具有较高的生态效度。

理想情况下，焦点团体参与者彼此互动的方式，应该与他们在研究之外与同伴之间互动的方式相同。如果参与者在加入焦点团体之前就彼此熟悉，情况就更可能如此。焦点团体的参与者不应超过 6 名。这是为了确保所有参与者在整个资料收集阶段都能积极地参与团体讨论。而且，要准确地转录 6 名参与者以上的团体讨论是极其困难的。

依据研究问题的不同，焦点团体可能是：（1）同质的（参与者的关键特征是相同的）或异质的（参与者是不同的），（2）预先存在的（如一群朋友或同事）或新成立的，（3）有牵连的（参与者与主题存在利害关系）或超脱的（参与者与主题不存在任何特殊牵连）。例如，我们可能对怀孕后不久就丧偶的妇女的怀孕经验感兴趣。我们的研究问题可能是："怀孕后不久就丧偶的妇女如何应对怀孕？"为解答这一研究问题，我们需要招募一个同质的焦点团体（也即怀孕后不久就丧偶的妇女）。该团体可能是预先存在的（如一个处于此境况的妇女互助团体），也可能是新成立的（通过研究者召集的）。该团体可能是牵连的而非超脱的，因为焦点团体讨论的主题与他们的个人状况有关。

尽管焦点团体可能看似比一对一访谈更富有成效，但它们并不适合所有的研究问题。如果主题敏感，并且研究者期望参与者谈论其经验的私密内容，那么半结构式访谈可能更适合。其他参与者在场并不必然会提高个体的表露程度，尽管团体内部的相互质问可能具有这种效果。研究者要仔细考虑，焦点团体的环境布置是否有利于促进研究问题的表露以及促进的程度有多大。弄清楚焦点团体得到的资料的分析目的也很重要。如果我们的目的是获得参与者对某一特定问题的看法和／或体验的有效而可靠的信息（即一种实在论的研究目的），那么我们就要利用分析技术检测可能歪曲研究资料的因素，诸如主导的强势团体成员所产生的影响或者过度默从的意见等，并在分析时将之排除。另一方面，如果研究的目的是探究团体内部集体建构意义的过程，以及通过讨论达成一致意见的过程（即一种社会建构主义的研究目的），那么所有参与者的贡献对于我们的分析都同样有用。然而，两种情况下，研究者都要特别关注团体内的团体动力。一个拥有 6 名参与者的焦点团体绝不等同于 6 个个体访谈，因为正如基德和巴歇尔（Kidd & Parshall 2000: 294）所指出的：“……团体中个体说话或回答问题的方式与其他情境中的表现并不相同。”

半结构式访谈、参与观察、日记和焦点团体并不是仅有的几种质性资料收集方法。研究者在研究新的问题时，也发展了新的质性分析的资料收集方法。例如，近些年来，质性研究者开始利用互联网收集资料（参见 Evans et al. 2008; Mann & Stewart 2000）。通过互联网可以获取一系列资料，包括主动提供的资料（如网页、博客、新闻组、公告栏和聊天室）以及以互联网为中介的访谈和讨论。特别是，如果研究要使用主动提供的资料，就有必要考虑伦理问题；毕竟，在互联网背景下，那些在互助团体或讨论团体内表达思想和情感的人，可能不希望他们的发言用于研究目的。互联网研究者协会（Association of Internet Researchers）提供了一套互联网研究的伦理准则（参见 Ess and the AoIR Ethics Working Committee 2002）。英国心理学会（British Psychological Society）也制定了心理学在线研究伦理实践的准则（www.bps.org.uk/webethic）。

本章所介绍的 4 种方法可以获取广泛的质性资料。而且，资料收集的方法还可以结合起来使用（如结合参与观察和半结构式访谈），以从不同角度审视同一现象。这就构成了一种三角互证（triangulation）。

最后，还有些质性研究取径，其资料收集的方法和资料分析的方法是不可分离的。这种情况下，资料的收集与分析过程并非发生在不同的、连续的时间节点。相反，研究者收集和分析资料的方式是循环性的，最初的资料分析可以启发下一步的收集资料策略，依此类推。此类研究的过程是一个整体，以累积、渐进的方式获取研究结果。扎根理论（参见第 3 章）、现象学（第 4 章）和记忆研究法（第 8 章）就是这类质性研究取径。

扩展阅读

Flick, U. (2006) *An Introduction to Qualitative Research*, 3rd edn. London: Sage.

Brinkmann, S. and Kvale, S. (2008) Ethics in qualitative research, in C. Willig and W. Stainton Rogers (eds) *The Sage Handbook of Qualitative Research in Psychology.* London: Sage.

Qualitative Research in Psychology (2005) Special Section on Interviewing, 2: 281-325.

Kidd, P.S. and Parshall, M.B. (2000) Getting the focus and the group: enhancing analytical rigor in focus group research, *Qualitative Health Research*, 10(3): 293-308.

Kvale, S. (1996) *Interviews: An Introduction to Qualitative Research Interviewing.* London: Sage.

O'Connell, D.C. and Kowal, S. (1995) Basic principles of transcription, in J.A. Smith, R. Harré and L. Van Langenhove (eds) *Rethinking Methods in Psychology.* London: Sage.

Smith, J.A. (1995) Semi-structured interviewing and qualitative analysis, in J.A. Smith, R. Harré and L. Van Langenhove (eds) *Rethinking Methods in Psychology.* London: Sage.

Wilkinson, S. (1998) Focus groups in health research: exploring the meanings of health and illness, *Journal of Health Psychology*, 3(3): 329-48.

3

扎根理论

在 6 种质性方法中首先介绍扎根理论（grounded theory），有两个充分理由。第一，扎根理论的创设，旨在促进"发现"过程或理论生成（theory generation），从而能体现质性方法论的重要关注点（参见第 1 章第 11 页）。第二，扎根理论围绕范畴而展开，这使得它比那些将范畴化本身问题化的方法（论）（如话语取径，参见第 6 章和第 7 章）更容易为那些受过量性方法训练的人接受。

扎根理论最初是由两位社会学家巴尼·格拉泽（Barney Glaser）和安塞尔姆·斯特劳斯（Anselm Strauss）提出来的。他们对既有理论主导社会学研究的现状不满，主张研究者需要一种方法，能使他们从资料上升到理论，从而新理论能应运而生。这些理论与它们创立时的特定情境有紧密的联系，"扎根"于产生它们的资料，而非依赖于已有理论的分析性结构、范畴或变量。因此，扎根理论的目的是要为新颖的、情境化理论的发展开辟空间。

自从格拉泽和斯特劳斯于 1967 年出版《扎根理论之发现》（*The Discovery of Grounded Theory*）一书以来，扎根理论方法已经经历了多次修正。最重要的是，两位作者格拉泽和斯特劳斯分道扬镳，各自提出了不同的扎根理论实践方式（参见本章最后的专栏 1）。本章我先介绍扎根理论的基本原则。接下来，举例说明扎根理论方法在护士和患者互动研究中的应用。如此概述完扎根理论的基本过程之后，我会指出不同版本的扎根理论方法存在的某些差异。然后，我会继续关注扎根理论作为心理学研究的一种质性方法所存在的局限。在本章最后，我将考察扎根理论对第 1 章结尾所确定的三个认识论问题可能作出的回应。

扎根理论的基本原则

组成要素

扎根理论要逐步确定和整合来自资料的意义范畴（categories of meaning）。扎根理论既是范畴确定和整合的过程（作为方法），也是它的结果（作为理论）。扎根理论作为方法为我们确定范畴、在范畴之间建立联结以及确立范畴之间的关系提供了指导准则。扎根理论作为理论是这一过程的最终结果，它为我们理解正在研究的现象提供了一种解释框架。为了确定、完善和整合范畴并最终形成理论，扎根理论研究者使用了许多重要方法，包括持续比较分析、理论抽样和理论编码。让我们来仔细探讨一下扎根理论方法的主要结构或组成要素。

范 畴

范畴（categories）指的是彼此共有某些核心特征或特性事例（事件、过程、突发事件）的集合。范畴的抽象水平可能较低，低水平范畴的作用就如描述性标签（或概念；参见 Strauss & Corbin 1990: 61）。例如，"焦虑"、"愤怒"和"怜悯"这些词可以集合到"情绪"这一范畴标题下。随着扎根理论分析的进展，研究者能够确定抽象水平更高的范畴。这些范畴是分析性的而非描述性的。分析性范畴对具体的现象进行解释，而非简单地给它们贴标签。例如，酗酒、慢跑和写诗等活动，如果它们看似都具有使个体将注意力从思考某一问题上移开的共同目标，就可以范畴化为"逃避"。描述性范畴和分析性范畴都建立在明辨"异同关系"（参见 Dey 1999: 63）的基础之上；然而，它们的抽象水平不同。扎根理论中的范畴确定非常不同于内容分析，二者决不能混淆。内容分析所使用的范畴在资料分析开始之前就已界定了，并且范畴是互相排斥的。也就是说,同样的资料不能划归到多个范畴之下。相形之下,扎根理论中的范畴生成于资料，它们并不互相排斥，并且是在整个研究过程中逐步形成的。

编　码

　　编码是确定范畴的过程。在分析的早期阶段，编码很大程度上是描述性的。这种情况下描述性标签常贴在分散的现象上。由此，新的、低水平的范畴频繁生成。随着编码的进展，研究者能够确定更高水平的范畴，可以将低水平的范畴系统地整合成有意义的单元。换言之，研究者引入了分析性范畴。由于扎根理论的目的是发展新的、情境特异性的理论，范畴标签不应来源于已有的理论构想，而应扎根于资料。理想情况下，范畴标签应该是原生的（in vivo）——也就是说，它们应该利用研究中参与者所使用的词汇或短语。这有助于研究者避免在资料分析中引入已有理论。理论编码（theoretical coding）指运用一定的编码范式整理资料。编码范式使研究者更容易发现范畴彼此之间特定的联结方式。不同版本的扎根理论支持不同的编码范式。这些将在后文中作更加详细的探讨（亦可参见专栏 1）。

持续比较分析

　　通过反复多次确定生成的范畴之间的异同点，持续比较分析（constant comparative analysis）能确保编码过程维持其动力。研究者在确定了能将各种现象统一起来的共同特征之后，必须重新聚焦于范畴内部的差异，以便能够确定任何生成的子范畴。可以展开前述"情绪"范畴的例子来说明这一过程。我曾指出"焦虑"、"愤怒"和"怜悯"可以上升到"情绪"范畴。该范畴的其他例子可能有"快乐"、"嫉妒"和"憎恨"等。比较情绪的各种例子能让我们建构情绪的子范畴，比如需要目标的情绪（如憎恨和嫉妒）和不需目标的情绪（如快乐和焦虑）。持续比较分析不仅能确保研究者逐步建构范畴，而且能将已建构的范畴分解成更小的意义单位。这样，就可以认识资料的全部复杂性和多样性，并且可以打消研究者任何均质化的冲动。持续比较分析的最终目标是统一和整合范畴，使得所有变异的事例都可以用生成的理论充分概括。

反例分析

反例分析（negative case analysis）可以确保研究者根据证据继续发展生成的理论。在确定了某种范畴或范畴之间的某种关联之后，扎根理论研究者要寻找"反例"——也就是，不符合该理论的例子。此类例子的确定能让研究者限定和详尽阐述生成的理论，增加其深度和密度，以便该理论能够充分体现它所基于的资料的全部复杂性。

理论敏感性

正是理论敏感性使得研究者能从描述水平上升到分析水平。在扎根理论中，研究者与资料存在相互作用。也就是说，研究者提出资料中存在的问题，而生成的答案反过来可以修正资料。每一种生成的范畴、观点、概念或联系都会启发研究者重新审视资料，以详尽阐述或修改原来的建构。研究者通过提出问题、进行比较和寻找反例来加工资料。这可能会回到源头进一步收集资料。资料收集和编码都是扎根理论分析过程的一部分。

理论抽样

我们可以根据资料分析的早期阶段已经生成的范畴来进一步收集资料。理论抽样（theoretical sampling）是指通过抽取某些事件来检验生成的理论与现实符合的程度，这些事件可能挑战或展开正在形成的理论主张。尽管扎根理论的早期阶段需要保持最大的开放性和灵活性，以便找出大量以描述为主的范畴，但理论抽样主要关涉的是现有的并且逐渐具有分析性的范畴的完善和最终饱和（参见下文）。

理论饱和

理想情况下，扎根理论中资料收集和资料分析的过程会一直持续，直到实现理论饱和（theoretical saturation）。换言之，研究者会一直对资料进行抽样和编码，直到找不出新的范畴，直到不再出现已有范畴新的反例。此时得到的一套范畴和子范畴就可以充分体现海量的研究资料。然而，理论饱和只是一种理想而非客观的现实。这是因为，即使我们可能（并且应该）为范畴的饱和而努力，但是范畴的修正或视角的改变总可能发生。格拉泽和斯特劳斯（Glaser & Strauss 1967: 40）注意到扎根理论始终是暂时性的：

> 然而，当把理论生成作为目标时，研究者会始终对突然出现的视角保持警觉，这些新视角将会改变和帮助发展生成的理论。这些视角很有可能出现在研究的最后一天或者以单页校样形式复审原稿时。因此，即使已经发表的理论也不是最终的理论，而仅仅是永不终结的理论生成过程中的一个停顿。
>
> （引自 Dey 1999: 117）

备忘录撰写

这是扎根理论方法的重要部分。在资料收集和分析的整个过程中，研究者都要对理论发展坚持作书面记录。这意味着要记录范畴的定义并证明为范畴所选择标签的合理性，追溯它们彼此之间生成的关系，以及记录较高水平范畴与较低水平范畴逐步整合的过程。备忘录还能揭示分析过程中方向的变化和出现的新视角，并反思研究问题（参见下文）的充分性。因此，备忘录记录了研究过程本身以及实质性研究结果的信息。备忘录可长可短，可抽象也可具体，可以是整合性的（对之前备忘录或观点的整合）也可以是原创性的，可以使用语词也可以使用图表（如流程图）。不过，所有备忘录都应该注明日期，记上标题，并且言明所受启发的资料所在部分。

研究过程

扎根理论不同于大多数其他研究方法，原因在于它将资料收集和资料分析的过程合二为一。研究者往返于这两种过程之间，试图使分析"扎根"于资料中。这样往返的目的是实现理论饱和（参见上文）。因此，扎根理论并没有一系列明确具体的步骤，可以让研究者正确地遵循，引领研究者从研究问题的构想，经资料收集到资料分析，最后得出研究报告。相反，扎根理论鼓励研究者持续不断地回顾之前的研究阶段，并且如果必要，更改研究方向。甚至研究问题在扎根理论中也并非一成不变。研究问题只是为了明确我们起初想要研究的现象，它在整个研究过程中会逐步聚焦。或者，它可能会完全根据生成的范畴而发生变化（参见下文莫尔斯护患互动的研究）。在说明了扎根理论方法的整合性和循环性之后，我仍然想描绘典型的扎根理论研究的概貌。这种提纲式的描绘并不意味着可用作计划书，然而，如果没有这样的指导准则，要开展扎根理论研究可能会很困难。

研究问题

扎根理论的研究者在研究之初就要提出问题，以便将他们的注意力集中于他们想要研究的特定现象上（参见 Strauss & Corbin 1990: 37-40）。这个最初的研究问题应该致力于明确感兴趣的现象，而非对该现象提出假设。这一点很难达到，但并非不可能。因为贴标签的过程本身就暗含着对现象的假设（要想深入了解这一过程，参见第 6 章和第 7 章）。例如，如果我们问"妇女如何应对因慢性疾病而变得复杂的怀孕？"（参见 Strauss & Corbin 1990: 38），我们就是在假定，妇女在"应对"怀孕（而不是"受制于"怀孕），并且慢性疾病成了怀孕的"并发症"。我们无法在不作出假设的情况下提出问题。然而，我们可以试图在描述水平上提问，仅仅利用问题来明辨现象（例如，"患有慢性疾病的妇女如何经历怀孕？"），而不提出需要依据现实来检验的解释性说明（例如，"社会支持可以在多大程度上提高患慢性疾病的妇女应对怀孕的能力？"）。

扎根理论最初提出的研究问题应该是开放式的，而不应该给出简单的"是 / 否"答案。所提问题应该在不作出（太多）相关假设的情况下确定感兴趣的现象。也绝不应该使用源自已有理论的建构。有人还建议，研究问题要引导研究者指向行动和过程（例如，"人们如何做某事？"），而不是状态和条件（例如，"人们想要什么？"或"人们为什么要做某事？"）（参见 Strauss & Corbin 1990: 38）。随着研究进展，研究者能够使研究问题更加集中。理论抽样和理论敏感性可以促进这一过程（参见上文）。等理论饱和实现时，最初的研究问题可能已经变得面目全非了。

资料收集

扎根理论可以运用各种不同的资料收集方法。半结构式访谈、参与观察、焦点团体，甚至日记都可以成为扎根理论收集资料的手段。而且，已有的文本和档案也可以进行扎根理论分析。然而，区分该方法的完整实施版和简缩版非常重要，前者要求研究者往返于资料收集和资料分析之间，而后者只包括资料的编码。

在完整版的扎根研究中，研究者要先收集一些资料，通过最初的开放式编码探究这些资料，建立范畴之间的暂时联系，然后再返回现场进一步收集资料。资料收集是逐步聚焦的过程，并会受到生成的理论的影响（参见上文的"理论抽样"）。在这种扎根研究中，研究者可以进行三角互证（triangulate）；也就是说，可以利用不同的资料来源，并且使用不同的资料收集方法。例如，在一项饮食习惯的研究中，对上班族团体讨论的转录稿进行的初始编码，可能会将子范畴"工作"和"休闲"联系起来，从而找到"情境"这一范畴。这可能会促使研究者对专业厨师进行半结构式访谈，以便进一步探究情境与饮食经验之间的关联性。扎根理论的完整版能让研究者有机会向外扩展，寻求范畴的表现形式、反例和对立面，直到范畴变得紧凑、详尽和分化。这有助于增加研究者达到理论饱和的信心。

相形之下，简缩版的扎根研究仅仅针对原始资料。在这种扎根研究中，要依据扎根理论的原则（也就是，编码过程和持续比较分析过程）来分析访谈转录稿或其他文档；然而，理论敏感性、理论饱和和反例分析只能在所分析的文本内部得以实现。研究者不能超越原始资料库去拓宽和完善分析。因此，简缩版的扎根理论永远不应该是我们的首选；只能在时间或资源有限，无法实施完整版的扎根理论时采用（要想了解较小规模的扎根理论研究，亦可参见 Henwood & Pidgeon 1995 和 Pidgeon & Henwood 2004）。

资料分析

编码是扎根理论最基础也是最根本的过程。编码的方式有逐行、逐句、逐段、逐页、逐节等。分析的单元越小（如一行文本），最初生成的描述性范畴数量就越多。后期分析会把这些众多的描述性范畴整合成较高水平的分析性范畴。逐行分析能确保分析真正扎根于资料，并且能保证较高水平的范畴以及稍后的理论构想真正来源于资料，而非人为地凭空想象。如果我们以较大的文本组块来编码，如一整页，我们的注意力就可能会被该页里特别引人注目的事件所吸引。因此，我们可能会忽视那些不太显眼但或许同样重要的范畴事例（其真正的重要性仍然有待显现）。如果时间充裕，应该毫无例外地进行逐行编码。在使用简缩版的扎根理论时，这一点尤其重要，此时，需要运用逐行编码所具有的分析深度，来弥补因研究者对原始资料的依赖而产生的宽度不足。

扎根理论研究者在编码过程的取向上存在差异。大多数扎根理论家认为，起初的开放式编码得到的大多为针对事件或现象的描述性标签，此类标签产生的范畴是低水平的。为确立这些范畴之间的联系并将它们整合成较高级的分析性范畴，我们可以使用编码范式。编码范式使研究者对范畴彼此关联的特定方式变得敏感。它有助于我们有意义、有层次地组织范畴，让某些范畴成为"核心"，另一些范畴成为"边缘"。正是在这个方面，扎根理论研究者彼此存在分歧。一些研究者（如 Strauss 1987; Strauss & Corbin 1990）建议编码范式的运用要明确专注于资料中"过程"和"变化"的表现，并由此提醒研究者注意这些表现。这可以通过向资料提出某些问题来实现。这些问题涉及范畴所处的情境、参与者用来处理范畴的互动策略以及这些互动策略的结果。斯特劳斯和科尔宾（Strauss & Corbin 1990）将这一过程称作"主轴编码"（axial coding）。也有研究者（如 Glaser 1978，1992）提出警告，要防止使用这样的编码范式，因为它预先假定特定结构（诸如"过程"或"变化"等）与资料存在关联。相反，他们主张任何一种编码范式只应在资料表明它的时候才能运用。格拉泽（Glaser 1978）确定了一套广泛的理论编码，当低水平的范畴整合时，它们可以潜在地开始起作用。然而，根据这一观点，资料本身就是确切的理论编码的最好来源。

研究报告

　　质性研究的写作方法多样。在呈现研究工作时，质性研究要比量性研究更少受传统惯例的束缚。质性研究报告应该包含以下信息：研究的理论基础（包括相关文献的参考）、研究进行的过程（既包括资料收集又包括资料分析）、研究发现以及这些发现的意义（包括理论意义和实践意义）。只要包含这些信息，至于报告的具体呈现方式和格式其实并不重要。质性研究报告的作者首先应该力争清晰明确。不过，对于那些质性研究的新手，遵守传统的研究报告格式可能会感到更安心。接下来我会使用"导言"、"方法"、"结果"和"讨论"这些标准的子标题，来为扎根理论研究的写作提供一些指导。

导言　报告的开始部分应该介绍研究的理论基础，这可以从理论或实践两方面来加以说明。例如，作者可能认为，已有文献对某一现象的解释还不能令人信服，而研究的目的就是要填补这个空白。或者作者可能发现了一种尚未研究的最新社会现象。或者该现象的研究已有大量文献，但研究报告并没有解决研究者的问题。如果这些研究报告使用的都是量性方法，经常会发生这种情况，这意味着某些问题（如经验的质量、意义的协商）不可能通过量性研究得到满意的解决。由于扎根理论研究的目的是要发展新的、情境化的理论，对已有研究的回顾就必须谨慎。研究者务必与这些文献保持一定的距离；文献报告里的扎根理论研究一定不能是对现有理论的扩展或者检验。一些扎根理论家甚至建议，研究者在研究完成之后再来回顾相关文献。然而，可以这么说，这是不可能的，因为大部分研究者已经在某一学科（如心理学、护理学、社会学）领域内工作，并且他们已经熟悉了该领域的主要理论。在这样一种背景下，对文献系统全面的回顾不太可能会"污染"他们的扎根理论研究。相反，还可能有助于他们构想出一个完全不同的有价值的研究问题。

方法　在这一部分，研究者要精确地描述研究过程及其原因。这意味着方法部分要包含如下信息：资料收集的方法、情境和参与者的选择、资料编码以及范畴整合的方法。研究者如果使用了完整版的扎根理论方法，还要说明整个研究中资料收集与分析这一循环往复的过程。如果使用了简缩版的扎根理论方法，就要解释这样做的原因。方法这一部分还应该包括伦理方面的考虑，并且在适当之处讨论自反性。

结果　这可能是研究报告最长的部分。在一篇论文中，可以用多个连续的部分来呈现研究结果。扎根理论研究结果的呈现最好围绕着所确定的关键范畴来组织。如果所研究的现象存在某一核心范畴，并且所有其他范畴都与它有着某种关联，就应该首先讨论这个核心范畴。如果不存在核心范畴，就应该按顺序讨论各个主要范畴。最好能以视觉形式呈现主要范畴及相互之间的关系。这可以采取流程图或者表格的形式（要想了解图表呈现范畴的方法请参见 Morse 1992a）。

　　研究报告结果部分的划分可以依据已确定的主要范畴的子标题。在每一标题之下，要逐一介绍和界定相关范畴及其子范畴。每个部分都要用资料来支持所提出的分析性观点。例如，引用参与者的话语可以阐明特定情境下特定范畴的应用情况。

不过，资料的运用只是用来阐明分析过程，而决不能取代分析。在介绍和讨论了每个范畴之后，接下来就可以详细考察范畴之间的关系，探究并详细说明生成的理论构想。或者，也可以将范畴的介绍和它们彼此关系的讨论结合在一起；然而，要清晰而系统地撰写扎根研究报告，这样做更具挑战性。

讨论　讨论部分作者要探讨研究的理论和实践意义。该研究对于我们理解正在研究的现象有什么贡献？研究结果可能具有什么实践应用价值？我们可能还想反思一下我们研究的焦点。最初提出的研究问题是否正确？为什么我们会弄错研究问题？这对于我们就研究现象所提出的假设有什么启发？这时候，我们可能会进一步提出个人自反性和认识论自反性（参见第 1 章第 13 页）的问题。这一部分我们还要讨论研究结果与已有文献的关系。我们的研究多大程度上支持或挑战已有理论？研究工作对于该领域的理论发展有什么贡献？基于现在的研究将来能做什么研究？以及参与者如何从他们已经作出贡献的研究中获益？

参考文献和附录　所有研究报告都应该包括参考文献列表，囊括报告里提及的所有作者。如果研究报告有佐证分析的附加资料，就应以附录的形式记载。这些附录应该在报告相应的地方明确标出。不过，附录不应该包含读者理解报告所必需的内容。作者不能想当然地认为，读者一定会阅读附录。

扎根理论研究的一个实例

——贾尼丝·莫尔斯的"护患关系中承诺和投入的协商"

莫尔斯（Janice Morse 1992b）最初的研究问题是："赠送礼物在患者与护士关系中的作用是什么？"莫尔斯注意到，患者经常会给护士赠送礼物，以报答他们已经受到的照顾。她热衷于探究赠送礼物对患者与护士关系的发展所起的作用。莫尔斯及其研究助手对护士进行了半结构式访谈。在资料分析的最初阶段，我们可以清晰地发现，赠送礼物是协商某种关系的方法。它起了一种其他行为可能起到的象征性作用。这促使莫尔斯拓展了研究的焦点，从而询问"护患关系／患护关系是如何发展的？"理论抽样能让莫尔斯及其研究助手获得资料，用更具概括性的术语来阐明护患关系的发展。他们进行了进一步访谈，这次是对那些自身也是患者的护士。所有访谈都进行了转录和编码。

　　莫尔斯使用了斯特劳斯和科尔宾版本的编码范式，这意味着她要根据"过程"（即护士和患者在关系发展整个过程中的体验）和"变化"（即影响护患互动的因素和环境）来确定范畴并进行探究。"协商关系"作为核心范畴产生了。其他范畴包括"关系的类型"，可以细分成"相互关系"和"单方关系"。"相互关系"的特点表现为护患关系中的相互利益和投入，而"单方关系"包含参与者之间在发展关系的意愿方面存在的某种程度的不协调。"相互关系"依次包含 4 种子范畴："临床关系"、"治疗关系"、"普通关系"和"过度投入关系"。莫尔斯确定了 6 个维度，这 4 种类型的"相互关系"可以根据这 6 个维度来加以区分。这些维度包括共同度过的时间（如长期的还是短暂的）、互动的目的（如敷衍的还是支持性的）、患者的需要（如较少的还是较多的）、患者的信任（如基本的还是完全的）、患者的角色（如患者还是常人）和护理承诺（如专业的还是个人的）。莫尔斯以表格形式呈现了这些类型的关系及其6 个维度。

　　莫尔斯的研究提出了一种解释模型，用以描述护士与其患者之间"发生的各种类型的关系"（Morse 1992b: 334）。赠送礼物作为最初的研究焦点（和启发点），最终只是患者用于增加护患关系投入度诸多策略的一种。它是协商相互关系过程中的一部分，已经超越了护患临床关系的范围，并进入到护患普通关系的领域。扎根理论作为一种研究方法，能够容纳研究焦点的转变。它能让莫尔斯确定不同类型的护患关系、它们的特征以及参与者用来协商达成这些关系的策略。

扎根理论的版本

　　扎根理论研究存在三个主要问题，围绕它们的争论一直在延续。这三个问题涉及归纳法在扎根理论中的作用、发现还是建构以及客观主义视角还是主观主义视角。《扎根理论之发现》一书出版时（Glaser & Struss 1967），它向社会科学中的质性研究者介绍了一种新的方法论。研究者们曾一度为了各自的目的而采用它并且开始发表扎根理论研究报告，很显然，可以用许多不同的方式来解释和应用这种新方法论。随着时间的推移，甚至扎根理论的创立者巴尼·格拉泽和安塞尔姆·斯特劳斯都开始对这种方法的本质及其实践方式产生分歧（参见专栏 1）。因此，各种版本的扎根理论方法应运而生。尽管所有这些版本仍然称作"扎根理论"，但有些研究者（如Glaser 1992）建议，这一称谓应该只适合格拉泽和斯特劳斯（1967）最初的构想，而那些较新的版本和发展变化应该寻找新的、更适合的名称。然而，其他研究者（如Dey 1999: 44）认为，"扎根理论后来出现的难题和争论可以追溯到最初表述的含糊不清"。这表明，事实上不存在一个最初的、明确的、方法论意义上的"扎根理论"这一专有称谓。

接下来的部分我打算明确说明扎根理论研究中的主要争论，并区分因此而产生的各种版本的扎根理论方法。

归纳法在扎根理论中的作用

扎根理论方法的创立，是为了直接从资料中生成新的、情境化的理论。它是对常规研究方法（即普遍的假设检验和应用已有理论来研究新资料）的一种反叛。扎根理论设计的目的是要在研究过程中尽可能避免研究者将自己的意义范畴强加于资料之上。然而，随着详细的、步骤明确的方法指南的产生（如 Strauss & Corbin 1990,1998），扎根理论正变得更具规范性。例如，引入某种特定编码范式，可以确保研究者在资料中刻意寻找特定的模式。这增加了扎根理论的演绎成分；编码范式识别出一组感兴趣的维度并根据这些维度来探究资料，而不是将资料本身作为我们确定所生成范畴的起点。这种情况下，通过使用编码范式，研究者对某些方面的资料变得敏感，并且研究者认为这些资料对于我们理解社会现象必不可少。例如，斯特劳斯和科尔宾（Strauss & Corbin 1990）的主轴编码范式的目的是使研究者对"过程"的作用变得敏感："除非使分析者强烈地意识到识别出过程的必要性，并将它纳入分析之中，否则研究者经常会忽略过程或者进行非常狭隘或有限的分析"（p.143）。同样，斯特劳斯和科尔宾建议使用"条件矩阵"，将诸如阶层、性别、种族和权力等较高水平的结构引入到分析中。

　　那些支持早期的、规范性较少的扎根理论版本的研究者担心，这样一种演绎成分会将研究者界定的范畴或偏爱的编码方法强加于扎根研究，从而有违扎根理论的初衷（即理论从资料中生成）（Glaser 1992）。正如米利亚（Melia 1996: 376）所说："我一直存在一个让人不安的疑虑，程序越来越妨碍扎根研究；理论和技术开始本末倒置。"这些研究者主张，要维持扎根理论的创造潜能，就必须保持它最初构想的开放性。根据这种观点，扎根理论方法必须充分灵活地对资料作出回应。规范性较高的程序和编码框架只会使分析更加僵化，与这种灵活性是不相容的。

发现对建构

　　1967 年，格拉泽和斯特劳斯把扎根理论描述为"从资料中发现理论"的过程。"发现"这一词语的使用表明，研究者揭示的是已经存在的事物。同样，（范畴或理论的）"生成"这一概念也降低了研究者在研究过程中的创造性作用。这种情况下，研究者就像一个助产士，接生完全成形的婴儿。然而有人认为，对扎根理论研究过程的这种看法深受实证主义认识论的影响，并且与"广义的"质性方法论是矛盾的（参见第 1 章第 11 页）。这是因为，范畴和理论只可能"生成"于资料并且研究者有可能避免将意义范畴强加于资料，这种观点反映了这样的信念：现象创造出了它们自己的表征，观察者可以直接感知到。卡麦兹（Charmaz 1990，2000，2002，2006）介绍了一种社会建构主义版本的扎根理论，它主张范畴和理论并不生成于资料，而是由研究者通过与资料互动来建构的。根据这种扎根理论，"研究者对资料的解释、组织和表征都是一种创造过程，而非在资料内部发现规则。发现过程包括发现研究者与资料互动之后对资料形成的观点"（Charmaz 1990: 1169，强调是原文所加）。

　　这种情况下，大家公认，研究者的决策、就资料所提的问题、所使用方法的特点以及研究者的（个人的、哲学的、理论的、方法论的）背景，都会影响研究过程并最终影响研究结果。因此，所产生的理论是对研究资料的一种特定解读，而不是从资料得出的惟一真理。皮金和亨伍德（Pidgeon & Henwood 1997）用术语理论生成来取代发现一词，以充分体现理论发展过程中的建构成分。要想更多地了解扎根理论的建构主义内容，亦可参见克拉克的著作（Clarke 2003, 2005, 2006）。

描绘社会过程对研究个体经验

最初，创立扎根理论的目的是为了便于社会科学领域的研究者在特定情境（如医院、家庭）下研究局部的社会过程，诸如慢性疾病的管理、护士的社会化或者死亡的轨迹，并生成理论。生成理论的目的是要澄清和解释这些社会过程及其结果。这些过程本质上可能具有社会心理或者社会建构的特点。为了确定和阐明相关过程及其结果，研究者们进行了完整循环性的解释性探究（即完整版）。最近，研究者们将扎根理论仅仅用作一种资料分析方法（即简缩版）。后者对访谈转录稿进行了扎根理论式的编码，以便通过意义范畴和经验的确定，来系统地表征参与者的经验和理解研究现象（如慢性疼痛、情人分手、变性手术的体验）。

扎根理论的这种应用与现象学研究（参见第 4 章）具有某些共同特征。因此，虽然社会过程的聚焦采纳的是一种更加情境化和动态的取径，借此研究者试图确定和描绘社会过程与社会关系以及它们对参与者所造成的影响，但是参与者经验的聚焦则更多是心理上的，因为研究者关注的是参与者视角的结构和品质，而非它的社会情境、原因或结果。前一种取径采取的是"由表及里"的视角，而后一种取径是按照"由内而外"来进行的（参见 Charmaz 1995: 30-31）。当然，也可能将两种视角结合起来，以便充分表现参与者的生活经验并根据更广泛的社会过程及其结果来解释它的品质。可以这样说，要充分理解社会心理现象，这的确也是必需的。

扎根理论作为心理学研究方法的局限

与所有研究方法一样，扎根理论的确也有许多局限。对扎根理论方法批评最多的是它的认识论根源。有人认为，扎根理论赞同实证主义认识论，并且回避自反性问题。对于心理学的研究者而言，扎根理论的另一个缺陷是它专注于揭示社会过程，这限制了它对更多现象学研究问题的适用性。下面将依次探讨这两种局限。

归纳问题或"扎根理论的根是什么?"

扎根理论的最初目的是要从资料中生成新理论。换言之,扎根理论离不开归纳法,从而从观察结果生成新的观点。这意味着可以使研究者从假设—演绎研究的枷锁中解脱出来。归纳法存在的一个问题是,它没有充分关注研究者的作用。有人认为,资料可以客观地说明问题。然而,正如实证主义的批评者令人信服地指出的那样,所有观察都具有特定的视角,也就是说,它们的立场是特异性的。观察某一场域所生成的任何结果,都依赖于观察者在该场域内的立场。同样,分析一组资料所生成的任何结果都是有理论根据的,因为所有分析都必然受研究者所提问题的引导。正如戴伊(Dey 1999: 104)所言,"即使我们接受范畴是发现之结果这一(令人生疑的)命题,某种程度上我们会发现什么也将依赖于我们正在寻找什么——正如哥伦布起初如果不是要寻找'西印度群岛',就几乎不可能'发现'美洲。"因此,扎根理论因为没有令人满意地解决自反性问题而遭到了批评。

斯坦利和怀斯(Stanley & Wise 1983: 152)主张,只要不弄清楚"扎根理论的根是什么?"这一问题,扎根理论方法就仍然是一种归纳实证主义。社会建构主义版本的扎根理论(如 Charmaz 1990, 2006)探讨了这些问题,并试图发展自反性的扎根理论。这种情况下,人们认识到,范畴永远都无法"充分地体现概念的全部特征"(参见 Dey 1999: 66),并且范畴并非简单地生成于资料,因为在范畴化过程之前它们并不存在;相反,它们是由研究者在研究过程中建构的。

皮金和亨伍德(Pidgeon & Henwood 1997)建议扎根理论研究者认真细致地给研究过程的每一阶段编制文档。这种文档编制可以增强整个研究过程中的自反性,并且可以证明研究者的假设、价值观、抽样决策、分析技术、对情境的解释等对研究的影响。然而,社会建构主义版本的扎根理论是最近的新发展。虽然它们承认纯粹归纳主义版本的扎根理论存在认识论方面的局限,但是我们尚不清楚扎根理论的社会建构主义取径除了要求承认研究者在研究过程中的积极作用之外,是否还有其他要求。可以这样说,社会建构主义视角的扎根理论应该将语言在范畴建构中所起的作用理论化,这反过来意味着会牵涉"话语"概念(参见第 6 章和第 7 章)。然而,语言的这种介入可能会使这种方法变得面目全非,不再是(另一版本的)扎根理论。这一点我们还得拭目以待。

对心理学研究的适用性

最初，扎根理论目的是要"自下而上"地研究社会过程。也就是说，该方法能让研究者追溯行为如何导致结果以及多种社会互动模式如何结合在一起产生特定的、可识别的社会过程。扎根理论研究得出的理论有助于解释基本的社会过程（参见 Dey 1999: 63 ）。显而易见，扎根理论的设计时刻考虑社会学的研究问题。确实，格拉泽和斯特劳斯自身都是社会学家，他们自己所做的许多扎根理论研究都是关于医学社会学的。

近些年来，扎根理论作为一种质性研究方法，已经应用于心理学研究，并且心理学方法教科书也将之列为重要的方法（ 如 Smith et al. 1995; Hayes 1997; Murray & Chamberlain 1999 ）。然而，作为一种质性研究方法，扎根理论对于心理学研究的适用性可能受到质疑。可以这样说，扎根理论方法如果要研究与经验本质有关的问题而非用于揭示社会过程，就会沦为一种系统范畴化的技术。也就是说，研究工作只是致力于获取某种特定经验对于个体所具有的意义，倾向于运用对参与者的一次性访谈，进行转录，并运用扎根理论方法的原则来编码转录稿。得到的结果就是受访者用以理解其经验的概念和范畴组成的系统图画。虽然这种图画可以帮助我们更好地理解参与者经验的结构，但实际上它构不成理论。换言之，对经验的这种描绘是一种描述性的而非解释性的活动，就其本身而言，并不适合理论的发展。可以这样说，针对经验本质的研究问题更适合运用现象学的研究方法（参见第 4 章）来探讨。那么，扎根理论技术（最好是完整版）可以专门用于研究社会心理过程。要想了解对描述性版本的扎根理论方法论的批评，亦可参见卡麦兹和亨伍德的著述（ Charmaz & Henwood 2008: 251-4 ）。

三个认识论问题

为给扎根理论这一章作总结，让我们来考察一下这种方法论的目的是要产生何种知识，对它所研究的世界作出了何种假设，以及它如何界定研究者在知识产生过程中的作用。我将依次探讨这三个问题。

1. 扎根理论方法的目的是要产生何种知识？

扎根理论的目的是要确定和解释情境化的社会过程。它的资料收集和分析技术的目的是要从资料中生成概念和范畴。它鼓励研究者在处理资料时摒弃先入之见或偏爱的理论。要尽一切可能避免将研究者自己的意义强加于资料之上。扎根理论分析的目的是产生真正扎根于资料的理论；也就是说，理论不依赖于研究者带入资料的外部概念。正如格拉泽（Glaser 1999: 840）所言："扎根理论探究的是事物的本貌，而非事物应该、可能或理应的一面"（强调是原文所加）。因此，扎根理论具有实在论取向。扎根理论的目的是要产生关于过程的知识，这些过程存在于资料之中并且（借助研究者的少许帮助）能够从资料中生成。范畴化和理论化仅仅是研究者系统地把这些过程呈现给读者的方式。然而，不论研究者是否对所确定的过程编制文档，都假定它们会发生。换言之，潜在的知识就"在那里"，并且研究者可以获取。准此而论，扎根理论采取的是知识产生的实证主义取径。不过，正如我们所见，扎根理论的实证主义倾向已经受到那些持社会建构主义思想的扎根理论研究者的挑战。

2. 扎根理论作出了何种关于世界的假设？

扎根理论家们感兴趣的是，行为人协商和管理社会情境的方法以及他们的行为对于揭示社会过程有何意义。扎根理论假定，社会事件和过程具有一种客观的实在性，准此而论，它们的发生与研究者无关，并且研究者可以进行观察和记录。这使人联想到实在主义本体论。然而，扎根理论还假定，社会实在也体现了行为人的意志，并且参与者对事件的解释影响它们的结果。这种情况下，扎根理论赞同符号互动论的观点。这意味着，扎根理论家们所研究的"世界"很大程度上是人类参与和协商的产物。它不断变化，这意味着研究它的方法必须对它的动态属性敏感。这就是扎根理论专注于研究"过程"和"变化"的原因。

3. 扎根理论如何界定研究者在研究过程中的作用？

扎根理论的研究者扮演着目击者的角色。研究者仔细地观察正在发生的事件，详细地记录事件进程，并向参与者提问，以便更好地理解他们的行为和原因。研究者应该注意不要将自己的假设和预期带入分析；研究的目的是要提出理论，但不能超出资料凭空设想。研究者的作用是，利用自己的技能以系统的和可理解的方式清晰地描绘他们要研究的社会现实片段。这种情况下，正是研究者的技能（即收集和分析资料的能力）决定了研究的结果。研究者的身份和立场必定退居次要地位。社会建构主义版本的扎根理论以一种不同的视角来看待研究者在研究过程中的角色。这种情况下，研究者不仅仅是一名目击者；他／她还要积极地建构对所研究现象的特定理解。从社会建构主义的视角来看，扎根理论并不能充分地体现社会现实；相反，它本身就是对现实的一种社会建构（参见 Charmaz 1990: 1165）。

本章已经介绍了扎根理论方法的基本原则。卡麦兹和亨伍德（Charmaz & Henwood 2008: 241）将扎根理论过程的定义性特征总结如下：

> 我们收集资料，比较资料，对资料的所有可能的理论性解释都保持开放态度，并且通过编码和新生的范畴来提出对这些资料的暂时性的解释。然后，我们返回现场进一步收集资料，以检验和完善范畴。

尽管（抑或因为）支撑扎根理论的逻辑显然有些简单，但多年以来，已经出现了许多不同版本的扎根理论。依据研究问题、时间限制和资源配置，我们可以选择完整版或简缩版的扎根理论。我们可以运用扎根理论使情境化的社会过程理论化或者描绘个体的经验范畴。最后，我们可以采取扎根理论研究的经验主义取径或社会建构主义取径。无论我们选择使用哪一种版本，重要的是我们要明确地向读者传达我们所采用的具体取径及其原因。扎根理论还在演变，并且可能会有更多种类的扎根理论方法产生。其中一些可能更适合于心理学研究。我想以皮金和亨伍德（Pidgeon & Henwood 1997: 255）对我们的提醒来结束这一章，无论何种形式的扎根理论都会给我们提供一套程序，这些程序是"积极地对研究材料进行周密详细分析这一研究要求付诸于实践的方法，所以它们可以刺激和训练我们的理论想象力。"

互动练习

1. 研究报刊对某一事件或情境的报道文章（如公众骚乱或犯罪行为的报道）。首先，阅读文章并就文章已经告诉你的内容写个简单的总结。然后，按照这一章所提供的指导准则对文章进行逐行编码。将低水平的（描述性的）范畴整合成较高水平的（分析性的）范畴。完成这一操作之后，将你最初做的文章总结与你编码操作的结果进行对比。编码告诉了我们哪些简单阅读文章所不能了解的信息？它的"附加值"是什么？

2. 利用本章所提供的指导准则构想出一个适合扎根理论研究的问题。要确保这一问题能够在你所处的环境通过研究得以解决，并且它在伦理上不要太过敏感（例如，心理学专业的学生如何选择他们毕业研究项目的主题？）。构建一个有助于你开始研究的简单访谈议程表，并且对某位朋友或同事进行半结构式访谈。对访谈内容进行转录和编码。根据你的初步研究结果，为了继续探究你的研究问题，下一步你应该走向何方？确定可能的资料来源和探究方向。

扩展阅读

Charmaz, C. (2006) *Constructing Grounded Theory: A Practical Guide Through Qualitative Analysis.* London: Sage.

Dey, I. (1999) *Grounding Grounded Theory: Guidelines for Qualitative Inquiry.* London: Academic Press.

Dey, I. (2004) Grounded theory, in C. Seale, G. Gobo, J.F. Gubrium and D. Silverman (eds) *Qualitative Research Practice.* London: Sage.

Henwood, K.L. and Pidgeon, N.F. (2006) Grounded theory, in G. Breakwell, S. Hammond, C. Fife-Shaw and J. Smith (eds) *Research Methods in Psychology*, 3rd edn. London: Sage.

Pidgeon, N. and Henwood, K. (1997) Using grounded theory in psychological research, in N. Hayes (ed.) *Doing Qualitative Analysis in Psychology.* Hove: Psychology Press.

Strauss, A.L. and Corbin, J. (1998) *Basics of Qualitative Research: Grounded Theory Procedures and Techniques*, 2nd edn. London: Sage.

专栏 1　扎根理论还是完全的概念描述？格拉泽与斯特劳斯的争论

巴尼·格拉泽和安塞尔姆·斯特劳斯在合著了《扎根理论之发现》（Glaser & Strauss 1967）之后，两人开始对扎根理论的本质认识出现分歧。1992年，格拉泽出版了《生成对强加：扎根理论分析的基础》一书。这本书目的是要回应斯特劳斯和科尔宾的《质性研究的基础：扎根理论的程序和技术》一书（Strauss & Corbin 1990）。格拉泽认为斯特劳斯和科尔宾的著作所述的扎根理论版本具有太多的规定性。他辩称，他们的著作中所概述的方法实际上根本不是扎根理论。相反，他们所描述的完全是另一种不同的方法，该方法没有从资料中促进理论的生成，而是产生了"完全概念性的强加描述"（Glaser 1992: 61-2）。格拉泽对斯特劳斯和科尔宾所修订的扎根理论的不满是显而易见的。他把他们的扎根技术描述为"断裂的、琐细的、笨重的和过度自觉的"（Glaser 1992: 60），并且认为他们的技术干扰了发现过程，而非促进。格拉泽不同意他们把研究问题定义为"一种确定所要研究的现象的陈述"（Glaser 1990: 38）。相反，他提出研究的焦点产生于研究本身的早期阶段。格拉泽也不同意斯特劳斯和科尔宾的编码范式，尤其是主轴编码。格拉泽认为，他们的编码方式将先入之见引入到了分析之中，而先入之见与扎根理论的精神是不相容的。正如格拉泽所说："如果你严刑拷问资料，它就会屈服！这种编码方式不像扎根理论，不允许资料发出自己的声音，所以为了偶尔能让人听到声音，它不得不尖声叫喊。先入之见的强加经常会使它从重要关系中脱离"（Glaser 1992: 123）。

此外，虽然格拉泽提出证实（范畴之间的关系及生成的理论）不应包括在扎根理论方法之中，但斯特劳斯和科尔宾主张把证实工作纳入到研究过程本身之中。与这种分歧相关的是，格拉泽坚持纯粹归纳的扎根理论取径，相形之下，斯特劳斯和科尔宾吸纳了某些演绎分析方法，并且他们承认已有理论在使扎根理论研究者变得敏感方面所起的作用。显然，格拉泽和斯特劳斯及科尔宾所倡导的两个版本的扎根理论存在重要差异。但是，它们是否构成了完全不同的方法（论）（正如格拉泽所认为的，理当冠以不同名称），抑或斯特劳斯和科尔宾的版本仅仅是扎根理论自然演变的一种表现形式（正如斯特劳斯和科尔宾所指出的）？扎根理论是否是一种具有明确定义且协商一致的程序的研究方法，抑或更确切地说是一组方法，它们基于某种"不同的关键策略的探究取径"（参见 Charmaz 2006）？要作出决定，你不妨在下列出版物中跟踪了解这一争论：

Charmaz, C. (2006) *Constructing Grounded Theory: A Practical Guide Through Qualitative Analysis*. London: Sage.

Dey, I. (1999) *Grounding Grounded Theory: Guidelines for Qualitative Inquiry*. London: Academic Press.

Glaser, B.G. (1992) *Emergence vs Forcing: Basics of Grounded Theory Analysis*. Mill Valley, CA: The Sociology Press.

Melia, K.M. (1996) Rediscovering Glaser, *Qualitative Health Research* (Special Issue: Advances in Grounded Theory), 6(3): 368-78.

Strauss, A.L. and Corbin, J. (1990/1998) *Basics of Qualitative Research: Grounded Theory Procedures and Techniques*. London: Sage.

4

现象学方法

现象学

按照胡塞尔（Edmund Husserl，1859-1938）20 世纪早期的系统阐述，超验现象学（Transcendental phenomenology）关注的是呈现在我们人类意识当中的世界。它的目标是事物本身，就如它们显现在我们知觉者面前一样，并且存而不论（悬置）或不予考虑我们（认为）已经了解了的待认识事物的知识（放入括号里）。换言之，现象学感兴趣的是人类在特定情境和特定时间下所体验到的世界，而非对大千世界本质的抽象陈述。现象学关注我们在接触周围世界时呈现在我们意识中的现象。

根据现象学的观点，认为客体世界和主体世界与我们对它的经验毫不相干是完全错误的。这是因为，所有的客体和主体都必须以某种形式将它们自己呈现给我们，并且任何时候它们都要表现为或这或那的事物，这构成了它们的真实存在。客体的显现作为一种知觉现象，会因知觉者的位置和情境、知觉的角度，并且更会因知觉者的心理定向（如欲望、希望、判断、情绪、目标和目的）的变化而变化。这被称作意向性（intentionality）。意向性使得客体显现为现象。这意味着，"自我和世界是意义不可分离的组成成分"（Moustakas 1994: 28）。这种情况下，意义并不是以事后想法的形式附加于知觉之上；相反，知觉总是意向性的，因而由经验本身构成。

这意味着，从现象学的角度来看，不同的人对（看似）"相同的"环境的知觉和体验可能并且确实会截然不同，这一点儿也不奇怪。例如，对于负责健康与安全的官员来说，办公环境的不当可能会带来危害和危险。叠放在办公室地板上的那堆论文可能会使人跌倒和损伤背部，因为工作人员可能会被它们绊倒或者砸伤背部。相比之下，对于（大学、学院中的）讲师来说，这堆论文相当于工作，它代表了若干小时的批阅。对于学生来说，论文体现了他们的思想和情感，表现了他们的知识和技能，就这一点而论，论文可能意味着成功或失败。从现象学的观点来说，那堆论文本身没有任何意义；事实上，在运用意向性感知之前，它并不是作为"一堆论文"而存在的。

现象学方法

获取知识的现象学方法构成了超验现象学的核心部分。胡塞尔指出，超越预设和偏见并且体验一种前反思意识（pre-reflective consciousness）状态是可能的，这能让我们描述现象自身呈现在我们面前的本貌。胡塞尔确定了一系列步骤，可以引领哲学家从对熟悉现象的新鲜知觉，上升到对现象本质的抽取，这种本质能赋予现象独特的特征。以这种方式获得的知识不会受到常识观念、科学解释以及其他通常的解释或抽象过程（即除常识观念和科学解释之外其他理解方式）的影响。这是我们在与世界接触的过程中，世界显现在我们面前的一种知识。

现象学理解世界的方法包括三个明显不同的沉思阶段：悬置（epoche）、现象学还原（phenomenological reduction）和想象变异（imaginative variation）（详细内容参见 Moustakas 1994）。悬置要求暂时搁置预设和假设、判断和解释，以便我们自己充分地认识展现在我们面前的究竟是什么。在现象学还原中，我们要描述将其自身呈现在我们面前的现象的全貌，包括诸如形状、大小、颜色和质地等物理特征，以及当我们关注现象时出现在我们意识中的思想和情感等经验特征。通过现象学还原，我们可以找到现象之经验的组成成分。换言之，我们会意识到什么使得经验成其为经验。想象变异尝试去触及现象的结构性成分。也就是说，虽然现象学还原关注体验的是"什么"（即它的质地），而想象变异要问该经验"如何"才可能体验到（即它的结构）。想象变异的目标是确定与现象有关的条件，没有这些条件现象不会成其为现象。这可能包括时间、空间或社会关系。最后，对现象的质地和结构的描述可以整合起来，以理解现象的本质。

现象学与心理学

尽管学术界认为超验现象学是一种哲学的思想体系，但现已证明，它的方法论上的优点引起了所有社会科学研究者特别是心理学研究者的兴趣。这是因为，现象学专注于意识的内容以及个体对世界的经验。正如克沃勒（Kvale 1996b: 53）所说：

> 现象学感兴趣的是，阐明显现的现象以及它的显现方式。现象学研究主体对其世界的看法；试图详细描述主体意识的内容和结构，掌握他们经验的质的多样性，并解释它们的本质意义。

美国杜肯大学首先在心理学中开创实证的现象学研究，并广泛地加以应用（参见 Van Kaam 1959; Giorgi 1970, 1994; Giorgi et al. 1975）。现象学研究的主题包括"感到被人理解"（Van Kaam 1959）、"学习"（Giorgi 1975, 1985）、"受人伤害"（Fischer & Wertz 1979）、"愤怒"（Stevick 1971）以及许多其他的人类经验的现象。事实上，任何人类经验都能用现象学来分析。这是这种取径吸引心理学研究者的另一个原因。然而，作为哲学的超验现象学与心理学中现象学方法的应用之间，在焦点和重点上存在差别。

斯皮内利（Spinelli 1989）指出，现象学心理学更关注人类经验的多样性和变化性，而非胡塞尔意义上的本质的辨识。此外，心理学中的现象学研究者即使有人主张，思考现象的过程中有可能悬置所有的预设和偏见，也为数不多。相反，给现象加上括号，研究者就能对自己认识现象的习惯性方式进行批判性省察（参见自反性，第 13 页）。哲学家马丁·海德格尔（Martin Heidegger，1889-1976）是胡塞尔的学生，他以极具影响力的方式发展了现象学思想。许多追随海德格尔的研究者欣然接受解释学版本的现象学，根据这一版本，解释以及研究者影响文本的意识（与分析）构成了现象学分析不可或缺的一部分。最后，区分客体或事件自身呈现在研究者面前所引起的现象学沉思和针对参与者报告的某种特定经验的陈述所进行的现象学分析，非常重要。前者个体要对自己的经验给予内省性关注，而后者则要依据他人对自身经验的描述"进入"其经验。在现象学心理学研究中，研究参与者的陈述成为了研究者研究的现象。

本章我要介绍心理学中的两种重要的现象学研究取径——描述性取径和解释性取径。其实在这两大类之中，还有许多不同的收集和分析资料的方法（详见 Langdridge 2007; Giorgi & Giorgi 2008）。这一章简要描述了每种取径的特征并指出了它们的主要差异。接下来还要更为详细地介绍其中一种解释性现象学方法（即解释性现象学分析）。本章概述了与解释性现象学分析有关的方法论程序，并且介绍了一项已发表的解释性现象学分析研究。随后对特殊的解释性现象学分析和一般的现象学方法进行了批判性的评价。最后，讨论了现象学研究的三个认识论问题。

描述性现象学

由于认定知觉会或多或少地受到观念和判断的影响，描述性现象学仍然牢牢地占据超验现象学的正统地位。尽管描述性现象学家承认解释在人们知觉和体验世界的方式上起着重要作用，但是他们认为，有可能把解释减少到最低限度，并且专注于"以纯粹现象学的角度思考展现在我们面前的事物"（Husserl 1931: 262）。这意味着，对于胡塞尔以及描述性现象学家来说，"描述是第一位的，并且解释是描述的一种特殊类型"（Giorgi & Giorgi 2008: 167）。描述性现象学要求研究者采纳现象学的态度，把过去所有与正在研究的现象有关的知识（既包括学科外的或日常的知识，也包括专业的知识和理论）用括号括起来。当现象本身在特定情境下显现时（如研究参与者对现象的陈述），研究者试图如实地在头脑中映现出来。研究的焦点是研究参与者所经验的现象，而非作为物质实在的现象。研究者（Giorgi

& Giorgi 2003a, 2003b）为描述性现象学研究提供了详细的指导准则。概括起来，他们版本的描述性现象学包括如下步骤（亦可参见 Giorgi & Giorgi 2008: box 10.1, p.170）：

1. 获得感兴趣现象的具体描述。
2. 对现象采取现象学态度。
3. 阅读全部描述以获得整体印象。
4. 重新阅读描述并找出可以充分体现整体不同方面或维度的"意义单元"。
5. 识别并明确每个意义单元的心理意义。
6. 清晰地表达关于该现象经验的一般结构。

描述性现象学存在好几个版本，尽管它们在突出经验的某些特定维度（如心理的或存在主义的）的程度上有所差异，但它们都专注于描述。学术界引用最广泛的描述性现象学研究者包括科拉伊奇（Colaizzi 1978）、莫斯塔卡斯（Moustakas 1994）和阿什沃思（Ashworth 2003）。兰德里兹（Langdridge 2007）还详细说明了如何开展描述性现象学研究。

解释性现象学

解释性现象学也致力于更好地理解现象显现时的本质和品质。然而，这种版本的现象学并未将描述和解释分离开；相反，它吸收了解释学传统的见解，并且认为一切描述实际上都是某种形式的解释。正如范梅南（Van Manen 1990: 180，转引自 Giorgi & Giorgi 2008: 168）所说：

> ……生活经验的（现象学）"事实"在体验时总是要赋予有意义的（解释性的）经验。而且，甚至生活经验的"事实"也需要用语言（人文科学文本）来充分表达，而这不可避免地是一种解释过程。

类似地，如果我们不对我们正试图理解的事物的意义作出某些初步假设，理解就不可能发生。在赋予意义的过程中存在一种循环，称为"解释学循环"（hermeneutic circle）（Schleiermacher 1998）。这意味着，"……部分只有通过对整体的理解才能获得理解，而整体也只有通过对部分的理解才能获得理解"（Schmidt 2006: 4）。在最基本的层面上，简单句子的理解就可以证实这一点。在我们搞清楚组成整体（句子）的各个部分（即字词）的意思之前，我们无法理解整个句子。然而，与此同时，如果我们没有理解作为一个整体的句子，我们就不可能搞清楚某个字词的特定含义。这意味着理解需要在预设和解释之间循环往复地进行。我们的预设要根据我们正试图理解的事物意义的演变来检验。因此，解释性现象学研究者并不会把预设和假设放入括号，而是要研究和利用它们，以便推进理解。

与描述性现象学一样，解释性现象学这一取径也存在多个版本，包括帕克和艾迪生（Packer & Addison 1989）、范梅南（Van Manen 1990）和史密斯（Eatough & Smith 2008）。兰德里兹（Langdridge 2007）再次详细说明了如何开展解释性现象学研究。

解释性现象学分析

解释性现象学分析是现象学方法的一个版本，它承认直接进入研究参与者的生活世界是不可能的。尽管解释性现象学分析的目的是从研究参与者的视角来考察参与者的经验，但也承认，这样一种考察必然会牵涉到研究者本人对世界的看法以及研究者与参与者互动的品质。因此，研究者所进行的现象学分析总是对参与者经验的一种解释。

解释性现象学分析与其他更具描述性的现象学资料分析方法具有共同的目标，因为它希望充分体现个体经验的品质和质地。不过它承认，研究者永远都无法直接获得这种经验。解释性现象学分析的创立者乔纳森·史密斯（Jonathan Smith 1997: 189）把解释性现象学分析描述为"通过对文本和转录稿的解释性接触过程企图阐明包含在……陈述中的意义。"这种接触是由一系列步骤帮助完成的，从而便于研究者确定主题并将它们整合成有意义的群集，先是在个案内部进行，然后在个案之间进行。

其分析程序的系统特性以及对分析过程详细的描述（例如，Smith 1991, 1999; Flowers et al. 1997, 1998; Jarman et al. 1997; Osborn & Smith 1998; Smith et al. 1999）表明，解释性现象学分析已经成为一种对心理学家越来越具有吸引力的研究方法（要想了解研究综述，参见 Reid et al. 2005 和 Brocki & Wearden 2006）。在接下来的部分，我会介绍与解释性现象学分析有关的基本方法论程序。随后介绍该方法的研究实例，即 9 名妇女慢性疼痛经验的研究（Osborn & Smith 1998）。

解释性现象学分析的实施

解释性现象学分析研究半结构式访谈的转录稿。史密斯（Smith 1995b）对于如何进行访谈以产生适用于现象学分析的资料，提出了指导意见。概括地讲，解释性现象学分析的访谈与第 2 章所介绍的半结构式访谈具有共同的原则和实践。由于现象学研究要求研究者进入参与者生活的世界，因此向参与者提出的问题要具有开放性和避免导向性，这一点尤为重要。提问的惟一目的就是要给参与者提供机会，以便他们与研究者一起分享他们对所研究现象的个人经验。焦点式问题和 / 或特定的问题应该用于鼓励参与者详细描述其经验，而不是用来检验他们是否同意特定的主张或陈述。尽管半结构式访谈是现象学研究中使用最广泛的资料收集方法，但是也可以让参与者使用日记（音频、视频或书面形式）或各种形式的写作等其他方式来报告他们的经验。无论使用何种类型的资料收集方法，解释性现象学分析都要研究参与者提出的文本。并且要逐个分析这些文本。解释性现象学分析采用个人特质研究法（idiographic approach），通过深入细致地接触个案（如转录稿、文本）可以得出深刻的见解，只有在研究的后期阶段才能整合出这些深刻见解（亦可参见第 5 章）。

个案的分析

解释性现象学分析的第一个分析阶段要反复阅读文本。此阶段研究者要记录广泛的、漫无目标的笔记，以此反映研究者在对文本作出反应时可能希望记录的最初思想和观察结果。这些笔记可能包括联想、问题、总结、对语言使用的评论、离题情况、描述性标签，等等。在这一阶段产生的笔记是最为开放的注释，并且完全不同于扎根理论中所使用的"开放式编码"（参见第 3 章）。这些笔记仅仅是记录研究者最初接触文本时所想到的问题的一种方法。史密斯建议将这些笔记记录在文本左边的空白处。

第二个分析阶段要求研究者找出并标定可以表示文本每一部分特征的主题。这些主题可以记录在文本右边的空白处。主题的标题是概念性的，并且应该充分表现文本内容的某些本质特性。这一阶段可以使用心理学术语。例如，从一位慢性疼痛患者的访谈中所生成的主题包括"丧失"、"社会性比较"和"自我感"（Smith et al. 1999）。

第三阶段要将结构引入分析中。研究者在第二个阶段列出了已找出的主题，并思考它们彼此之间的关系。其中的某些主题可以形成天然的概念类群，因为它们具有共同的意义或关系，而其他主题的特征表现为彼此间的层次关系。例如，诸如"童年记忆"、"去上学"和"与母亲的关系"等主题可能形成"童年"的类群，而"上西班牙语课"、"看西班牙电影"和"练习弗拉明戈舞"等主题将从属于"对西班牙感兴趣"这一类群。主题类群的名称必须充分体现其本质。这些名称可以是受访者本人使用的原生的术语、简短引语或者描述性标签。例如，包含"童年记忆"、"去上学"和"与母亲的关系"的类群可以称作"当我小的时候"（原生的／引语）或者"早年"（描述性的）。一定要确保本阶段所找出的主题聚类与原始资料相比合乎情理。这意味着，研究者必须往返于试图使之结构化的主题列表与起初产生主题的文本之间。报告中确定的主题关系，必须反映在受访者陈述的细节中。

第四个分析阶段要制作出结构化主题的一览表，并附上说明每个主题的引语。一览表中只应列入那些可以充分体现参与者经验的某些品质的主题。这意味着，阶段二中所产生的某些主题将不得不排除在外。这些舍弃的主题可能在文本中没有得到很好的表现或者它们对于所研究的现象而言处于边缘地位。研究者对主题取舍的决定，不可避免地受到自身兴趣和取向的影响。一览表应该包括类群标签以及从属于它们的主题标签、简短引语和参考来源（也就是，页码和行数），依据参考来源就能在访谈转录稿中找到有关的文摘。一览表的形式可能如下：

类群标签 1
- 主题标签　　　　　引语 / 关键词（原生的）　　　页码和行数
- 主题标签　　　　　引语 / 关键词（原生的）　　　页码和行数
- 主题标签　　　　　引语 / 关键词（原生的）　　　页码和行数

类群标签 2
- 主题标签概要　　　引语 / 关键词（原生的）　　　页码和行数
- 主题标签概要　　　引语 / 关键词（原生的）　　　页码和行数
- 主题标签概要　　　引语 / 关键词（原生的）　　　页码和行数
- 主题标签概要　　　引语 / 关键词（原生的）　　　页码和行数

类群标签 3
- 主题标签概要　　　引语 / 关键词（原生的）　　　页码和行数
- 主题标签概要　　　引语 / 关键词（原生的）　　　页码和行数

　　所确定的类群和主题的数量可能差别很大，并且完全取决于所分析的文本。一些类群包括许多主题，而另一些类群所聚焦的范围要狭隘得多。同时，可能会有非常多的引语来支持某一特定主题，而有些主题在文本中的引语则很少。一览表应该反映能使参与者的陈述结构化的意义，而非研究者对可接受的类群和主题数量的预期。

操作范例

　　为了理解解释性现象学探究文本的方法，让我们来看一段某位青年男子日记中的简短摘录。该日记记录了他在某段时间经历变化的过程。因此，研究感兴趣的现象是变化和转变的经验。下面是他记录的内容：

1. 我在乘火车旅行，或者那是我的感觉。激动、活跃、兴奋并且
2. 有点儿失控；处于控制的边缘，就像乘着海浪一般。而且
3. 对经验和印象有种饥渴之感，并且看似无法满足。
4. 我想到了躁狂状态以及人们如何说他们感觉像拿破仑——
5. 并且我想，不，我不想统治世界，我只想吃掉它！
6. 几天以前，我阅读了一些关于不同人生阶段的有趣的东西。
7. 它说，在一个人年轻的时候，一切都还是有可能的；机会总会出现
8. 并且可以抓住。在人生的后期，一个人学会接受自己已经到达的地方
9. 并且尽可能地利用这段时光。这听起来和我的情况一样。
10. 我不想预先做计划或者长期承担什么事情，
11. 因为我希望能够应对新的机遇和挑战，
12. 这些机遇和挑战是我所期望碰到的。对我而言，必须一直有所进步；
13. 我感觉我正在进步和发生改变。我必须随心所欲地改变；
14. 不是被变化所牵引，而是随着变化而进步。自由和控制
15. 结合——自由地应对事件和影响以便发生变化，
16. 以一种我可以接受的方式。

阶段 1：研究者与文本的初步接触

刚开始阅读，我就被作者使用强有力的隐喻形象来表达感受的方式所吸引（"我在乘火车旅行"，"乘着海浪"，"饥渴"，"拿破仑"）。然而，尽管这则日记的开始部分（第1-5行）运用了生动和精彩的语言，但是剩余部分的写作风格较为平静，使用了更加抽象或概念性的术语（例如，"人生阶段"，"机遇和挑战"，"自由和控制"）。作者通过借用诸如精神病理学（"躁狂状态"）和毕生发展（"人生阶段"）等心理学概念试图理解他的经验。日记的结尾部分处理了自由和控制的关系。作者希望在不失去控制的情况下经历进步和变化。他想"随着变化而进步"。这就唤起了冲浪者的形象，

并且回应了文本一开始所使用的隐喻（"乘着海浪"，第2行）。

阶段2：主题的确定

在初步开放式地接触了文本之后，研究者要继续更为系统地阅读文本。目的是通过主题标签充分体现文本内容。逐行对文本进行仔细阅读之后，我确定了如下主题：

1. 强烈的感觉（唤醒、饥渴、激动、进步的感觉）[第1~3行]。

2. 精神病理学（"躁狂状态"）[第4行]。

3. 饥渴（对于刺激、经验、印象、世界的饥渴）[第3~5行]。

4. 人生阶段（"年轻的时候"对"人生的后期"）[第6~9行]。

5. 对进步与变化的需要（"对我而言，必须一直有所进步"）[第12~13行]。

6. 对自由的需要（"我不想预先做计划或者承担什么事情"，"我必须随心所欲地改变"）[第10-12行和第13行]。

7. 控制/能动性（"有点儿失控；处于控制的边缘"，"自由和控制结合……"）[第2行和第14-16行]。

阶段3：主题的聚类

分析的第2阶段中所确定的某些主题具有共同的参考点，并且某些主题分别表现了特定的条件或状态。例如，主题2和4援引了心理学概念，而主题5和6提到了各种需要。对七个主题相互关系的考察可以建构出三个主题类群。这些类群充分体现了作者在他对变化和转变的陈述中所使用的主要意义范畴。主题类群的名称如下：

● 类群1：心理状态（主题1、2和4）。

● 类群2：需要（主题3、5和6）。

● 类群3：控制（主题7）。

阶段4：一览表的产生

最后，为了对构成类群的主题以及关键词和相关引语的位置有一个清晰而系统的概览，研究者制作了一览表。我对该青年男子所写的转变和变化的日记分析之后，一览表可能如下：

类群 1：心理状态

- 精神病理学　　　"躁狂状态"　　　　　　　　　第 4 行
- 人生阶段　　　　"年轻"与"人生的后期"　　　第 6~9 行
- 强烈的感觉　　　"激动、活跃、兴奋……饥渴"　第 1~3 行

类群 2：需要

- 饥渴　　　　　　"无法满足"　　　　　　　　　第 3~5 行
- 进步　　　　　　"必须一直有所进步"　　　　　第 12~13 行
- 自由　　　　　　"我必须随心所欲地改变"　　　第 10~13 行

类群 3：控制

- 失去控制　　　　"失控；处于控制的边缘"　　　第 2 行
- 自由和控制　　　"自由和控制结合"　　　　　　第 14~16 行

个案的整合

研究者整合个案的方式有两种。在为每位参与者制作了一览表之后，研究者可能试图将这些一览表整合成一张包容性的高级主题列表，以反映参与者整个群体的经验。解释性现象学分析的资料收集通常基于目的抽样，可以根据与研究问题的相关性的标准来选择参与者。这意味着，参与者团体是同质的，他们对某种特定条件、事件或情境（例如，患慢性疼痛，成为母亲，受到伤害）有着相同的经验，并且要求他们向研究者描述该经验。因此，纵览整个资料库（也就是所有个案）以获得对现象更一般化的理解是有意义的。正如上文阶段 3 所示，以一种循环模式来开展整合过程非常重要，借助这种模式，生成的任何较高级主题都可以与转录稿进行核对。整合性主题必须以资料为基础，就像较低层次的概念性主

题一样。

　　个案整合的另一个策略是，使用第一个参与者的一览表分析随后的个案。这种情况下，可以使用最初的主题列表给其他访谈编码，在此过程中增加或展开主题。此外，还要进行循环过程，以便后来转录稿中所生成的主题可以与先前的转录稿进行核对。这能让研究者检查新生成的主题是否仅仅是旧有主题的新的表现形式，或者它们是否事实上的确引入了真正新的意义或概念。这一过程的结果是，随着时间推移一张逐步整合的主题列表逐渐形成，直到对最后一份转录稿的分析完成之后就大功告成。

　　无论整合的方式怎样，都应该产生一张高级主题列表，以充分体现参与者对所研究现象共同经验的品质，因而它还能告诉我们现象自身的某些本质内容。这张高级主题列表应该包括上位主题及其成分主题的标签，还应包括表明哪位参与者在哪里援引了这些标签的标识（页码和行数）。高级主题列表可能如下：

高级主题 1

	参与者 1	参与者 2	参与者 3
● 成分主题	页码 / 行数	页码 / 行数	页码 / 行数
● 成分主题	页码 / 行数	页码 / 行数	页码 / 行数
● 成分主题	页码 / 行数	页码 / 行数	页码 / 行数
● 成分主题	页码 / 行数	页码 / 行数	页码 / 行数

高级主题 2

	参与者 1	参与者 2	参与者 3
● 成分主题	页码 / 行数	页码 / 行数	页码 / 行数
● 成分主题	页码 / 行数	页码 / 行数	页码 / 行数
● 成分主题	页码 / 行数	页码 / 行数	页码 / 行数
● 成分主题	页码 / 行数	页码 / 行数	页码 / 行数
● 成分主题	页码 / 行数	页码 / 行数	页码 / 行数
● 成分主题	页码 / 行数	页码 / 行数	页码 / 行数

高级主题 3

	参与者 1	参与者 2	参与者 3
● 成分主题	页码／行数	页码／行数	页码／行数
● 成分主题	页码／行数	页码／行数	页码／行数
● 成分主题	页码／行数	页码／行数	页码／行数
● 成分主题	页码／行数	页码／行数	页码／行数

此外，任何一项研究所确定的高级主题及成分主题的数量都会有所差异，并且应该反映它们所源自的资料。研究者事先不可能知晓在分析过程中能找到多少个高级主题。然而，要确保在主题完全整合之前要一直进行分析，做到这一点非常重要。换言之，只有确定了参与者之间的共同点，并且充分体现在上位主题（高级主题）之中，解释性现象学分析才算大功告成。这意味着，尽管我们不能准确地知道会产生多少主题，但是我们一定不能停止分析，直到所有的从属主题已经纳入分析或者从分析中排除。

解　释

使用解释性现象学分析的许多研究都以构建了高级主题列表而宣告结束。然而，最近研究者已经开始超越这一步，分析的最后还会对研究所确定的主题进行更加明确的解释。这可能会利用已有的理论建构和构想（参见 Larkin et al. 2006）。伊托夫和史密斯（Eatough & Smith 2008）提倡采用两种不同水平的解释（亦可参见 Smith 2004）。第一种解释水平是一种更具描述性的感情水平，目的是要使研究者进入到参与者的世界，而第二种解释水平批判性地质问参与者的陈述，以便更深入地了解它的本质、意义和根源。因此，第二种水平的解释使研究者超越了参与者自己的语言和理解。显然，第二种水平比第一种水平更具尝试性和推测性，因而执行起来就不应该太僵化。尽管更高水平的解释会产生新的见识和理解，从而使研究变得丰富，但它们也会引发伦理问题，如意义强加和给予或剥夺研究参与者的话语权（亦可参见 Willig & Rogers 2008 : Chapter 1）。

写 作

　　研究报告在介绍了研究的实质领域和特定的研究问题（导言）之后，需要说明与解释性现象学分析有关的方法论原理和过程（方法）。接下来需要呈现分析过程中所确定的主题以及引自参与者的说明性引语（分析／结果）。报告的分析／结果部分可以围绕着高级主题来组织。每一个主题都要进行介绍，并且要讨论它的各种表现形式。加入参与者的引语是为了说明主题组织的方式。还应该探讨主题之间的关系。加入表示主题之间关系的主题列表或图表有助于呈现结果。不管怎样，结果的呈现应该围绕着分析中生成的主题来组织。该部分的目的是，令人信服地说明参与者对研究现象所获经验的本质与品质。写作要清晰地区分参与者的评论与研究者对这些评论的解释之间的差别，这一点很重要。应该在这种背景下探讨自反性问题。最后，解释性现象学分析报告的讨论部分考虑的是，分析过程中所确定的主题与该领域已有文献之间的关系。还要探讨该研究对未来研究和理论发展的影响。现象学研究还可以为改进实践工作提供建议，尤其是健康与咨询心理学领域的实践。

解释性现象学分析的一个实例
——慢性良性下背部疼痛的个人经验

目　的

　　本研究的目的是考察慢性疼痛经验，疼痛会受到患者对其赋予的个人意义的调节。慢性下背疼痛并非仅由器质性病变引起，心理因素在决定患者的痛苦和伤残程度上似乎起着关键作用。本研究采用解释性现象学分析方法，"明确探索决定和维持参与者的慢性疼痛、痛苦与伤残之间的动态关系的心理过程"（Osborn & Smith 1998: 67）。

资料收集

在医院门诊部的背部诊疗室，研究者对 9 位女性患者进行了半结构式访谈，并对访谈内容进行了转录。女患者的年龄在 25~55 岁之间，患慢性背部疼痛至少五年，并且她们病痛经验的特征表现为严重的痛苦和伤残。访谈表的设计带有这样的目的：让参与者讲述她自己的疼痛经历，并且让她表达慢性疼痛的心理经验。

分　析

根据解释性现象学分析的原则来分析访谈转录稿，并且逐个进行。在确定主题前，每个转录稿都要反复进行阅读。先尝试性地加工这些转录稿，然后再详加推敲。还考察了每个主题与其他主题的关系，并且确定了主题彼此之间的关系。最后，研究者整合了所有转录稿的主题，以便找到能充分体现参与者慢性疼痛经验本质的共同主题。

研究者感兴趣的是慢性疼痛的心理经验，这意味着疼痛经验的心理内容是研究分析的焦点。这体现了研究者对文本的解释性接触。他们的研究兴趣促使他们询问某些特殊的问题，从而使得分析过程朝着某个特定方向发展。因此，解释性现象学分析并不会声称对参与者的陈述能得出最终的或"完全准确的"解读；相反，此类分析的结果必然是"参与者与分析者之间的一种共同建构，因为它生成于分析者与资料的接触，而资料是以参与者陈述的形式出现的"（Osborn & Smith 1998: 67）。

结　果

从分析得出四个上位主题："寻求解释"、"比较这种自我与其他自我"、"无人相信"和"退避他人"。"寻求解释"指的是参与者理解和解释其境况的动机。了解她们患病原因的需要以及缺乏对疼痛的有意义的解释，所带来的经验是沮丧和困惑。这种对意义的寻找渗透在女患者的陈述中，并且在她们的整个陈述过程中反复出现，因此构成了有意义的成分主题。"比较这种自我与其他自我"充分体现了参与者与过去和未来的自我以及与他人进行社会比较的倾向。参与者既作出了有利的比较，也作出了不利的比较。她们通过援引她们过去能够做的事情（与过去自我的比较）和强调其他人能够做的事情（与他人的比较），来谈论她们（在活动、移动性和社会生活等方面）的损失。她们还将自己与那些甚至比她们更不幸的人（如病入膏肓者、严重残疾者）进行了比较，以强调她们现有的优势；然而，这种比较所带来的经验常常具有反作用，因为这会使参与者担心她们自己将来的预后。与下背疼痛有关的不确定性和模糊性以及参与者沮丧地"寻求解释"，意味着社会比较倾向于突出损失和悲痛。"无人相信"指的是参与者担心其他人对其病况的看法。参与者意识到，由于慢性疼痛无外显症状并且缺乏明确的临床诊断标准，人们可能会认为她们"不诚实"或者"装病"逃避职责。因此，参与者对于她们的伤痛感到内疚和羞愧。她们还感到有必要表现出疼痛的迹象（如通过外表和举止），以便让人相信。"退避他人"是由于参与者害怕在社会情境中遭人拒绝和陷入尴尬。由于不希望在交际场合被人认为是"一种负担"或"令人厌烦"，参与者选择退避社交活动而待在家里。

讨　论

作者指出，参与者无法减轻她们的不确定感和混乱感，部分原因在于她们应用了一种纯医疗模式，这不能明确地解释慢性下背疼痛发生的原因。如果参与者能获得这样一种病因解释，可以让她们为采取治疗行动找到依据，可以让她们对疼痛保持一种控制感，并且获得她们的病痛和伤残合情合理的感觉，这就对参与者大有裨益。社会比较的运用以及它与普遍存在的损失感和悲痛感的关联表明，参与者面对慢性疾病还没有发展出积极的自我概念。相反，她们专注于她们过去的、理想化的自我以及因疾病而导致的损失。要补救参与者自我感的混乱，她们必须在她们生活经历的背景中理解自我。参与者无法理解她们疼痛的原因，导致她们对声称患病和接受病人的角色都产生了内疚感和羞愧感。为维护其患病的合理性，参与者感到不得不通过展示痛苦和伤残的迹象来表露病情。此外，她们脱离了与他人的社会交往，以避免误解和拒绝。作者总结说，如果从这项研究中生成的主题在慢性疼痛管理方案中得到了解决，慢性疼痛患者就可能会获益。他们提议，可以帮助患者和她们的亲人"以较少自我虐待的方式理解她们的状况，并且通过更好地调节和适应在更长的时期内实现更大的利益"（Osborn & Smith 1998: 80）。然而，他们承认，关于内疚、羞愧和否认的问题可能还需要大量的心理治疗工作。

解释性现象学分析的局限

解释性现象学分析关注经验和意义。它从经验者的角度来看待现象。它的目的是充分体现经验并阐明其意义。为达到这一目的，它给研究者提供了清晰和系统的指导准则，从而使他们确定和逐步整合主题。理想状态下，在分析结束之时，将会得到一张充分体现所研究现象某些本质的高级主题列表。心理学中引入解释性现象学分析，使得那些没有哲学背景的人更容易理解现象学方法论。史密斯与其同事谨慎地对分析过程进行了详细描述（Smith et al. 1999），这有助于那些不熟悉解释性现象学分析方法的人在他们各自的研究中使用该方法。像所有形式的现象学研究一样，解释性现象学分析的确也存在着许多概念和实践方面的局限。这些局限涉及语言的作用、陈述的适用性以及解释对描述。以下一一探讨。

语言的作用

现象学分析研究文本。分析所使用的资料收集方法包括半结构式访谈、日记以及其他形式的陈述，诸如对事件或情境的描述等。这表明，语言是参与者（试图）将他们的经验传达给研究者的工具。由于现象学研究感兴趣的是实际经验本身，它必然假定，语言为参与者提供了充分体现这种经验的必要工具。换言之，现象学分析依赖于语言表征的有效性。然而，正如将在第 6 章和第 7 章所讨论的，人们认为语言对客观现实是一种建构而非描述。也就是说，我们选择用以描述某特定经验的词汇总是对该经验的某种特定建构。同一事件可以用许多不同的方式来描述。这意味着语言永远都不可能纯粹地表达经验。相反，它加入了词汇本身所含有的意义，因而不可能直接获取他人的经验。准此而论，访谈转录稿或日记告诉我们更多的是个体在特定背景中谈论特定经验的方式，而不是经验本身（参见第 6 章）。另一种可能是，个体谈论某个问题的特定方式还可能提供经验范畴，因此，语言先于经验并因此塑造经验（参见第 7 章）。从这个角度上讲，语言并不是我们表达所思或所感的工具，相反，语言限定了我们思考和感知的内容。无论哪种方式，在许多现象学研究中语言的概念化都可能会受到批评，因为没有充分地触及它的建构作用（要想了解更多相关内容，亦可参见 Willig 2007）。

陈述的适用性

现象学关注经验的本质。现象学分析的目的是探索经验的品质，并且更好地理解经历某个特定时刻或情境是什么样的感觉。在其最初的构想中，超验现象学试图把与现象有关的抽象的（科学的、传统的、常识性的）知识用括号括起来，以便更好地理解在特定经验中显现出的现象的本质。尽管解释性现象学分析在其目标方面较为中肯，但它也试图充分体现与现象有关的经验和意义，而不是去确定人们对现象所持的观点。不过，作为哲学的现象学研究内省，哲学家借助内省通过现象学沉思来探索他/她自己的经验，而作为社会科学研究方法的现象学依赖于参与者对其经验的描述。这就产生了难题。参与者的陈述达到什么程度才构成了现象学分析的适用材料？参与者成功地将其经验的丰富内涵传达给研究者的程度怎样？有多少人能够利用语言充分表现其身体和情感经验的细微和奥妙之处？

例如，莫斯塔卡斯（Moustakas 1994: 177）报告说，在一项对冠状动脉搭桥手术的现象学研究中，要求参与者"生动、准确、全面地描述这些经验对于你来说是怎样的：你的思想、情感和行为以及与你的经验有关的情境、事件、地点和人物。"可以这样说，这些描述很难得到，尤其是对于那些不习惯用言语表达其思想、情感和知觉的参与者来说。同样，在一项对急症室病人护理经验的现象学研究中（Lemon & Taylor 1997），那些遭受头部损伤、罹患痉挛症或吸毒的病人被排除在研究之外。这再一次表明，现象学研究方法不适于研究这些人的经验，因为他们可能无法以现象学方法所要求的复杂方式来清晰地表达他们的经验。这就限制了现象学方法的应用。

解释对描述

包括解释性现象学分析在内的现象学研究专注于知觉。它的目的是要更好地理解世界如何显现在参与者面前，以及参与者如何从他们自己的角度来知觉和经验世界。这种情况下，"重要的现实是人们将它知觉成什么"（Kvale 1996b: 52）。现象学研究关注的是，当人们在特定情境带着特定目的与世界接触时，世界如何将自身呈现在人们面前。它并不对客观世界本身的本质做出断言。事实上，从现象学的观点来看，将"世界"和"个体"设想为独立的实体毫无意义。相反，只存在基于自我/世界这种关系单元的"世界的经验"（亦可参见 O'Connor & Hallam 2000）。因此，虽然现象学研究能够详细而丰富地描述参与者对情境和事件的经验，但是此类研究往往不能促进我们理解为什么这些经验会发生和为什么在个体的现象学表征之间可能存在差异。也就是说，现象学研究描述和记录参与者的生活经验，但并不试图解释它。

可以这么说，只专注于现象的显现而不考虑其原因或根源，会限制我们对现象的理解。人类所知觉到的许多现象并不能直接反映产生该知觉的条件。例如，我们对夜空中星星的视知觉，并不能反映出几何投影的理想角度（参见 Holzkamp 1983）。这同样适用于诸如疼痛、爱恋或偏见等社会和心理的知觉和经验。如果我们想更进一步，与我们的参与者共享经验，并且足够充分地理解他们的经验从而能加以解释，我们就必须首先意识到产生这些经验的条件。这些条件可能远远超出了经验本身所处的时间和地点。它们可能存在于过去的事件、历史或者我们生活在其中的社会和物质结构中（亦可参见 Willig 1999a）。

认知在现象学中有一席之地吗？

史密斯（1996: 263）坚持认为，解释性现象学分析关注的是认知，因为它关注于理解"特定的受访者对于正在讨论的主题持什么看法"。他提出，解释性现象学分析与社会认知范式是相容的，因为它支持"对口头报告、认知与身体状况之间关系链的信任和关注"（Smith et al. 1999: 219）。换言之，史密斯版本的现象学方法暗含了一种笛卡尔式的构想，即个体是一系列认知（观点、信念、预期等）的拥有者，个体运用这些认知来理解世界并在世界中行动。

准此而论，对某个人认知登记（cognitive register）的理解应该有利于我们理解此人的经验和行为。然而，可以这么说，对认知的强调实际上与现象学思想的某些方面是不兼容的。这是因为，现象学家对认知理论所隐含的主体 / 客体区分思想持质疑态度。他们致力于超越"认识者"与"认识对象"、"个体"与"世界"之间的分离。现象学关注非命题式的知识；换言之，它的目标是凭借一种直接的（无中介的）感觉来充分体现世界将其自身呈现在个体面前的方式，这种感觉包括"模糊感、快乐、品味、直觉、处于意识边缘的心境和观念"（O'Connor & Hallam 2000: 245）。现象学认为经验的这些预知方面非常重要，这恰恰因为它们是难以言喻的和目标分散的。解释性现象学分析容易遭人质疑，因为它使用"认知"这一术语来指代经验的主观品质。史密斯和伊托夫将这描述为"热认知"（Smith & Eatough 2006）。"认知"在现象学中的作用还需要进一步探索。

三个认识论问题

在这一章的结尾，我们来看一下在三个认识论问题上解释性现象学分析所持的立场，即它所产生的知识的类型、它对所研究的世界作出的假设以及研究者在研究过程中的作用。

1. 解释性现象学分析的目的是要产生何种知识？

解释性现象学分析的目的是要理解参与者如何看待和经验他们的世界。尽管解释性现象学分析承认，直接地、无中介地进入他人的个人世界是不可能的，但是它敦促研究者深入了解参与者的陈述，以鼓励一种更加内部的视角。分析的目标是洞悉参与者对正在研究的现象所持有的思想和信念。解释性现象学分析始于这一假设：人们的陈述可以告诉我们某些关于他们个人思想和情感的内容，并且这些内容反过来也隐含在他们的经验之中。它的目的是要产生人们对所研究的现象有何想法和如何思考的知识。这种情况下，可以说它采取的是知识产生的实在论取径。然而，解释性现象学分析同时也认识到，研究者对参与者思想的理解必然会受到研究者自己的思维方式、假设和观念的影响。不过，解释性现象学并不视这些为要消除的"偏见"；相反，把它们看做理解另一个人的经验所必需的先决条件。换言之，理解需要解释。在这一点上，解释性现象学分析受到了现象学的解释学版本的影响，比如伽达默尔（Hans-Georg Gadamer，1900-2002）的哲学解释学（参见 Moran 2000：Chapter 8）。因此，解释性现象学分析所产生的知识也是自反性的，以至它承认要依赖于研究者自己的立场。

2. 解释性现象学分析作出了何种关于世界的假设？

解释性现象学分析关注个体知觉世界的方式。它所感兴趣的是参与者对世界的主观经验，而不是这个（社会的或物质的）世界的客观本质。它还假定，个体可能会以极其不同的方式经验相同的"客观"条件（如某种特殊的疾病过程或某个社会事件）。这是因为，经验会受到个体带入其中的思想和信念、预期和判断的调节。换言之，人们赋予事件以意义，然后这些意义会影响他们对这些事件的经验。解释性现象学分析不赞同外部世界直接决定我们对它的知觉这一实证主义观点。事实上，解释性现象学分析不会对外部世界作出任何论断。它不询问参与者对发生在他们身上的事情的陈述是"真实的"还是"虚假的"，也不询问参与者对某一事件的知觉在多大程度上符合外部"现实"。对于解释性现象学分析而言，最重要的是参与者如何经验情境或事件。准此而论，它赞同相对主义本体论（relativist ontology）。然而，解释性现象学分析同时承认，人们赋予事件的意义都是社会现实中行为者之间互动的结果。这意味着，人们的解释不完全是特异性的和不受限制的；相反，它们与社会行为者之间共有的社会互动和过程密切相关。这种符号互动论的（symbolic interactionist）观点确保了解释性现象学分析不会滑入方法论上的唯我论。

3. 解释性现象学分析如何界定研究者在研究过程中的作用？

解释性现象学分析承认，从文本分析所获得的任何见解都必然是解释的结果。尽管解释性现象学分析的目的是更好地理解参与者的心理世界，但是研究者认为这种理解只能通过研究者对参与者陈述的接触和解释来获得。这意味着研究者必然要牵涉到分析之中。因此，分析既是现象学的（也就是说，它的目的是要展现参与者对世界的看法）又是解释学的（也就是说，它依赖于研究者自己的观念和立场）。准此而论，解释性现象学分析需要研究者持一种自反性态度。然而，它并没有使自反性理论化。换言之，解释性现象学分析虽然认识到研究者视角的重要性，但是它实际上没有告诉我们如何把这种见解融入研究过程，也没有向我们表明如何正确地把研究者自己的观念带入特定的分析阶段。因此，尽管解释性现象学分析研究没有声称可以优先或直接获取参与者的意义和经验，但是在呈现结果时所使用的术语引起的感觉却是发现而非建构：主题据说是生成的，范畴据说是确定的，其援引的方法是扎根理论方法论而非社会建构主义（亦可参见专栏 2：什么是新的？解释性现象学分析与扎根理论的关系）。

结 论

牢记这一点很重要：解释性现象学分析仅仅是现象学研究方法论的一个版本，而现象学研究方法论又有着丰富的哲学思想传统。作为哲学的现象学本身绝不是一个统一的体系；现象学存在多个分支，包括存在主义的、超验的和解释的等类别（参见 Spinelli 1989; Moran 2000; Schmidt 2006）。每个分支都对诸如语言和解释的作用、存在和人类行为的本质等问题作出了不同假设。因此，将一种取径描述为现象学或现象学的对不同的人具有不同的意义。由此可见，明确研究者所指的是哪一版本的现象学思想非常重要。解释性现象学分析成为现象学思想激励研究实践的一种方式。然而，还有许多其他方式。不过，最后我想提请人们关注，究竟是什么因素统一了实证现象学研究，而不是分裂实证现象学研究的因素。为此，克沃勒（Kvale 1996b: 38-9）提醒我们："现象学视角包括专注于生活世界，对主体的经验保持开放性，把精确描述放首位，试图把先见之明放入括号，以及寻求描述中不变的本质性意义。"

互动练习

1. 选择一项日常活动（如公共汽车旅行或进餐）。在你下次从事这项活动之前，请采取现象学的态度，看看这种态度如何改变你的活动经验，以及你能从这种态度中学到什么新经验。记住，现象学态度需要你尽可能地撇开你的知识、假设和预期（例如，不要考虑你所了解的进食食物的卡路里数值或者食物是如何获得和烹饪的，而是要专注于食物的味道和口感）。它还意味着要尽可能地立足于当下，并且尽力不要提前规划自己（例如，不要考虑你的公共汽车旅行的终点以及你到站时将要做什么）。需要当心的是，采取现象学的态度可能会使你的日常活动的经验由平凡、惯常转变为心绪不宁、心慌意乱。

2. 选择一次你最近体验的经验（如与一位朋友在外面度过一个令人愉快的夜晚或者一次令人失望的剧院之旅）。请运用现象学的方法描述该经验。你可以以书面形式来描述，也可以先录音然后转录成言语陈述。记住，现象学的陈述必须紧扣经验的品质和质地。这意味着要专注于你在经历该经验时内心即时的感受，而不是你对它了解什么（例如，如果在剧院的两个小时感觉好像一段没完没了的时光，那么从现象学上讲，这就是关键）。得出陈述之后，要逐行对它进行反复阅读。问你自己，什么使经验成其为经验？它的本质是什么（例如，在剧院厌烦的本质是什么）？经验的哪些特征必须出现才使得它成为现在的经验（例如，什么使得你与朋友在一起的时光很愉快——是你们所吃的食物吗？是你们所喝的酒吗？是你们的眼神接触的方式吗？）？哪些特征是多余的？

扩展阅读

Eatough, V. and Smith, J.A. (2008) Interpretative phenomenological analysis, in C. Willig and W. Stainton Rogers (eds) *The Sage Handbook of Qualitative Research in Psychology*. London: Sage.

Langdridge, D. (2007) *Phenomenological Psychology: Theory, Research and Method*. London: Pearson Prentice Hall.

Larkin, M., Watts, S. and Clifton, E. (2006) Giving voice and making sense in interpretative phenomenological analysis, *Qualitative Research in Psychology*, 3: 102-20.

Osborn, M. and Smith, J.A. (1998) The personal experience of chronic benign lower back pain: an interpretative phenomenological analysis, *British Journal of Health Psychology*, 3: 65-83.

Smith, J.A. (1991) Conceiving selves: a case study of changing identities during the transition to motherhood, *Journal of Language and Social Psychology*, 10: 225-43.

Smith, J.A. (1999) Towards a relational self: social engagement during pregnancy and psychological preparation for motherhood, *British Journal of Social Psychology*, 38: 409-26.

Smith, J.A., Jarman, M. and Osborn, M. (1999) Doing interpretative phenomenological analysis, in M. Murray and K. Chamberlain (eds) *Qualitative Health Psychology: Theories and Methods*. London: Sage.

专栏 2　什么是新的？解释性现象学分析与扎根理论的关系

解释性现象学分析是最近发展起来并且仍在变化的一种心理学质性研究取径。它与乔纳森·史密斯（Jonathan Smith）的工作密不可分，乔纳森·史密斯感兴趣的是与社会认知范式相兼容的质性研究工作。史密斯（1996）主张，质性方法可以用来获取诸如信念和态度等潜在的认知，并且这可以帮助我们查明一个人的行为和经验。解释性现象学分析作为一种质性方法应用得越来越多，特别是在健康心理学研究领域（参见 Smith et al. 1999）。

解释性现象学分析和（简缩版的）扎根理论具有许多共同的特征。两者的目的都是要产生某种类似于认知地图的事物，以反映某个人或群体对世界的看法。两者都靠系统地研读文本来进行，以便确定主题和范畴，并且这些主题和范畴要逐步整合，直到确立了能充分体现所研究现象的本质或性质的更高级的单元（核心范畴，高级主题）。解释性现象学分析和扎根理论都从个案开始，然后将个案整合以获得一幅合成图，合成图可以比任何个案更多地告诉我们关于该现象的信息。最后，两种方法都使用范畴化来达到系统的资料简化，希望这样可以对所研究现象的基本过程（扎根理论）或本质（解释性现象学分析）产生某种形式的一般理解或见解。

史密斯本人屡次承认解释性现象学分析与扎根理论之间存在密切关系。例如，在其解释性现象学分析的作品中，他推荐使用"通常与扎根理论有关的"（Smith 1999: 232；亦可参见 Smith 1997: 193）分析技术，并且他引导读者阅读扎根理论文献来获得指导，因为它"采取了一种大体相似的视角"（Smith 1995b: 18）。此外，解释性现象学分析与扎根理论有着许多共同的分析术语；它谈论通过分析生成的主题和范畴，并且它研究诸如饱和、反例分析、分析性归纳和备忘录撰写等概念。与扎根理论一致，解释性现象学分析也被视为一种循环过程，该过程包括资料和生成编码的持续比较，这形成了一种将资料分配和再分配给逐步形成的范畴的持续过程。

那么，解释性现象学分析给研究者提供了哪些扎根理论所不能提供的优势？为什么心理学家在可以利用扎根理论时却应该选择使用解释性现象学分析，毕竟扎根理论是一种更加确定的和更加为人所知的质性方法？对于这个问题，存在两种可能的答案。第一，扎根理论的创立是为了便于研究者研究基本的社会过程，而解释性现象学分析的目的是为了洞悉个体参与者的心理世界。换言之，解释性现象学分析是一种特定于心理的研究方法。尽管最近有人应用扎根理论获得参与者经验的系统表征（简缩版，参见第 52 页），但是可以这么说，它更适合探讨社会学的研究问题。这是因为，扎根理论的目的是要确定和阐述情境化的社会过程，以说明现象的原因。相比之下，解释性现象学分析关注于更好地理解个体经验的品质和质地；也就是说，它感兴趣的是现象的性质或本质。

　　心理学研究者可能更喜欢使用解释性现象学分析的第二个原因是，扎根理论现在涉及如此众多的争论和质疑，以至于它的应用在某种程度上成为一种挑战。现在存在多个版本的扎根理论（如完整版本与简缩版本、斯特劳斯版本与格拉泽版本、实在论版本与社会建构主义版本），它们表明了扎根理论研究的不同方向。研究者在选择最适合研究问题的扎根理论版本之前，必须了解这些争论。相反，解释性现象学分析是一种新的、正在发展的方法，这为使用它的研究者进行探索留下了更多的创造和自由空间。

5

个案研究

　　个案研究（case studies）本身不是一种研究方法。相反，它是研究单一实体的一种取径，可能会使用各种不同的资料收集和分析方法。因此，个案研究的特征并不在于收集和分析资料的方法，而是专注于某个特定的分析单元即个案。个案可能是组织、城市、人群、社团、病人、学校、干预，甚至可能是民族国家或帝国。它还可能是情境、经验或偶发事件。布罗姆利（Bromley 1986: 8）把个案描述为"具有可定义的边界的自然事件"。个案研究指的是对此类事件进行的深入、细致和目标高度集中的探索。个案研究有着悠久而丰富的历史。在许多不同的学科领域（包括社会学、政治理论、历史、社会人类学、教育和精神分析）都得到应用。个案研究可能既使用质性研究方法又使用量性研究方法。然而，尽管个案研究如此多样，但是还是能确定它的一些定义性特征。这些定义性特征包括：

1. 独特的个体视角。这种情况下，研究者关注于特殊性而非一般性。研究的目的是要理解个案，揭示个案的特殊性。这与一般规律研究法形成对照，一般规律研究法的目的是要通过平均个体差异来确定人类行为的一般规律（要想更详细地了解特殊规律研究法，参见 Smith et al. 1995）。

2. 关注情境资料。个案研究采取的是一种整体取径，因为它在情境背景下考察个案。这意味着，研究者会注重个案的各个维度与其所处环境关联或互动的方式。因此，如果要确定特定的个案作为研究的焦点，就不能孤立地考虑这些个案（要想了解"生态情境"在心理学个案研究中的作用，参见 Bromley 1986: 25）。

3. 三角互证。个案研究要整合不同来源的信息以深入理解所研究的现象。这可能会在单一个案研究的框架内使用一系列资料收集和分析技术。三角互证丰富了个案研究，因为它能让研究者从多个不同的角度来探讨个案。这反过来可以促进研究者对个案的各个维度以及它在各种（社会的、物理的、符号的、心理的）情境内嵌入性的理解。

4. 时间要素。个案研究要考察具有时间历程的事件。依据因（Yin 1994: 16）的说法，"确定某种复杂人类情境的过程和原因是个案研究应用的一个经典实例"。个案研究关注随时间发生的过程。这意味着，专注于变化和发展是个案研究的一个重要特征。

5. 关注理论。个案研究有利于理论生成。对特定个案的详细探索可以洞察社会过程或心理过程，这反过来又可以产生理论构想和假设。弗洛伊德的精神分析个案研究就是个案研究与理论发展之间关系的一个明显例子。哈梅尔（Hamel 1993: 29）甚至声称："所有理论最初都基于特定个案或对象"。此外，还可以运用个案研究来检验、阐明或扩展已有理论，例如研究异常或极端个案。

本章我专注于与心理现象有关并且使用质性研究方法的个案研究。为了切合本章的目的，我采用了布罗姆利（Bromley 1986 : Chapter 9）对"个案研究"的定义，该定义指出："对于心理学家而言，它指的是对单个的人所进行的研究，通常在问题情境中进行并且持续相对较短的时期"。

在本章的后续篇幅中，我会总结与个案研究相兼容的一系列质性研究方法。接下来讨论质性研究者可以利用的个案研究设计的不同类型。它们包括内源性个案研究对工具性个案研究、单一个案研究对多重个案研究以及描述性个案研究对解释性个案研究。然后我探讨了与个案研究有关的程序问题，包括个案的选择、资料收集与分析方法的选择、理论的作用、写作以及伦理。乌尔里克·奈塞尔（Ulric Neisser 1981）的个案研究《约翰·迪安的记忆》是心理学个案研究的实例。在讨论了个案研究作为一种心理学研究取径所存在的某些局限性之后，本章最后将探讨与个案研究有关的三个认识论问题。

心理学个案研究的方法

由于个案研究本身不是一种研究方法，研究者必须选择一定的资料收集和分析方法，以便得到适合个案研究的材料。个案研究可以用到许多方法。有些是人们所熟知的质性技术，诸如半结构式访谈、参与观察和日记等，在第 2 章都已详细讨论过这些技术。个案研究资料的产生也可以基于个人文档（如信件、笔记、照片）或官方档案（如个案记录、临床记录、评估报告）。分析资料的方法很多，包括扎根理论（参见第 3 章）和解释性现象学分析（参见第 4 章）。另外，包括主题编码和整体分析在内的各种形式的文本解释也可以用来分析资料（要想详细了解这些技术，参见 Flick 1998）。而且，史密斯（Smith 1993）还确定了其他两种适于个案研究分析技术的方法，即二十句测验和凯利方格。尽管这些方法可以用于质性研究，但是它们并不是第 1 章所提到的"广义"方法论（参见第 11 页）。这是因为，它们研究的是预想的范畴，而这些范畴稍后会充满特定于所研究个案的内容。不过，这些方法是特殊规律研究视角的，因为它们专注于研究没有对照组可供参考的个案。让我们简单看一下二十句测验和凯利方格。

二十句测验（Gordon 1968）

所谓二十句测验（twenty statements test）是指，研究者要求参与者对"你是谁或是什么？"这一问题给出 20 个答案。每种答案都以语句"我是……"为开端。可以根据内容（例如，回答什么类型的范畴）或顺序（例，首先 / 最后提到自我的哪些方面，等等）来探究参与者的反应。此外，该测验在不同时期可以重复测量，以确定自我知觉的变化。

凯利方格（Kelly 1955）

　　凯利方格（repertory grids，也译为个人构念积储格）的设计目的是要引出参与者用来理解社会世界的构念（constructs）。为达到这个目的，要求参与者产生大约 10 个元素（如自我或他人的角色、活动、职业生涯等），然后参与者对这些元素相互比较。例如，如果元素是"作为朋友的自我"、"作为爱人的自我"、"作为父母的自我"和"作为工人的自我"等，会询问参与者它们中的任何两个在哪一方面是相似的，以及它们与第三个有何不同（例如，"作为朋友的自我"和"作为爱人的自我"可以描述为"温暖的"，与之相对照，"作为工人的自我"描述为"事务式的"）。每次比较会产生一个构念——也就是说，个体用来思考他或她的社会角色的所辖范围（如温暖的相对于事务式的）。这种比较会一直持续，直到参与者发现很难再产生新的构念。最后，参与者要评价每个元素与每个构念之间的对应关系（例如，"作为朋友的自我"和"作为爱人的自我"是"温暖的"而不是"事务式的"，"作为父母的自我"是"温暖的"和"事务式的"，"作为工人的自我"不是"温暖的"而是"事务式的"，等等）。当方格填充完成之时，就为元素与构念之间的对应模式和关联提供了一种直观的视觉展示。这反过来又能洞察参与者建构个人意义以理解社会世界的方式。（凯利方格详细的使用方法参见 Banister et al. 1994：第 5 章；Smith 1995a；Bannister & Fransella 1986。）

个案研究的设计类型

　　研究个案的原因很多。研究者专注于某一特定个案，可能因为个案本身很有趣或者认为个案代表了某种特定情境。研究者可能希望尽可能深入地探索某个单一个案，或者可能设法对许多个案相互比较以达到对某种现象更为一般的理解。研究者对个案的研究可能是纯粹探索性的，也可能是为了检验某个已有的理论。此外，个案研究可能主要是描述性的，也可能是要对发生的事件进行解释。个案研究有许多不同的设计，每种设计都能让研究者探讨与所研究个案有关的不同种类的问题。这些设计包括内源性个案研究对工具性个案研究、单一个案研究对多重个案研究以及描述性个案研究对解释性个案研究。另外，张伯伦等人（Chamberlain et al. 2004）还区分了个案研究的自然主义和实用主义取径。让我们依次来学习这些研究设计的类型。

内源性个案研究对工具性个案研究

内源性个案研究（intrinsic case studies）代表的只是它们自身。内源性个案研究选择个案的原因仅在于这些个案本身有趣。研究者想要了解它们的独特之处，而不是更一般的问题或现象。内源性个案研究的个案可以说是预先规定好的，因为它们的内在价值在研究之前就已存在。例如，患有罕见疾病的病人或具有怪异问题的来访者是内源性个案研究的适宜个案。相比之下，在工具性个案研究（instrumental case studies）中，个案成为更一般现象的范例。选择它们是为了让研究者获得研究所感兴趣现象的机会。这种情况下，研究问题确定了一种现象（如丧亲、名誉、病愈），而选择个案就是为了探索"该现象是如何在一个特定个案中存在的"（Stake 1994: 242）。在这一设计中，正在经历所感兴趣现象的个体（如丧亲者、名人、日益康复的病人）成为适于分析的个案（要想详细了解内源性个案研究和工具性个案研究，参见 Stake 1994, 1995）。

单一个案研究对多重个案研究

个案研究可能只包括单一个案的详细探索，也可能包括一系列个案的比较。因（Yin 1994）指出选择单一个案设计的三种原因。首先，个案可以对已成熟的理论进行批判性检验。其次，单一个案设计可以展现独特的或极端的案例，这对研究者来说具有内在价值。第三，单一个案设计中的个案可能具有揭示性，因为以前很难接触到这种个案。因此，单一个案研究（single-case studies）要么对研究者来说具有内在价值，要么能检验已有理论是否适用于现实世界的资料。相比之下，多重个案研究（multiple-case studies）的设计能让研究者有机会产生新的理论。这种情况下，在对一系列个案进行比较分析的基础上，理论构想得以发展和完善。对第一个个案的分析会引导研究者构想出试探性的假设，然后研究者会根据后来的个案对这些假设进行考察。随着每个新个案的出现，都会修改已生成的理论以便能够解释所有与所研究现象有关的例子。史密斯（Smith 1997: 193-4）把这一过程比作分析性归纳的过程（亦可参见 Flick 1998: 230-31）。因此，多重个案研究本质上是工具性的（多重个案研究的详细讨论参见 Yin 1994: 44-51）。

描述性个案研究对解释性个案研究

尽管所有的个案研究都应该描述所研究的个案，但有些个案研究是纯粹描述性的，而另一些个案研究的目的是进行解释。描述性个案研究（descriptive case studies）关注于详细描述情境内的现象。这种情况下，研究者不会根据已有的理论构想来探索个案；相反，他们希望，描述的细节有利于更好地理解所研究现象的本质，并能产生新的见解。相比之下，解释性个案研究（explanatory case studies）的目的是要为所关注的事件提出解释。这种情况下，对正在发生的事情的描述会渗入解释性概念。解释性个案研究"超越了纯粹的叙事或描述"（Bromley 1986: 32）。然而，记住这一点很重要，即无论在描述性还是在解释性个案研究中，细节的准确性和证据的充分性都是至为重要的（要想详细了解个案研究的类型，参见 Yin 1993: 第 1 章）。

自然主义个案研究对实用主义个案研究

张伯伦等人（Chamberlain et al. 2004）区分了自然主义（naturalist）取径和实用主义（pragmatic）取径。自然主义个案研究（如 Stake 1995）在自然的、现实生活的情境中进行，并且它专注于作为分析单元的单一个案。研究者处理个案时保持开放的态度，并且不会预先提出假设，使得模式、命题和构想能从资料中生成。相比之下，实用主义个案研究（如 Yin 1994）更加集中，它一开始研究问题就很明确，从而能指导资料的收集与分析。它借助一组命题来开展工作，这组命题确定了感兴趣的关键领域，并且起到（试探性的和灵活性的）假设的作用。在研究过程中会检验和修正这组命题。有关的资料来源和分析技术的选择都会受到研究问题和命题的推动。实用主义个案研究的目的是得出一组不断修正的命题（如何进行实用主义个案研究的更详细信息参见 Chamberlain et al. 2004）。

程序问题

个案研究可以采取不同的形式。我们已经看到，个案研究可以使用一系列不同的资料收集和分析方法，并且已经明确了许多不同类型的个案研究设计。个案研究者要作出一系列决定，即要研究什么（分析单元即个案）、如何研究（资料收集与分析的方法）以及为什么研究（内在价值或理论原因）。虽然个案研究者能对这些问题作出自己的决定，但是所有的个案研究都要处理许多程序问题。个案研究的自由和多样性并不意味着此类研究不怎么需要计划和准备，记住这一点很重要。事实上，可能恰恰相反。为了确保研究者自始至终保持设计的清晰性和方法的适宜性，个案研究必须精心地进行安排。布罗姆利（Bromley 1986: 14）坚持认为："研究要有实效，就不得不限定范围和高度集中"。如果研究是为了产生对某特定现象或事件的新见解，以及／或者是为了增进我们对它的理解，研究者就必须考虑个案的选择、资料收集与分析的方法、理论的作用、写作策略以及伦理问题。

个案的选择

斯塔克（Stake 1994: 236）提出："个案研究并非方法论的选择，而是研究对象的选择"。尽管并非所有的个案研究者都会赞同这一主张（如 Yin 1994: 17），但是它的确会引起人们关注适当的分析单元（即个案）选择的重要性。哈梅尔（Hamel 1993: 41-4）对"研究对象"和"个案"作了区分。研究对象是研究者感兴趣的现象（如心脏手术的康复、离婚、晋升），而个案则是研究对象的具体表现（如接受心脏手术的病人、离婚者、获得晋升的人）。

哈梅尔主张，个案的选择应该便于更好地理解研究对象。这种构想是以工具性个案研究的设计为前提的，由此个案便构成了更一般现象的范例。这种情况下，个案选择的目的是确定"理解研究对象的理想个案"（Hamel 1993: 43）。在内源性个案研究中，个案不代表更一般的现象。相反，选择它是由于它对于研究者具有内在价值。然而，在内源性和工具性两种设计中，研究者都要确定个案研究的边界以及它的所辖范围。这可能很难做到。

布罗姆利注意到这一事实，即个案总是存在于某种情境中，因此个案研究的边界也总是带有一定程度的随意性。他用下面的例子来阐明他的观点："一项在某个研究者看来关注某个特定吸毒者康复的个案研究，在另一个研究者看来，它关注的是可得到毒品的特定居住区"（Bromley 1986: 4）。此外，情境可能是社会的、经济的、历史的、生物的，等等。这意味着，可以根据广泛的邻近（即直接的）因素和远侧（即遥远的）因素来考察个案。为了能确定个案研究的边界，研究者要清楚地确定个案的所辖范围。也就是说，研究者要明确自己感兴趣的个案究竟是什么。同一个案可以根据许多不同的情境和关注点来讨论。例如，我们可以根据精神病理学、童年经验和早期发展、社会地位和人际关系或主观知觉和世界观来描述一个连环杀手。个案研究必然是对情境中个体的部分解释，它们从来都无法充分体现个体的全部，记住这一点非常重要。

资料收集与分析方法的选择

　　具体个案研究所使用的研究方法，应该根据研究者感兴趣的研究问题来选择。例如，如果研究者对个体经验特定生活事件的方式感兴趣，那么将半结构式访谈和日记结合起来就是一种合适的资料收集方法。资料的分析方法很多，包括解释性现象学分析和扎根理论（参见第 3 章和第 4 章）。然而，如果研究者希望确定个体的教育历程，以便更好地理解个体今后的职业选择，那么研究者将不得不查阅诸如学业成绩报告与评估等文档以及个体本人对其教育经验的陈述。对个体以前的老师以及（如果可能的话）同伴进行半结构式访谈也是收集资料的好方法。这类资料的分析过程可能包括寻找重复出现的主题（如在教师的报告中）以及扎根理论。个案研究应该总有一定量的三角互证。由于个案研究关注事件或现象的情境维度与时间维度之间的复杂关系，使用单一的研究方法不可能产生正确处理这种复杂性的资料。弗利克（Flick 1998: 230）指出，三角互证是"丰富和完善知识并且（致力于）超越单个方法（总是有限的）认识论可能性"的一种途径。这使得三角互证成为进行个案研究最理想的方法，理想状态下，三角互证应该阐明有界限的但相互协调的系统随时间发挥作用的方式（参见 Stake 1994）。

理论的作用

　　在个案研究中理论的作用是双重的。首先，个案研究基于研究者所称的"初始理论"（Hamel 1993: 44）或"研究命题"（Yin 1994: 21），它们将研究者的注意力指向研究框架内将要考察的内容。换言之，研究者对个案的选择以及对研究问题的选择都是理论的，因为它们确定了有关的特定概念。例如，我们可能询问童年经验对后来选择的影响，或者我们可能希望考察社会关系影响人们经验特定生活事件的方式。其他感兴趣的概念可能是心理症状、社会信念或个人预期。个案研究所选择用来收集和分析资料的方法，都是那些能够获得这些概念有意义信息的方法。这意味着理论在个案研究自身的设计中起着重要作用。因（Yin 1994: 28）指出，个案研究的设计"体现了与研究内容有关的'理论'"。为了清楚和明确个案研究的理论基础，因（Yin 1994: 29）主张所有个案研究在进行之前都应该先声明所要探索的内容、探索的目的以及评价的标准。

其次，个案研究对理论发展具有意义。个案研究的目的可能是要检验已有理论或者成为新理论生成的起点。如果个案研究要检验已有理论，可以通过证伪（参见第 1 章第 5 页）来推进知识。能证明某一事件与已有理论预测不相符的单一个案，就足以质疑该理论的适用性。准此而论，单一个案研究可能与实验有着同样的功能——那就是，确定概括的范围（亦可参见 Bromley 1986: 286-96; Yin 1994: 第 1 章和第 2 章）。正如斯塔克（Stake 1994: 245）所说：

> 个案研究是科学方法的一部分，但是它的目的并不局限于推动科学的进步。尽管单一个案或少数个案不能很好地代表整个总体，并且不能为全面概括提供充分理由，但是作为反例的单一个案却可以确定全面概括的范围。例如，当我们发现单亲家庭的孩子跟着母亲也会受到伤害的单一实例时，我们就会对离异子女跟母亲一起生活会更好这一概括结论失去信心。

当个案研究要生成新理论时，可能会促进生成的理论构想的概念完善，或者可能会导致新见解和新解释的发现。例如，如果研究者沉浸于内源性个案研究的细节和特异性之中，可能会构想出一种与个案所包含的过程有关的全新假设。另一种情形是，带有工具性色彩的多重个案研究能让研究者考虑一系列个案之间的相互关系，从而能提出可以解释所有个案的概念框架。布罗姆利（Bromley 1986）把这一过程比作法律学中判例法的产生。个案研究者对于个案研究结果概括化的程度和方式持不同观点。这些争论在本章末尾的专栏 3 中会进行讨论。

写　作

像大多数质性研究一样，个案研究的写作可以采用多种方式。心理学个案研究的呈现没有标准的格式。报告的长度、结构和风格会受到个案研究所使用的方法以及研究所产生的结果的影响。与所有质性研究报告一样，个案研究报告应该介绍参与者的必要信息、清晰而详细地说明资料收集和分析方法，以及讨论研究结果的意义。此外，这类报告应该明确研究的目的以及它的所辖范围。就研究者而言，承认进行个案研究是要回应某种特定关注或问题非常重要。个案研究只能部分地理解某些个体在特定情境下体验和行动的过程和原因。个案研究报告永远都不能"概述"某个人或者描绘某个人的"全貌"。此外，像大多数质性研究一样，很难把个案研究的分析阶段和写作阶段看做各自独立的活动。相反，"个案的内容在写作本身的活动中不断变化"（Stake 1994: 240）。

研究者们对于个案研究应该在多大程度上超越对个案的详细描述而为个案的发生提供解释存在分歧。有些研究者（如 Bromley 1986; Hamel 1993）主张，个案研究应该超越描述个案特征，而要引入解释性概念来对个案加以说明。从这种观点来看，个案研究报告应该以抽象概念（如社会角色、家庭动力学、认知结构等）为基础，呈现"能解释所研究个体行为合理的和实证的论据"（Bromley 1986: 37）。另一些研究者（如 Stake 1994）警告理论化的欲望不要太强烈，因为这可能会将注意力从个案的独特性上移开。相反，他们建议个案研究者应密切关注个案的细节，强调它的独特性和特殊性。他们认为个案研究的目的是"以充分的描述性叙事来描述个案，以便读者可以替代性地经验这些发生的事件，并得出他们自己的结论"（Stake 1994: 243）。无论采纳何种取径，重要的是要清晰而明确地区分研究者的描述（事件、参与者所说的话、社会情境）和解释（它们的原因与结果、它们的含义、它们的意义）（亦可参见 Smith et al. 1999: 227-8）。

伦　理

个案研究关注个体参与者生活事件的细节。这意味着，个案研究要特别注意保密和匿名问题。如果对参与者生活事件细节的描述能让读者确认参与者的身份，那么研究者就必须注意对材料进行修改或调整，以防止这种身份确认。布罗姆利（Bromley 1986: 309）指出，在保留个案研究的形式和内容的情况下，对特定个案作出修改，使其不可辨认是能做到的。此外，在开始收集资料之前，研究者应该就记录、文档以及其他材料的使用权限与参与者取得一致意见。进一步说，向参与者提供个案报告撰写的草稿并注意他们的反馈，都是很好的做法。

有些个案研究者（如 Smith 1995a）采取了一种与参与者更具互动性的研究方式，并且使他们参与谈论生成的解释的含义和意义。有人指出，这样一种程序通过参与者的反思可以产生治疗效果（Smith 1993: 263-4）。或许与任何其他类型的研究相比，个案研究更需要我们注意斯塔克（Stake 1994: 244）的评论："质性研究者都是私人世界里的客人。他们的举止应该用意良善，并且他们的道德准则应该严格要求"。

个案研究的一个实例

——乌尔里克·奈塞尔对约翰·迪安证词的分析

在《约翰·迪安的记忆：一项个案研究》一文中，奈塞尔（Ulric Neisser 1981）详细分析了大量文档，以阐明约翰·迪安对发生在白宫的一系列事件的记忆特点。约翰·迪安曾经是美国前总统理查德·尼克松的法律顾问，1973 年 6 月，他在美国参议院水门委员会面前作证。委员会的调查目的是要确定是否有高级政府官员参与掩盖一项具有政治动机的窃听活动。奈塞尔感兴趣的是，迪安的证词在多大程度上与白宫里谈话录音的转录稿一致，这些转录稿是在迪安的审讯之后制作的。因此，这项个案研究是工具性的，因为约翰·迪安的证词充当了更一般现象（也就是记忆的工作方式）的范例。尽管奈塞尔承认，在一种认知取向的个案研究所辖范围内要绝对公正地评判迪安的证词是不可能的，但是他提出，在具有一定复杂性的真实生活情境中探索记忆，可以拓展我们对记忆心理学某些机制的理解。因此，这项个案研究是"一项旨在澄清谈话记忆本质的心理学研究"（Neisser 1981: 4）。它是一种解释性的、单一个案研究。

　　奈塞尔在其研究中使用了两种资料来源：(1)在总统办公室召开的两次重要会议(分别召开于1972年9月15日和1973年3月21日)的官方转录稿；(2)水门委员会对约翰·迪安就这两次会议的内容进行盘问的转录稿。奈塞尔将每次会议的转录稿与迪安在盘问期间对会议的陈述作了对比。比较的目的在于，确定迪安是如何记忆发生在他本人、总统和白宫助理罗伯特·霍尔德曼(Robert Haldeman)之间的谈话的。

　　比较1972年9月15日会议的转录稿与大约一年后迪安对这次会议的陈述发现，在迪安的证词中，他报告了尼克松、霍尔德曼以及他本人对会谈所作的贡献，而实际上他们中的任何一个都没有作这些贡献。这些贡献很大程度上是利己的，因为它们表达了其他人对迪安的尊重与认可(例如，热情而诚挚地接待，称赞他的工作)以及迪安本人的谦虚与远见(例如，不愿居功，对案情未来发展提出警告)。奈塞尔指出，迪安9月15日会议的证词描述了一场迪安渴望已经发生的对话，而实际上并未发生。然而，奈塞尔同时指出，迪安对谈话内容的回忆基本上是准确的，因为它证实尼克松总统对掩饰窃听活动的行为完全知晓并且表示赞同。因此，尽管从谈话中参与者所使用的语词以及他们的谈话要点来看，迪安的回忆都是错误的，但是他的证词可以用奈塞尔(Neisser 1981: 13)所称的"更深层次的真相"来描述。

　　但比较1973年3月21日会议的转录稿与迪安在盘问期间对会议内容的陈述，表明的却是另一回事。这次，迪安对他与尼克松总统谈话的回忆大体上是准确的。奈塞尔认为，这是因为3月21日迪安向总统作了一个口头汇报，其间总统仔细聆听，还不时地插入一些评论或问题。这意味着迪安在会议前后有机会排练他对谈话所作的贡献。此外，与9月15日的那次会议不同，这次会议满足了迪安的希望，因为在尼克松总统仔细聆听的时候，迪安有机会说出自己想说的话。下面的事实支持了这一解释，即在证词中，迪安几乎未提到3月21日的下半场会议，其间霍尔德曼加入了他与总统的谈话。尽管迪安记住了下半场会议的重要内容，但是他将它们完全归属到了另一次谈话之中。奈塞尔认为，迪安自己的表现在其对3月21日的记忆中占据了主导地位，因而对会议期间其他事情的记忆都转移或遗忘了。

　　基于该项个案研究，奈塞尔识别出一种回忆过程，他称之为"重复情节的"

（repisodic）记忆。奈塞尔认为，除了情节记忆（即对自传体事件的提取）和语义记忆（即事实、词义、常识）外，把记忆视作"重复情节的"可能也是有益的，因为虽然它基于一系列类似事件，但这些事件是作为有代表性的情节记住的。用奈塞尔（Neisser 1981: 20）的话说，"看上去是一个情节而实际上代表的是一种重复。""重复情节"（repisodes）体现了一系列事件的共同特征。这意味着，人们对这些"重复情节"的叙述在更深层次上是真实的，尽管它不符合任何一个特定场合。约翰·迪安的证词生动说明了"重复情节记忆"（repisodic memory）如何在特定历史事件的背景下发生，这一事件最终导致了尼克松总统的辞职。

个案研究的局限

心理学个案研究可以用来考察一系列针对特定情境下个体经验和行为的广泛问题。个案研究的各种设计类型（即内源性的对工具性的，单一的对多重的，解释性的对描述性的），能让个案研究者选择最适合研究目的及其所辖范围的设计类型。这意味着，个案研究成为质性研究通用的取径。它还意味着，差别很大的研究也可以归为个案研究。因此，并不总能轻易确定一系列相关的研究是否就是真正的个案研究，抑或它们是否仅仅是关注类似问题的研究的集合。例如，在确定了文本里的某种特定话语建构、解释语库（interpretative repertoire）或话语策略之后，话语分析者（参见第 6 章和第 7 章）可能会探索其他文本，以查找这些文本是否也使用相同的手段。类似地，会话分析（如 Drew 1995; Heritage 1997）所研究的大量资料来自一系列的相关谈话（如电话交谈或医患交流），以确定交互式谈话的一贯模式和周期性特征（例如话轮转换、终止、修复等）。某种意义上说，此类研究可以称为多重个案研究。然而，使用话语或会话分析方法的研究者不倾向于将自己看做个案研究者。因此，什么是个案研究，什么不是个案研究，并没有明晰的说法。此外，在进行个案研究时可能会产生许多问题。它们涉及认识论困难和伦理困难。

认识论困难

三角互证

个案研究依赖于三角互证的使用。然而，正如西尔弗曼（Silverman 1993）所指出的，方法的三角互证可能会导致研究者忽略情境在意义构造中的作用。在三角互证中，研究者使用不同的资料分析方法以更好地理解"正在发生的真实"事件。在此过程中，研究者要整合不同分析方法所得到的见解。因此，为了解决见解的冲突或矛盾，研究者可能会忽略资料的情境特异性的一面。此外，在实践层面，研究者所选择的某些分析方法也可能在认识论上不兼容。例如，结合实在论方法和相对论方法来分析参与者对某个特定事件的陈述，并不能产生有意义的见解。这是因为，这两种方法意味着对文本状况的不同界定（参见第 1 章第 12~13 页）。一种情况下，可能假定陈述要表达参与者的心理过程（如思想、记忆、知觉），而另一种情况下，可能视陈述为在追求特定社会目标的过程中证明话语资源的调用。非常重要的是，三角互证中所使用的资料收集和分析方法要适合于所提的研究问题（也就是研究的目的），并且在认识论上彼此要兼容。理想情况下，所提出的研究问题应该足够清晰和集中，以确保选择用来回答它的各种方法事实上彼此兼容。

概括性

个案研究适于概括的程度存在争议（亦可参见专栏 3）。内源性个案研究由于其特殊性而启动，而工具性个案研究设计似乎希望其研究结果具有更广泛的适用性。同样，多重个案研究的实施目的是要产生深刻的见解，以拓展我们对跨个案出现的特定现象的理解。诸如勒普莱（Le Play）的家庭专著（参见 Hamel 1993: 5-13）或芝加哥学派（Chicago School）的生活史（参见 Yin 1994: 21-5）等早期个案研究，将"个案"视作一个微型社会单元，可以告诉研究者个案发生的情境（如社会、城市、居民区）信息。有人（如 Giddens 1984，引自 Hamel 1993）还指出，对同一现象进行的足够数量的个案研究，可以得出事件一般趋势和典型性的论断。这意味着个案研究能够进行某种"从局部到整体的运动"（Hamel 1993: 34）。对于许多个案研究者来说，它意味着"个案"代表了某些超越其自身以外的东西。但是它代表什么呢？

对少量个案的分析多大程度上能告诉我们更一般现象的信息？显然，如同调查或实验中的参与者只代表某个特殊群体一样，多重个案研究中的个案并不能构成一个有代表性的样本。因此，从个案研究中得出的一般性结论决不能直接适用于其他尚未探索的个案。然而，可以利用个案研究发展或完善理论，这意味着个案研究可以得出可能适用于新个案的解释。个案研究者必须对其研究概括的程度保持高度的谨慎。

伦理困难

个案研究经常要求参与者积极参与，要求参与者深入地谈论或写出他们特定的经验（如某个生活事件、某种情境）。参与者接受访谈、写日记或参加自我反思的测验，可能会激发他们的思想和情感，这在其他情况下可能体验不到。虽然这可能会产生积极的、甚至治疗性的效果（参见 Smith 1993: 263-4），但也可能会对参与者产生不利影响。例如，它可能会吸引参与者注意他们通常不大会意识到其确切内容和意义的信念和价值观。它可能会促使参与者记起他们宁愿置之于意识之外的事件。它可能会强调参与者的态度与行为之间的矛盾，对于这些矛盾，参与者现在感到迫切需要解决而同时又没有能力解决。它可能会带来轻度的愤怒和悔恨感，而这些感觉一旦被觉察到并贴上标签，就可能会支配参与者的思想。换言之，参与个案研究有可能给参与者带来巨大的变化，但并非所有的变化都必然是积极的。研究者需要对研究带给参与者的影响负责。然而，研究者并非总能处理这些预料之外的结果。这种情况下，必须让参与者认识到其他形式的支持（如咨询机构、支持团体、信息来源）。

此外，参加互动性的个案研究可能会引起参与者的变化，这些变化会影响研究的效度。在互动性的个案研究中，参与者积极地参与到资料分析中。实际上，这通常意味着研究者要将其生成的解释呈现给参与者以获得反馈。这有时称作受访者验证（Silverman 1993: 156）。这种情况下，参与者会评论、详述、挑战或验证分析。尽管参与者的这种参与无论在方法论上还是在伦理上无疑都有益处，但它也可能引发问题。研究者，尤其是心理学家，很可能会被参与者赋予专家身份。因此，研究者对个案材料的解释，尤其是用心理学术语来表达时，可能会被参与者当做要理解和吸收的信息，而不是要评价和质疑的解释性建议。这意味着，互动性个案研究中的商议过程可能会因带有说教性质而偏离其目的。因此，我们不知道参与者对研究者资料解释的支持是真正验证了分析的有效性，还是仅仅是一种默从。

三个认识论问题

在结束之前，让我们来思考一下个案研究的认识论基础。个案研究产生何种知识？个案研究者在探究个案时需要作出何种关于世界的假设？个案研究如何确定研究者的作用？每个问题都有助于我们在某种程度上理解支持个案研究的认识论主张。

1. 个案研究的目的是要产生何种知识？

个案研究关注于"确定复杂人类情境的过程和原因"（Yin 1994: 16）。它们使用各种资料收集和分析方法，目的是要获得某特定事件（背景和结果的）丰富的、详细的信息。个案研究需要研究者在研究的所辖范围内对个案的特征进行准确而全面的描述，以便对正在研究的现象提出新的见解。这意味着个案研究从根本上讲是实在论取向的。它们的目的是要增进我们对特定情境中"正在发生的事物"的理解。个案研究关注个体的思想和情感，它们假定通过参与者的陈述来获取这些思想和情感是可能的。用于分析这类陈述的方法（如扎根理论、解释性现象学）基于如下假设：人们所讲述的经验内容与这些经验的本质之间存在某种关系（参见第 3 章和第 4 章）。个案研究密切关注个案，以便更好地理解它们的内在动力。有学者把个案界定为功能系统（参见 Stake 1994: 236），这意味着视它们为独立于研究者看法或解释的存在。然而，拉德利和张伯伦（Radley & Chamberlain 2001: 321）主张："……个案是创造出来的，而不是发现的结果"，研究者最好还是注意在"个案"建构为个案的过程中研究者自己和参与者所作出的贡献。

2. 个案研究作出了何种关于世界的假设？

个案研究采用特殊规律研究法。个案研究专注于特殊性。它们开始时对个案的全部特殊性进行仔细而详尽的描述，然后继续谨慎地致力于理论的发展或概括。这意味着个案研究基于如下假设：世界很复杂，甚至经验或行为的普遍规律或通用模式也从来不会始终如一、预测准确。这一立场与批判实在论的世界观产生了共鸣。即使一般趋势也总是以特定的方式来展现自己。每个个案都是独特的,即使它与其他个案具有共同特征。此外,个案研究还会采取整体(holistic)视角。这意味着个案只能在其(物理、社会、文化、符号、心理等)情境下才能得以理解。个案各种特征的意义取决于特征之间的关系以及特征展现自身所处的情境。因此,个案研究将世界知觉为一个完整的系统,不允许我们孤立地研究它的部分。

3. 个案研究如何界定研究者在研究过程中的作用?

个案研究中研究者的任务是,提供对个案的准确而详细的陈述。我们期望研究者在研究的所辖范围内严密而仔细地审视证据,以得出可以充分体现个案特征的报告。尽管学界通常期望个案研究能够超越描述,并提供可以超越所收集个案信息的见解,但是它们的确依赖于个案材料的收集。无论个案研究是描述性的还是解释性的,都依赖于细节的准确性和支持研究者解释的证据的充分性。这意味着研究者的角色是目击者或报告者。研究者要坚持接近现场,以便在条分缕析事件时仔细而准确地观察它们。并且我们期望研究者成为一名客观、中立的观察者,研究者试图说明或解释事件的努力不应该干扰其对观察的记录。尽管个案研究承认理论在个案研究的设计和实施中的重要性,但我们期望此类研究能够告诉我们更多个案而非研究者的信息。

结　论

我们已经了解到,个案研究是一种极其通用的研究方法。事实上,这可能意味着个案研究根本就不是一种真正的研究方法,而是利用多种资料收集和分析方法研究单一实体的一种取径。坚持特殊规律视角、关注情境、使用三角互证、引入时间要素并且关注理论,据此才有可能描述个案研究的特征(参见本章第86~87页)。尽管存在这些共同点,但是个案研究可能会采取许多不同的形式,包括内源性设计对工具性设计、单一设计对多重设计以及描述性设计对解释性设计(参见本章第89~91

页）。这种多样性可能会让我们很难将个案研究视为一种统一的质性研究取径。这还意味着，个案研究未必能相互进行有意义的比较。然而，在我看来存在某种共性，能超越一切描述个案研究的特征，并且还使得我们能够识别出个案研究（不论它的设计类型如何）。这一共性就是个案研究对独特性和特殊性的关注。正如斯塔克（Stake 1995: 8）所说：

> 个案研究的真正使命是特殊化而非普遍化。我们获得一个特定个案并且开始很好地认识它，首要关注的不是它与其他个案如何不同，而是它是什么，有什么作用。个案研究强调独特性，并且这意味着要认识与该个案不同的其他个案，但是首先要强调的是对该个案自身的理解。

互动练习

1. 考虑一下内源性个案研究的合适个案；如果你有时间、资金和必要的后勤支持，什么原因足以吸引你着手进行一项内源性个案研究？记住，你的分析单元（即"个案"）可能是一个人（如一个带着罕见疾病生存的人）、一个社团（如一群以非主流生活方式生活的人）或一个事件（如一次政治抗议、一场暴乱）。在选择了一个适宜个案之后，请考虑你将以怎样的方式着手这项研究。你将如何收集和分析资料？理论在你的设计中将起什么作用？

2. 考虑一下工具性个案研究的合适个案；如果你有时间、资金和必要的后勤支持，推动你进行工具性个案研究的有价值的研究问题可能是什么？记住，你的分析单元（即"个案"）必须是你所感兴趣的现象的一个范例。这意味着，在选择个案之前你需要确定所感兴趣的现象。在选择了一个适宜个案之后，考虑你将以怎样的方式着手这项研究。你将如何收集和分析资料？理论在你的设计中将起什么作用？为了进一步阐明研究现象，进行多重个案研究有作用吗？

扩展阅读

Bromley, D.B. (1986) *The Case Study Method in Psychology and Related Disciplines.* Chichester: John Wiley.

Chamberlain, K., Camic, P. and Yardley, L. (2004) Qualitative analysis of experience: grounded theory and case studies, in D.F. Marks and L. Yardley (eds) *Research Methods for Clinical and Health Psychology.* London: Sage.

Hamel, J. (1993) Case Study Methods. London: Sage.

Radley, A. and Chamberlain, K. (2001) Health psychology and the study of the case: from method to analytic concern, *Social Science and Medicine,* 53: 321-32.

Smith, J.A., Harré, R. and Van Langenhove, L. (1995) Idiography and the case study, in J.A. Smith, R. Harré and L. Van Langenhove (eds) *Rethinking Psychology.* London: Sage.

Stake, R.E. (1994) Case studies, in N.K. Denzin and Y.S. Lincoln (eds) *Handbook of Qualitative Research.* London: Sage.

Yin, R.K. (1994) *Case Study Research: Design and Methods.* London: Sage.

专栏 3　推断还是概括?

西尔弗曼（Silverman 2000: 300）将"可概括性"（generalizability）定义为允许"从特殊个案推广到总体"的研究特征。有些研究者（如 Giddens 1984；Hammersley 1992）已经指出，在与更大样本的相似个案进行比较的基础上，确定某个单一个案的代表性是可能的。这种观点依据的是归纳逻辑，事件或个案的发生频率可以增强我们对现象典型性的信心。这种情况下，概括性通过相似个案的累加得以实现。另一些研究者（如 Bromley 1986；Yin 1994）主张，这样一种概括性的观点在个案研究范围内是不适合的。这些研究者提出，个案研究可以产生可概括的理论见解；然而，不能用它们的研究结果概括到相似个案的总体中去。因（Yin 1994: 10）区分了分析性概括和统计性概括。他指出："个案研究像实验一样并不代表'一个样本'，研究者的目标是拓展和概括理论（分析性概括），而不是计算频率（统计性概括）"。

因主张，不应该把个案看做类似于实验或调查中的被试那样的抽样单元。更确切地说，个案研究可以比作实验本身。这意味着，个案研究可以构成对理论的检验，但它在任何统计学意义上都永远无法代表其他个案。因此，个案研究可以产生可概括的理论命题，但它无法告诉我们总体特征的任何信息。从这种观点来看，个案研究遵循的是假设－演绎逻辑，据此个案可以帮助我们检验我们已有的理解的局限性，并能让我们发展或修正理论以解释发生的事件。斯塔克（Stake 1994：245）对此作了总结："（尽管）单一个案或少数个案不能很好地代表个案总体，并且不能为促进全面概括提供充分理由……但是个案研究在完善理论、说明进一步研究的复杂性以及帮助确定可概括性的界限方面却是有价值的。"

由于个案研究对可概括性本质的争论还未得到解决，认识与可概括性的归纳模型和假设－演绎模型有关的问题非常重要。虽然归纳永远都不能确定某种现象普遍存在的必然性，而假设－演绎方法依赖于现有理论框架的使用并因此受到它的限制（亦可参见第 1 章）。阿拉苏塔里（Alasuutari 1995：156-7）提出了质性研究的另一种概括取径，他建议我们用"推断"（extrapolation）取代"概括"（generalization），来指代"研究者证实分析与手头材料之外的事物有关"的方法。这样，我们就可以谈论个案研究更广泛的适用性，而不必将与统计或实验研究有关的主张引入我们的论证过程。

如下作者就质性研究中的可概括性提供了有益的讨论：

Alasuutari, P. (1995) *Researching Culture: Qualitative Method and Cultural Studies*. London: Sage.

Bromley, D.B. (1986) *The Case Study Method in Psychology and Related Disciplines*. Chichester: John Wiley.

Silverman, D. (2000) *Doing Qualitative Research: A Practical Handbook*. London: Sage.

Yin, R.K. (1994) *Case Study Research: Design and Methods*. London: Sage.

6

话 语 心 理 学

第 6 章和第 7 章分别介绍话语心理学和福柯式话语分析。这两种话语分析取径具有许多共同的重要特征。一些研究者坚持认为，它们是互为补充的，并且任何话语分析都应该包含这两个角度的深刻分析（例如，Potter & Wetherell 1995；Wetherell 1998；亦可参见本章结尾处的专栏 4）。然而，近些年来，这两种话语分析的差别越来越大。

本章我要对心理学的"语言转向"和两种话语分析（即话语心理学和福柯式话语分析）的形成作一般性介绍。剩余的篇幅都留给了话语心理学。下一章介绍福柯式话语分析。在第 7 章的末尾，我对这两种话语分析作了直接比较。

"语言转向"

心理学家的语言转向受到了一定时期里其他学科领域中新出现的理论和研究的激发。从 20 世纪 50 年代起，哲学家、沟通理论家、历史学家和社会学家对语言的社会表现作用越来越有兴趣。语言提供了一套明确的符号，可以用来标示内部状态和描述外部现实，这种观点开始受到质疑。相反，学术界重新认为语言具有生产性；

也就是说，把语言视为社会实在的一种建构，并且可以实现社会目标。探究的焦点从个体及其意图转向了语言及其生产潜力。维特根斯坦（Wittgenstein）的哲学、奥斯汀（Austin）的言语行为理论和福柯（Foucault）对话语实践的历史研究都是这类早期研究的重要例证。然而，在整个 20 世纪 50、60 年代，心理学相对来说没有受到这些智力发展的影响。相反，心理学关注心理表征的研究，关注控制各种环境"输入"的认知中介的规则。20 世纪 70 年代，社会心理学家开始挑战心理学的认知主义（如 Gergen 1973, 1989）；20 世纪 80 年代，"语言转向"在心理学中站稳了脚跟。波特和韦瑟雷尔的著作《话语和社会心理学：超越态度与行为》（Potter & Wetherell 1987）的发表在这一发展中起了重要作用。他们在书中广泛地批判了认知主义，接着又用话语分析的方法对访谈转录稿进行了详细分析。后来的出版物进一步批评了心理学对认知的痴迷，将其用作一种通用的解释策略，这种痴迷包括"宣称个体的认知过程在塑造知觉和行为中起中心作用"（Edwards & Potter 1992: 13）。对认知主义批判的主要观点是，认知主义对语言与表征关系的理解，大多建立在没有事实根据的假设基础之上。这些假设包括（1）谈话是通向认知的一条通道，（2）认知基于知觉，（3）对现实的客观知觉在理论上是可能的，（4）存在共识性的思维客体，（5）存在相对持久的认知结构。让我们依次来考察这些假设。

1. 从认知的观点来看，人们对其信念和态度的言语表达揭示了他们脑海中的认知信息。对于研究的参与者来说，语言提供了一种表达"存在于他们脑海中"的信息的方法；对于研究者来说，语言提供了一种接近参与者认知的方法。换言之，谈话是通向认知的一条通道。只要研究者确定参与者没有理由撒谎，就可以认为参与者所说的话真实地表征了他们的心理状态（如他们所支持的信念或者他们所持有的态度）。话语分析者不赞同这种语言观。他们认为，当人们陈述某种信念或者表达某种观点时，他们是在参加一次有目的并且所有参与者都存在利害关系的会谈。换言之，要理解人们说话的内容，我们需要考虑他们讲话的社会情境。例如，某位女性研究者想要确定男性对于分担家务所持的态度，当对男性参与者进行访谈时，对他们的反应最好理解为否认不受欢迎的社会身份（"带有性别歧视的懒汉"，依赖于他们的女性伴侣，懒惰）的一种说辞。这并不是说他们就所做的家务量向研究者撒谎（当然，尽管他们也可能会那样做）；相反它表明，参与者在反应中倾向于对要回答的问题进行特定解读（例如，作为一种挑战、批评或抱怨的机会），因而他们所给出的陈述需要根据这种解读来理解。类似地，参与者对问题的反应可能会注重访谈早期阶段所讨论的内容。例如，如果先前已经询问了家庭暴力的问题，那么参与者在对后面问题的反应中，可能会谨慎地使自己不与这类行为扯上任何关系。的确，参与者可能会注意发生在直接访谈情境之外的事件，例如媒体报道的那些事件。这意味着，从话语分析的角度来看，应该把人们的言语理解为社会行为，并且应该在社会情境中根据它要达到的目的进行分析。因此，如果我们发现人们所表达的态度在不同社会情境中并不必然一致，不应该大惊小怪。

2. 认知主义最终不得不假定认知基于知觉。认知是对现实世界里出现的真实客体、事件和过程的心理表征。尽管认知是抽象过程，因而经常会简化和歪曲这类外部事件，但它们的确能充分地体现现实。反过来，认知图式和表征一旦建立，就会促进对新经验和新观察的知觉和解释。相反，话语分析者认为，"解读"世界的方式有无数种，并且客体和事件实际上通过语言本身来建构，根本不能产生心理表征。因此，话语和会话应该成为研究的焦点，因为意义的创造和协商悉出于此。

3. 如果认知基于知觉，正如认知主义所认为的那样，那么可以推断：对现实的客观知觉在理论上是可能的。表征中出现的错误和简化是因为应用了节省时间的启发法，启发法将偏见引入了认知。正常情况下，应该能将这些偏见从认知过程中消除。然而，话语分析者对这一假设提出了异议。如果语言建构了社会实在，而非表征社会实在，那么可以推论，并不存在反映现实的客观知觉。相反，应该强调的是语言建构社会范畴的方式以及它们对会话会造成什么影响。

4. 态度描述的是人们对于社会世界中的客体和事件的感受，而归因理论关注的是人们对行为和事件的解释。在两种情况下，研究者都假定，参与者对社会客体或事件持有不同的态度，并将它们归因于不同的原因，这本身就是共识性的。也就是说，尽管人们对某种事物（如欧洲货币联盟、同性婚姻、前苏联解体）会持有不同的态度和归因，但是对于该"事物"本身是不存在争论的。换言之，存在共识性的思维客体，据此人们形成了各种观点。人们对于他们正在谈论的事物是什么没有异议，但对于它为什么发生（归因）以及它是否是一件好事（态度）持不同意见。话语分析者不认可这类共识性思维客体的存在。他们坚持认为，社会客体本身是通过语言建构的，比如说，某个人对"前苏联解体"的看法可能完全不同于另一个人。从这种观点来看，传统上所指的"态度"和"归因"实际上是对客体本身的话语建构。例如，如果我们将前苏联解体界定为宏观经济全球化发展的结果，我们就会把该事件归因于经济过程。相反，如果我们将它界定为美国在冷战中的胜利，我们就会把该事件归因于美国政府高超的政治策略。因此，将人们区分开来的不是他们对于社会客体或事件的态度和归因，而是他们通过语言建构客体或事件本身的方式。

5. 最后，认知主义的基本假设是，在人类脑海中的某个地方存在相对持久的认知结构。据说人们持有的观点和认知风格都储存于此。他们利用认知图式以可预见的方式来加工信息。认知结构可以改变，但这种改变需要中介变量（诸如有说服力的信息或新奇的经验等因素）加以诠释。其假设是，在正常情况下，信念、态度、归因等会日复一日地保持稳定和可预见性。话语分析者把语言界定为生产性的和述行性的，这与上述观点是不相容的。相反，他们认为，人们的陈述、所表达的观点以及所提供的解释都依赖于它们得以产生的话语情境。因此，人们所说的话告诉我们的是他们正在用他们的语词做什么（如否认、道歉、辩解、劝说和恳求等），而不是这些语词所表征的认知结构。

话语分析者对认知主义的挑战表明，话语分析不仅仅是一种研究方法。它是对主流心理学的一种批判，它提供了另一种界定语言的方式，并且它标示了一种资料分析方法，该方法可以告诉我们对社会现实进行话语建构的某些信息。话语分析不仅仅是一种方法论，因为"它是一种理解话语本质和心理现象本质的理论方法"（Billig 1997: 43）。

话语心理学与福柯式话语分析

话语分析有两个主要版本（但要注意，韦瑟雷尔［Wetherell 2001］确定了多达 6 种不同的话语分析方法）。尽管它们都关注语言在建构社会现实中的作用，因而对认知主义都持批判态度，但这两个版本探讨的是不同的研究问题。它们所认同的知识渊源也不尽相同。话语心理学（discursive psychology，或译论述心理学）的灵感来自于民族方法学和会话分析，以及它们对日常情境下局部互动中意义协商的兴趣。它关注于话语实践；也就是说，它研究人们用语言来做什么，并且强调话语的述行品质。福柯式话语分析（Foucauldian discourse analysis）则受到米歇尔·福柯（Michel Foucault）和后结构主义作家著作的影响，他们致力于探索语言在社会和心理生活构成中所起作用的。它关注于人们可利用的话语资源以及话语建构主体性的方式、自我和权力关系。显然话语心理学主要关注人们如何利用话语资源来达到社会互动的人际目标，而福柯式话语分析专注于通过话语建构何种客体和主体以及这些客体和主体为人们提供了何种存在方式。

话语分析的这两个版本探讨不同种类的问题。话语心理学询问的是，参与者如何利用语言来协商和处理社会互动以便实现人际目标（例如，否认某种不受欢迎的社会身份，为某项行动作辩护，归咎罪责）。福柯式话语分析试图描述和评判人们所生存的话语世界，并探索它们对于主体性和经验的意义（例如，被定位为"寻求避难者"是什么感觉？什么样的行为和经验与这种定位相符？）。为了突出话语分析这两个版本之间的异同点，威利格（Willig 2008）将它们运用于同一份访谈摘录之中。

伯尔（Burr 1995, 2003）、帕克（Parker 1997）和兰德里兹（Langdridge 2004: 第 18 章）详细论述了这两个版本话语分析的区别。然而，波特和韦瑟雷尔（Potter & Wetherell 1995: 81）认为，这两个版本之间的区别"不应该过分夸大"，要优先注意两者关注的中心都是话语实践和话语资源。韦瑟雷尔（Wetherell 1998）还提倡把这两种版本结合在一起。确定两种不同版本的话语分析是否有益，详细讨论见专栏 4。

话语心理学

随着波特和韦瑟雷尔（Potter & Wetherell 1987）的著作《话语和社会心理学：超越态度与行为》的发表，这一版本的话语分析引入了英国社会心理学。"话语心理学"这一名称是后来由爱德华兹和波特（Edwards & Potter 1992）提出的。随着该方法的演变，它强调的重点也发生了变化。这些变化很大程度上与日益强调话语资源的灵活性和使用自然主义资料的偏好有关。话语心理学的最近发展仍然受到会话分析原则的强烈影响（参见 Wooffitt 2005）。威金斯和波特（Wiggins & Potter 2008）详细论述了话语心理学的历史和演变以及它与话语分析视角早期思想的关系。话语心理学是一种心理学，因为它关注于诸如记忆或认同等心理现象。然而，与对认知主义的批判相一致，话语心理学把这些现象界定为话语行为而非认知过程。这意味着，话语心理学家们的兴趣点是，在自然情境下发生的谈话和文本里所提及的诸如记忆和认同等概念及其作用和结果。把诸如辩护、合理化、范畴化、归因、命名和责备等心理活动理解为参与者处理其利益的方式。它们是参与者在特定情境中用来达到社会和人际目标的话语实践。在这个过程中，参与者可能会调用"记忆"或"认同"（例如，通过说"我的记忆又出问题了"来否认忘记生日的责任，或者通过援引自己"易怒的天性"来为一时冲动的行为辩护）。因此，诸如偏见、认同、记忆或信任等心理学概念变成了人们的行动，而不是特质。

话语心理学分析的焦点是，参与者如何使用话语资源以及要产生什么效果。换言之，话语心理学家关注谈话的行动取向。他们关注讲话者处理利害关系和利益问题的方式。他们会确定诸如"否认"或"立论"等话语策略，并探索它们在特定话语情境中的作用。例如，一位受访者可能会说"我不是种族主义者但是我认为应该加强对移民的控制"，以否认其种族主义者的社会身份，并且通过引用高层权威的观点，"我赞同首相的说法，形势需要采取紧急行动"，来使这一主张合理化。用来处理利益和责任问题的其他话语手段包括隐喻和类比、直接引述、极端个案的解析、生动描述、舆论形成以及利害关系预防（stake inoculation）等等（这些手段的详细论述参见 Edwards & Potter 1992; Potter 1996）。

资料收集

理想情况下，应该利用话语分析方法来分析自然情境下发生的文本和谈话（Hepburn & Wiggins 2005，2007；Potter & Hepburn 2005）。这是因为，话语心理学的研究问题关注的是人们如何处理日常生活中的责任和利害关系。探索这类研究问题的最好方法是，分析主动提供的并且发生在熟悉环境（如家庭或职场）中的会话。例如，话语分析的材料已经包括各种磁带录音，如自然发生的电话交谈、警察—嫌犯访谈、医疗咨询、社会工作个案讨论会、政治家电台访谈以及咨询会谈等。然而，要获取这些自然发生的资料也存在伦理困难和实践困难，这导致许多话语分析者采取半结构式访谈来收集分析资料（例如，利用打给电话服务热线的电话作为资料就面临着伦理挑战，相关讨论参见 Hepburn & Potter 2003）。使用半结构式访谈的不利之处在于，参与者总是注重访谈情境，因此话语分析更多揭示的是，参与者在访谈中作为一名受访者处理其利害关系的方式，而非他们在日常生活中所使用的话语策略。此外，半结构式访谈的任何话语分析都必须包含对访谈者和受访者双方的言论的分析。这要求研究者具有较高水平的自反性。

产生话语分析资料的另一种方式是开展团体讨论，并且最好在预先存在的团体（如朋友团体、同事团体、家庭成员团体）内进行（参见 Puchta & Potter 2004）。团体讨论可以模拟自然情境下发生的谈话，并且参与者可能会比与研究者一对一的访谈更放松、更自然（亦可参见 Billig 1997: 45）。为了减少访谈情境的人为性，研究者有时会决定访问朋友或熟人。然而，请务必注意：对朋友的访谈可能是一种富有挑战性的经历，它可能会导致相互之间的再评价。

在话语分析开始之前，研究者要准备一份有待分析的材料的转录稿。转录的过程极其耗时。转录1个小时的访谈至少要花费10个小时。团体访谈或者音质较差的访谈甚至要花费更长时间。此外，转录的时间还取决于具体的转录方式。最耗神费力的转录方式是会话分析的转录（参见 Atkinson & Heritage 1984；Have 1999）。话语分析者经常采用这种转录方式的精简版，它保留了原始转录标记的关键特征。这种情况下，口误、停顿、中断、音量和重音的变化以及听得见的呼吸声都会在转录稿中标示出来。精简版的全套转录标记可以在波特和韦瑟雷尔（Potter & Wetherell 1987）著作的附录中找到（要想了解转录的基本原则参见 O'Connell & Kowal 1995）。

转录稿至少应该包含一些会话的非语言方面的信息，诸如拖延、犹豫或强调等，这一点很重要。这是因为，说话的方式可能会影响意义的表达。例如，只要注意声音的语调通常就能察觉出是否有讽刺之意。旨在探索谈话行动取向的话语分析既要关注说话的内容也要关注说话的方式。

　　考虑到话语分析非常耗费劳力，所以样本大小经常会受到实际情况的强烈影响。也就是说，如果研究的时间有限，那么研究者决定实施、转录和分析的访谈次数很可能受此影响。因此，研究者所分析的资料数量经常达不到他们原本的预期。不过，话语分析者不必为进行有意义的分析而研究海量的文本。从根本上讲，有效研究所需的样本量取决于研究者所提的具体研究问题（亦可参见 Potter & Wetherell 1987: 161-2）。如果研究问题关注的是特定的话语建构在某个群体中的有效性和应用情况，那么研究者就可能需要对群体成员进行相对较多的访谈。同样，如果研究者想要知道人们会运用哪些话语策略来否认面对不利结果所担负的责任，那么样本量就必须足够大，以便识别出一系列的策略，并明确它们在不同话语情境中的应用。另一方面，如果我们的目标是理解某一特定文本（如有影响力的政治演说、存在争议的广告宣传活动、电影中的著名场景）如何达到其预期效果，那么我们的分析就将集中于单一的文本。

如何做话语分析

　　我已经指出，话语分析不仅仅是一种方法论。话语分析还将语言界定为建构性的和功能性的。话语分析要求心理学家以不同的角度审视语言并且询问与语言有关的不同问题。我们要质询话语本身的内部构成并且要问"该话语正在做什么？"，而不要问"参与者的反应透露了他们的何种态度、信念或思想？"因此可以把话语分析描述为一种特定的解读方式——为了行动取向而解读（该文本正在做什么？），而不仅仅是为了意义而解读（该文本正在说什么？）。由于话语分析要求我们接受作为社会行为取向的谈话和文本，因而它不可能在短期内学会，也不可能像食谱那样来遵循。波特和韦瑟雷尔（Potter & Wetherell 1987: 175）指出"话语分析很大程度上依赖于技能技巧和隐性知识"，而比利希（Billig 1997: 39）告诫说，话语分析并不是一组方法论程序，如果不了解广泛的心理学理论研究方法根本无法掌握。这一切表明，对话语分析的理解首先必须根据它"涉及话语本质的广泛理论框架及其在社会生活中的作用"（Potter & Wetherell 1987: 175）。在这种理解的基础上，研究者就可以进行文本分析了。为了帮助初学者起步，主要的话语分析家已经制定了话语分析的程序准则；例如，波特和韦瑟雷尔（Potter & Wetherell 1987: 160-76）确定了"话语分析的十个阶段"，比利希（Billig 1997: 54）介绍了"话语分析的程序指南"。威金斯和波特（Wiggins & Potter 2008）就话语心理学研究的实际应用提出了详细而全面的指导。安塔基等人（Antaki et al. 2003）确定了评价话语心理学研究的标准。不过，这些专家往往告诫读者不要太过僵化地遵循这些指导准则。

在接下来的部分，我将介绍一些分析访谈转录稿和写作研究报告的指导准则，它们适合于话语心理学传统的话语分析（福柯式话语分析的指导准则在第 7 章介绍）。

话语分析的程序准则

阅　读

首先，研究者要花时间仔细阅读转录稿。虽然研究者在整个编码和分析过程中还会继续反复阅读转录稿，但是不带任何分析意图，至少阅读一次转录稿非常重要。这是因为，这样一种阅读可以让我们作为读者体验到文本的某些话语效果。例如，某段文本可能给人的印象是道歉，尽管实际上并没有出现"对不起"这个词。我们可能感觉某段文本"让人听起来好像"正在发生一场战争，尽管所转录的演讲主题是一场即将到来的选举。在分析之前阅读文本可以让我们意识到文本正在做什么。分析的目的在于精准地确定文本是如何设法做到这一点的。

在分析之前聆听磁带录音也是很好的做法，尤其在所使用的转录标记非常基础时。

编　码

在对转录稿进行反复阅读之后，要选择分析材料或编码。转录稿的编码要根据研究问题来做。例如，如果我们的研究问题关注于异性恋成人谈论安全性行为和艾滋病病毒传播风险的方式，那么就必须选中所有提及避孕套、避孕套使用和性安全的资料（参见 Willig 1997）。为了进行分析，要突出、复制和保存文本的所有相关部分。在此阶段，务必确保所有可能相关的材料都应纳入编码过程。这意味着，那些即使与研究问题间接相关或者仅仅模糊相关的材料也应该识别出来。最重要的是，某些关键词的使用并非选择文本材料所必需的。所有内隐性建构（MacNaghten 1993）都必须纳入此阶段。因此，我对异性恋成人谈论安全性行为的研究，无需包含"避孕套"或"安全性行为"等词语的使用情况；而在最广泛的意义上提及性安全的说法（如对"预防措施"和"安全的两性关系"的谈论）仍然要选择用来分析。

在分析之前需要进行编码，这说明我们从来都不能对一个文本进行完整的话语分析。我们的研究问题确定了我们决定去详细探索的特定话语内容。编码可以帮助我们选择资料里文本的相关部分。话语总会有许多方面我们不会进行分析。这意味着，同一材料可以再次分析，以得出进一步的见解（如 Potter & Wetherell 1987; Wetherell & Potter 1992; Willig 1995, 1997, 1998）。

分　析

话语分析是在研究者与文本互动的基础上进行的。波特和韦瑟雷尔（Potter & Wetherell 1987: 168）建议，在整个分析过程中，研究者都要询问"我为什么以这样的方式阅读这段文字？（文本的）什么特征导致了这种阅读方式？"对文本资料的分析是通过密切关注话语的建构维度和功能维度而得以实现的。为了促进对这些维度系统而持久的探索，研究者要关注话语陈述的情境性、可变性和建构性。研究者要考察文本如何建构其客体和主体，这些建构如何随着话语情境而变化，以及它们可能产生什么结果。为确定文本中主体和客体的各种建构，我们要注意在它们的建构中可能用到的术语、文体和语法特征、偏爱的隐喻和修辞手法。波特和韦瑟雷尔（Potter & Wetherell 1987: 149）把这些术语系统称作"解释语库"。建构不同版本的事件会用到不同的语库。例如，一篇报刊文章可能会把少年犯称作"年少的流氓"，而一位辩护律师可能把诉讼委托人描述为"迷途的小孩"。前一种建构强调少年犯的不可控性，并暗示需要更严格的教养和监管，而后一种建构关注少年犯未满足的心理和教育需要，以及社会和经济剥夺的重要性。为追求不同的社会目标，同一讲话者会在不同的话语情境下使用不同的语库。话语分析的部分目标是为了确定陈述的行动取向。为了做到这一点，研究者要仔细关注这些陈述产生的话语情境，并探究它们对于会谈参与者的影响。这只能在分析访谈者和受访者双方对会话所作贡献的基础上才能令人满意地做到。请务必记住话语分析需要我们考察情境中的语言。

解释语库可以用来建构非此即彼和经常相互矛盾的事件版本。话语分析者已经在参与者关于同一主题的谈话中发现了相互对立的语库。例如，波特和韦瑟雷尔（Potter & Wetherell 1995）发现，他们的参与者使用两种不同的语库谈论毛利文化及其在新西兰毛利人生活中的作用——"作为遗产的文化"和"作为治疗的文化"。比利希（Billig 1997）在参与者讨论英国皇室家族中发现了两种非此即彼、相互对立的历史意义的陈述——"民族衰落的历史"和"民族进步的历史"。讲话者使用的解释语库间存在的紧张状态和矛盾表明，人们所利用的话语资源本身就是两难性的（参见 Billig et al. 1988; Billig 1991）。也就是说，话语资源包含在修辞环境中彼此竞争的对立主题。要理解某位讲话者为什么和如何运用某种特定的主题，我们需要关注他或她利用该主题的修辞环境。再次指出，分析的焦点在于跨情境的可变性和谈话的行动取向。

写 作

话语分析报告的导言部分通常会先讨论与研究主题有关的已有心理学研究的局限（如"偏见"研究的认知主义取径或"成瘾"的行为主义界定），接下来是阐述应用话语分析的基本理论。然而，随着话语分析越来越盛行，研究者不得不在导言部分回顾已有的话语分析研究。研究者务必了解其他相同或相关现象的话语分析研究，以确保自己的研究能够扩展或立足于已有的研究。例如，波特（Potter 1997）在对戴安娜王妃的电视访谈中发现，谈话者会使用"我不知道"这一短语来限制对方动摇某一主张（"利害关系预防"），波特进一步指出，咨询会谈中的参与者会以同样的方式使用"我不知道"短语。

同样，我在探索了异性恋成人在谈话中运用"信任"和"性安全"及其话语建构的某些方式之后（Willig 1995, 1997, 1998），饶有兴趣地考察了一下男同性恋者或女同性恋者在谈论性事、性风险和亲密关系时是否会使用类似的话语建构。因此，虽然早期的话语分析研究处在拓荒阶段，并且必然依据主流心理学研究的标准来定义自己，而现在话语分析者可以并且的确有必要根据已有的话语分析研究来讨论他们的研究（亦可参见 Potter & Wetherell 1994）。

话语分析报告的方法部分应该给出某些关乎话语分析本质的信息。应该既包括理论方面又包括方法论方面。换言之，要介绍用来分析资料的方法，需要在其针对话语本质的理论主张和在建构社会（和心理）现实中的作用两方面的背景下进行介绍。此外，方法部分还应该包含研究者获取或得到资料（即文本）的方式，包括恰当的转录标记。如果资料的来源是半结构式访谈，还要讨论研究者的访谈风格。这种情况下要探讨的问题包括：研究者是否使用了访谈议程表，如果使用了，所提的问题有哪些？访谈者使用了论证式的（argumentative）风格还是纯粹便利式的（facilitative）风格？访谈是何种事件（如研究访谈、碰巧进行了录音的朋友间的会话、对受访者观点的质疑）？只应在适合时给出参与者的人口统计学信息。例如，如果研究关注于男性谈论女性和工作的方式，那么了解参与者自身是否有工作以及他们是否有女性伴侣可能会很有帮助。然而，给出"标准的"人口统计学信息（如年龄、性别、社会阶层、种族、教育）就不适合。这是因为，从话语分析的观点来看，此类"信息"的披露实际上是建构身份的一种方式。在脱离情境和缺乏理论支撑的情况下给出此类"信息"，表明特定的社会范畴充分体现了置身于其中的人的本质。话语分析致力于探索在特定情境下借助于语言建构社会实在的方式；而一开始就强加的社会范畴是没有益处的。

分析部分是话语分析报告最厚实的部分。该部分的结构应该既反映研究问题又反映分析重点。例如，如果一项研究主要关注于解释语库的确定，那么报告就可能以介绍各种语库的子标题（如"作为遗产的文化"和"作为治疗的文化"，或者"民族衰落的历史"和"民族进步的历史"）为结构。然后，在合适的子标题下讨论解释语库的情境运用和效果。在另一种情况下，比如说，对记忆或认同协商中所使用的话语策略（discursive strategies）的探索，其结构可能围绕着策略本身（如否认、立论）或它们的效果（如促使讲话者进行批判而无需为批判及其后果担负个人责任）而组织。当然，大多数话语分析研究会综合讨论解释语库和话语策略（以及它们的效果）。不过，分析部分的结构要能反映研究者的主要关注点。在报告的标题中指出关注点也是很好的做法。例如，标题提到"甲的话语"或"乙的建构"，表明研究主要关注的是可利用语库的本质，而标题提到"协商甲"或"实施乙"，可能是介绍话语策略及其结果的研究。

无论研究的主要关注点是什么，分析部分都要包括引自转录稿或任何文本资料的摘录。报告中的摘录要逐字逐句地引用，并且必须清楚明确地标识出来（如通过引号、不同字体或首行缩格）。此外，报告摘录的选择还是取决于研究的焦点和研究问题。必须给出研究者对摘录分析所作的详细讨论。请务必记住摘录从来都不会为自己代言。

为了更好地呈现话语分析研究，将分析部分和讨论部分合在一起是有意义的。这是因为，正如大多数质性研究一样，不可能先呈现研究结果而后再进行讨论。相反，只能在对分析进行讨论得出深刻见解的背景基础上呈现资料分析才真得有意义。然而，也可能在独立的结论部分探讨研究引发的更广泛的问题，比如任何更广泛的理论和概念发展、分析的实践意义或由当前研究所揭示的任何未来研究。

所有研究报告都应该包括参考文献列表，其中包括报告提到的所有作者。还可能包含由附加信息组成的附录（如转录标记或转录稿）。这些附录应该在报告里的相应位置明确地加以标示和区分。

最后要说说写作的过程。话语分析研究的写作过程并不必然完全独立于文本的分析。波特和韦瑟雷尔（Potter & Wetherell 1987）以及比利希（Billig 1997）都注意到这一事实，即报告写作本身就是阐明分析的一种方式。试图以写作的方式对自己的研究进行清晰而连贯的说明，能让研究者发现前后矛盾和紧张状态，这反过来可能引发新见解。在另一种情况下，为了解决在写作过程中所产生的困难和问题，研究者可能不得不返回资料本身。因此，撰写话语分析研究报告最好能留出足够多的时间。

话语分析的一个实例

——引自《话语和社会心理学：超越态度与行为》

为说明话语分析者探究文本的方式，让我们来看看波特和韦瑟雷尔对一些访谈摘录的讨论（Potter & Wetherell 1987: 46-55）。所有摘录都选自对新西兰中产阶级白人进行的一系列开放式访谈的转录稿。这些摘录都关注参与者对"波利尼西亚移民"的看法。尽管摘录下面所给出的分析评论是尝试性的，并不是对访谈转录稿的完整话语分析，但是它们的确证实了话语分析者对谈话行动取向的关注。

摘录 1

你知道，我一点也不反对他们，我，如果他们愿意像我们一样努力出人头地的话；但是，如果他们只是想要来这里，只是为了能够享受我们的社会福利和其他类似的社会资源，那他们为什么不待在自己家里呢？

这段摘录以免责声明（Hewitt & Stokes 1975）为开端。免责声明是一种预期和拒绝可能的不利归因的言语手段。在本例中，根据受访者后面准备要发表的言论："那他们为什么不待在自己家里呢？"，可以认为"你知道，我一点也不反对他们"是为了否认可能出现的种族主义归因。在这段摘录中，为了证明对"波利尼西亚移民"的批评是合理的，受访者使用了极端情况陈述（Pomerantz 1986），从而把主张或评价引向极端以提供有效的证明。这种情况下，"只是"一词的重复使用就实现了这种功能："但是，如果他们只是想要来这里，只是为了能够享受我们的社会福利"。免责声明和极端情况陈述的运用，可以让受访者（新西兰白人）将对波利尼西亚移民的敌意归责于移民自身，同时还可以使受访者否认任何不利的种族主义归因或指责。这证实了话语具有行动取向；在本例中，归责和否认是通过话语所完成的任务。

摘录 2

我想要……宁愿看到的，当然，是让他们来新西兰，没错，尽力培训他们掌握一门技能，然后鼓励他们再回去。

摘录 3

我认为，如果我们鼓励更多的波利尼西亚人和毛利人成为有技能的人，他们会愿意留在这里，他们不，嗯，像新西兰人一样，嗯，喜欢流浪［访谈者：哈哈］。所以，我认为这样会更好。

这两段摘录选自同一份访谈转录稿。在受访者的言论中存在着明显的矛盾，这使我们很难确定其对移民的明确态度；我们不能说受访者是赞成还是反对波利尼西亚人在新西兰永久居住。不过，从话语分析的角度来看，这种可变性是在预料之中的。这是因为，讲话者注重他们讲话的情境。由于话语的组织是用来实现社会功能的，我们必须看一下前后的文本，以便能够确定这段话语所实现的功能。

摘录 2（扩展版）

访谈者：你［是否］认为，就是说，我们应该更积极地鼓励［ ］太平洋岛屿的居民向新西兰移民吗？目前的限制非常严厉。

受访者：没错。嗯，我认为如果过度鼓励，会产生一些问题，他们来到这里，对我们的生活方式一无所知，我认为，让他们知道他们来这里是为了什么非常重要。我，我想要……宁愿看到的，当然，是让他们来新西兰，没错，尽力培训他们掌握一门技能，然后鼓励他们再回去，因为这样可以减少他们对我们的依赖。我是说［ ］如果家里的人，要依赖这里的人赚钱再寄回去，我是说，这是非常非常不好的看待问题的方式。［ ］人们理应尽力而为，他们首先应该尽力帮助他们自己的国家。

摘录 3（扩展版）

波利尼西亚人，他们目前在干白人不愿意干的工作。因此，在社会，或，或生活的许多方面，嗯，如果没有他们，我们会非常不知所措，我认为。嗯，我希望看到的是，能够加大投入，培训他们掌握技能，胜任技术性的工作，因为我们缺少技术人员，许多我们的技术人员，白人，都离开国家去了其他地方。我认为，如果我们鼓励更多的波利尼西亚人和毛利人成为有技能的人，他们会愿意留在这里，他们不，嗯，像新西兰人一样，嗯，喜欢流浪［访谈者：哈哈］。所以，我认为这样会更好。

受访者在波利尼西亚工人是否应该返回太平洋岛屿这一问题上立场的变化，现在更能讲得通。在摘录 2（扩展版）中，受访者关注的是波利尼西亚社会对在新西兰所挣工资的依赖，而在摘录 3（扩展版）中，受访者讨论的是新西兰劳动力市场的问题。就第一个关注点即"依赖"而言，波利尼西亚工人在新西兰的存在是一件坏事，而就第二个关注点即"新西兰的劳动力市场"而言，它是一件好事。话语分析能够解释受访者的陈述中出现变化和矛盾的原因，因为它专注于话语的组织及其功能。讲话者可以利用他们在不同话语情境中所运用的各种对立的主题和观点。正如比利希（Billig 1997: 44）所说，"每个人都有各种各样的'声音'"。话语心理学家不会为了弄清楚受访者潜在的"真实"态度或"实际"观点而挖掘话语，而是把受访者的言论视作只能在情境中理解的话语行为。

摘录 4

> 这又是他们的种族融合的问题。他们现在来到这里，已经成为一个很大的少数种族群体，因此他们应该习惯这里的生活方式。呃，也许强奸在萨摩亚和波利尼西亚可以接受，但在奥克兰不能。他们必须了解这一点。问题还有，许多人都是带着心理疾病来到这里的，我认为是这样的，因为在那些岛……屿上，近亲通婚是很普遍的。这就导致了弱智人数的迅速增长，那些来到这里的人也许就是弱智的，并且他们//
>
> **访谈者：** //这就导致许多问题？
>
> **受访者：** /这是很普遍的，我知道。

这段摘录证实了话语是如何建构它所谈论的客体的。讲话者对"波利尼西亚移民"的描述——作为强奸犯，作为弱智者，作为近亲通婚的产物——包含了一种负面评价。讲话者并不是简单地提出了对共识性思维客体的负面评价；相反，客体本身就是以要求进行负面评价的方式来建构的。通过这种方式，描述（即"波利尼西亚移民"是怎样的）、解释（即他们为什么是这样的）和评价（即讲话者对他们的感觉是怎样的）就成了话语相互依存的方面。

波特和韦瑟雷尔（Potter & Wetherell 1987）对 4 段访谈摘录的简要分析展示了情境、可变性和话语建构是如何成为话语分析工作中的基本关注点的。陈述得以产生的情境为分析者提供了陈述的组织和功能即它的行动取向的信息。陈述中的可变性使人们注意到讲话者所处的话语情境的必要条件以及他们注重这些必要条件的方式。对同一客体不同的话语建构包含了不同的解释和评价。这意味着，客体（人物、事件、过程、话题）不是通过谈论而存在，而是通过话语构建得出的。因此，话语分析者要问的问题是，"参与者的语言是如何建构的以及不同类型的建构所产生的结果是什么？"（Potter & Wetherell 1987: 55）。对情境、可变性和建构的分析性关注便于话语分析者探索谈话和文本的行动取向。

话语心理学的局限

有必要明确话语心理学所存在的若干局限。其中某些局限已导致研究者转向了下一章所介绍的福柯版本的话语分析。然而，我们务必要区分两类局限。一类局限由该方法论本身内在的问题所导致；另一类局限是该取径所选焦点的必然结果。接下来我会探讨这两种类型的局限。让我们先从焦点的局限开始。

焦点的局限

话语心理学对话语并且仅仅对话语感兴趣，兰德里兹（Langdridge 2004: 345）批评其为"人的缺乏"（亦可参见 Burr 2002; Butt & Langdridge 2003）。波特和韦瑟雷尔（Potter & Wetherell 1987: 178）指出，"我们的焦点仅仅在于话语本身：它是如何建构的，它的功能，以及不同的话语组织所产生的结果。准此而论，话语分析完全是一种非认知形式的社会心理学"。因此，话语心理学家指出，如果我们对诸如记忆、社会身份或情绪等现象感兴趣，我们就应该研究人们彼此谈话时协商其意义的方式。分析的焦点在于语言以及语言对建构这些现象所起的作用。话语心理学家感兴趣的是心理概念和过程的话语建构和协商，而不是他们所假设的指示对象（如心理状态或认知）。这意味着话语心理学不探讨主体性——也就是说，我们的自我感，包括意向性、自我意识和自传体记忆——的问题。这种版本的话语分析关注公开的话语，它不对我们如何研究诸如思想或自我意识等内化的或隐秘的话语表现提供任何指导。尽管波特和韦瑟雷尔（Potter & Wetherell 1987: 180）指出，对于话语分析来说"语言和心理状态之间的关系并不重要"，但他们并没有表明"心理状态"或"认知过程"必然是多余的概念；事实上，他们是在警告要防止"卷入心理实体是否具有现实性的无谓争论的危险，这种争论很容易以否认认知过程所有意义的语言帝国主义而告终"。

内在的局限

话语心理学强调责任和利害关系在会话中的重要性（参见 Edwards & Potter 1992; Potter 1997）。话语心理学认为参与者在他们的整个互动过程中注重利害关系和利益问题。根据这一版本的话语分析，参与者在谈话时会有策略地运用解释语库、话语建构和话语手段以追求人际和社会目标。这种情况下，话语很大程度上是一种工具，讲话者用来积极地处理他们的人际互动和追求他们的目标。其假设是，社会互动中的参与者在这种互动中存在利害关系，他们通过话语资源的运用能够处理他们的利害关系。然而，尽管话语心理学非常强调谈话和文本的行动取向，但它无法解释为什么特定的个体或群体会追求特定的话语目标。例如，为什么讲话者如此努力地否认某些归因？为什么某些人比其他人更加努力？为什么有些时候人们貌似在使用于己不利的话语策略？为什么有些人很难说出某些话（诸如"对不起"或"我爱你"等），尽管这样做从策略上讲是有益的？换言之，话语心理学假定所有会话都是由利害关系和利益推动的；但是它无法解释是什么促使人们接受或排斥某种特定的利害关系，或者追求或放弃某种特定的利益（亦可参见 Madill & Doherty 1994）。再换种说法，话语心理学虽不考虑（放入括号）其无法使之理论化的动机或欲望概念，但仍然要依赖它们。最终，该版本的话语分析可能会因为将话语分析局限于资料中的文本而受到批评。其假设是，意义是通过文本或者在文本中产生的，因此没有必要为了获取更多信息而探索"文本之外"的内容。这种情况下，重要的是讲话者在特定情境里（如电台访谈或治疗会谈）解读彼此言论的方式，而不是他们是谁或者他们的话在更广泛的社会情境中可能意味着什么。这种观点所存在的问题是，某些话语和非话语实践、仪式、着装样式和说话技巧等等反映和展现了社会和物质结构。可能有必要认识这些更广泛的社会意义和功能，以便令人满意地解释话语在特定情境中的应用。例如，为了"解读"一名嫌犯在警察—嫌犯谈话情境中的沉默，了解警官是否持有手枪会对我们有帮助。近些年来，话语心理学已经开始研究录像资料，允许研究者将手势、凝视和身体朝向等视觉资料纳入研究（如 MacMartin & LeBaron 2006）。然而，从总体来看，尽管话语心理学特别强调情境中的语言（如坚持将访谈者的言论纳入到分析中），但它往往忽视会话所发生的更广泛的社会和物质情境。

三个认识论问题

为给话语心理学这一章作总结，让我们来考察一下它的目的是要产生何种知识、它对要研究的世界作出了何种假设以及它如何界定研究者在知识产生过程中的作用。我将依次论述这三个问题。

1. 话语心理学的目的是要产生何种知识？

话语心理学关注特定的社会实在是如何在会话中进行构造、协商和运用的。这意味着话语心理学并不试图理解诸如记忆、社会身份或偏见等心理现象的"真实本质"。相反，它研究这些现象是如何在作为社会行为的谈话中形成的。因此，话语心理学所产生的知识并不涉及现象（诸如认知、心理状态、人格特质等等）的本质；而是对现象通过话语展现的过程及其结果的一种理解。换言之，话语心理学并不试图产生一种客观事物的知识，而是要理解客观事物"在谈话中产生"的过程。话语心理学在取向上是社会建构主义的。它所产生的知识是特定的建构如何通过使用解释语库和话语手段而得以形成。它并不论述世界的本质、潜在因果律或因果机制的存在或者导致心理现象产生的实体。

2. 话语心理学作出了何种关于世界的假设？

话语心理学家对语言建构和发挥作用的方式感兴趣。这意味着他们强调话语在服务于人们的社会行动时具有可变性和流动性。因此，话语心理学家把世界看成是可变动的和可协商的，除了语言不可能对它进行理解或"解读"。而且由于语言是建构性的和功能性的，没有任何一种解读可以说是"正确的"或"有效的"。这意味着，从话语心理学家的视角来看，世界的本质可能存在多种版本，它们本身属于话语建构，我们最好在它们应用于具体会话情境时根据它们的行动取向来理解它们，除了指出这一点以外，对"世界的本质"作出任何先验的假设都是错误的。因此，话语心理学支持相对论立场。

3. 话语心理学如何界定研究者在研究过程中的作用?

考虑到话语心理学重视语言的建构性和功能性的特点，研究者的角色必然是研究的创造者。由于话语研究是对语言应用的一种分析，其本身反过来要撰写成报告并由此会产生另一个文本，故而不可能把研究者看做目击者或发现者是。相反，话语心理学家承认他们在研究结果建构过程中的积极作用。他们呈现研究的方式就是解读资料，并且这种解读并非只有惟一可能。比利希（Billig 1997: 48）注意到这样的事实：对一个文本的话语分析从来都不是终结性的，"最后的草稿只有在下列意义上才是最后的终稿，即分析者感到由于截止日期、筋疲力尽或厌倦的原因自己不可能再作出进一步改善，并且当前的文稿已经包含了读者可能感兴趣的分析"。因此，话语分析能够提供由分析者建构的见解；然而，它从来都不能告诉现象发生的"真相"，因为从话语的视角来看，像"真相"这种东西本身就不是从语言中获得的而是通过语言建构的。

本章我对"语言转向"和话语分析思想作了一般性介绍，接着详细讨论了心理学中话语分析的两个主要版本中的一个：话语心理学。在下一章，我们将考察话语分析研究的另一种取径。福柯式话语分析和话语心理学一样，批判认知主义并且强调语言在对现实的社会建构中的作用。不过，这两种取径之间也存在着重要区别。在接下来的篇章中我将对这些内容进行更为详细的讨论。

互动练习

1. 建构一段你和朋友的对话，内容是你拒绝接受宴会邀请。你可以靠你自己来建构，通过思考你会如何构想你对朋友的邀请作出的反应，以及朋友可能对你的反应作出怎样的反应。你也可以和朋友或同事对这一场景进行角色扮演，并且对你们的谈话进行录音。研究转录稿并思考拒绝是如何形成的。你是如何对你的拒绝进行包装的，为什么？你没有做什么？如果你作出了不同反应，情况会怎样？

2. 记录和转录一段肥皂剧中两个人物之间的 5 分钟的谈话。仔细研究转录稿并思考人物在谈话中的利害关系。他们的互动目标可能是什么以及他们如何运用语言来达到他们的目标？

扩展阅读

Edwards, D. (2004) Discursive psychology, in K. Fitch and R. Sanders (eds) *Handbook of Language and Interaction*. Mahwah, NJ: Lawrence Erlbaum.

Hepburn, A. and Potter, J. (2003) Discourse analytic practice, in C. Seale, D. Silverman, J. Gubrium and G. Gobo (eds) *Qualitative Research Practice*. London: Sage.

Potter, J. (1997) Discourse analysis as a way of analysing naturally occurring talk, in D. Silverman (ed.) *Qualitative Research: Theory, Method and Practice*. London: Sage.

Potter, J. and Wetherell, M. (1994) Analysing discourse, in A. Bryman and R.G. Burgess (eds) *Analysing Qualitative Data*. London: Routledge.

Wetherell M., Taylor S. and Yates S.J. (eds) (2001) *Discourse Theory and Practice: A Reader*. London: Sage.

Wiggins, S. and Potter, J. (2008) Discursive psychology, in C. Willig and W. Stainton Rogers (eds) *The Sage Handbook of Qualitative Research in Psychology*. London: Sage.

专栏 4　一种方法还是两种方法？

区分心理学中话语分析的两个传统方法已经变得越来越普遍。尽管大多数研究者强调这两个"版本"的重叠性和交融性，但他们仍然区分出两个独立的分支。一些话语分析者偏向于把这两个分支看做在重点或焦点上的差异（如 Potter & Wetherell 1995; Billig 1997），而其他话语分析者把它们称作不同的理论框架或取径（如 Parker 1997; Potter 1997）。例如，波特和韦瑟雷尔（Potter & Wetherell 1995）作出了这样的区分：一种关注于**话语实践**，即关注于人们利用他们的谈话和写作做什么；一种关注于**话语资源**，即人们在谈话或写作时会用到的资源。然而，根据波特和韦瑟雷尔（Potter & Wetherell 1995: 80）的观点，这两种关注构成了话语分析的"双焦点"，而非代表话语分析的两个独立版本。相反，帕克（Parker 1997）和波特（Potter 1997）都指出，存在不同版本或变体的话语分析，它们产生于不同的理论和学科传统（后结构主义、哲学和文学理论对民族方法学、社会学和会话分析）。

　　韦瑟雷尔（Wetherell 1998）不同意对这两种视角作这样的概念区分。她认为，一种受会话分析的启发专注于话语实践，而另一种遵循后结构主义理论专注于话语资源，这样的"劳动分工"是事与愿违的。韦瑟雷尔撰文试图"制止社会心理学中话语分析者对立阵营的建立，并［进一步］表明青睐一种更折中的取径的理由"（Wetherell 1998 : 405）。韦瑟雷尔认为，只有两种"版本"的综合——也就是说，采纳"双焦点"——才能使话语分析者产生这样的解读：既关注话语建构的情境性和变动性，又关注话语建构得以产生的更宽泛的社会和制度（意义的、实践的、社会关系的）框架。也就是说，如果我们想要了解在特定的社会互动中正在发生的事件，我们就既要考虑解释语库在特定社会和文化形态中的可利用性，又要考虑参与者的局部关注及其在特定情境中通过话语得以实现的目标。专注于**话语实践**有助于我们理解讲话者如何建构和协商意义，而专注于**话语资源**有助于我们回答讲话者**为什么**会利用某些语库而非其他语库。韦瑟雷尔（Wetherell 1998）对一段团体讨论进行了分析，以便证明话语分析可以整合这两种视角来产生新的见解，这是任何一种版本凭一己之力都无法做到的。可以这样说，大多数目标远大的话语分析研究既关注话语建构所利用的情境性和变动性，又关注话语建构得以产生并且影响建构结果的更宽泛的社会和制度框架（如 Edley & Wetherell 2001）。为确定你在多大程度上赞同韦瑟雷尔的更具综合性（即整合性）的话语分析取径，你不妨在下列出版物中跟踪了解这一争论：

Parker, I. (1997) Discursive psychology, in D. Fox and I. Prilleltensky (eds) *Critical Psychology: An Introduction*. London: Sage.

Potter, J. (1997) Discourse analysis as a way of analysing naturally occurring talk, in D. Silverman (ed.) *Qualitative Research: Theory, Method and Practice*. London: Sage.

Schegloff, E.A. (1997) 'Whose text? Whose context?', *Discourse and Society*, 8(2): 165-88.

Wetherell, M. (1998) Positioning and interpretative repertoires: conversation analysis and post-structuralism in dialogue, *Discourse and Society*, 9(3): 387-413.

7

福 柯 式 话 语 分 析

英美心理学界于 20 世纪 70 年代末期引入了福柯式话语分析。许多心理学家受到后结构主义思想尤其是米歇尔·福柯（Michel Foucault）著作的影响，开始探索语言和主体性的关系及其对心理学研究的影响。他们的某些研究发表在《意识形态与意识》(*Ideology and Consciousness*) 杂志上。1984 年《改变主体：心理学、社会调控与主体性》一书的出版，明确阐述了后结构主义理论应用于心理学的方法。在这本书中，作者——朱利安·亨里克斯（Julian Henriques）、温迪·霍尔韦（Wendy Hollway）、卡西·厄温（Cathy Urwin）、库兹·维恩（Couze Venn）和瓦莱丽·沃克丁（Valerie Walkerdine）——批判性地和自反性地考察了心理学理论（如儿童发展理论、性别差异理论、个体差异理论）及其在建构他们宣称要解释的客体和主体中的作用。《改变主体》成为一部具有极高影响力的出版物，在整个 20 世纪 80、90 年代，它激发了包括博士论文在内的许多话语分析研究项目。1998 年，该书的第二版发表。

福柯式话语分析（Foucauldian discourse analysis）关注语言及其在社会和心理生活构成中的作用。从福柯式的观点来看，话语既能促进又能限制、既能赋予又能制约说话的内容、主体、地点以及时间（参见 Parker 1992）。福柯式话语分析者专注于具体文化下话语资源的可利用性——有点儿类似于话语经济——以及它对生活在该文化中的人的影响。这种情况下，话语可以定义为"建构客体和诸多主体立场的陈述之集合"（Parker 1994: 245）。这些建构反过来提供了某些审视世界和生存于世的方法。话语提供了主体立场（subject positions），一旦谈话者占据主题立场，就会对主体性和经验产生影响。例如，在生物医学话语框架内，那些不健康的人占据了"病人"这一主体立场，它把他们定位为治疗期间专业护理的被动接受者。近些年来，立场定位（positioning）的概念越来越受关注（参见 Harré & Van Langenhove 1999）。福柯式话语分析还关注话语在合理化和权力这些更广泛的社会过程中的作用。由于话语提供了审视和生存的方法，因而它们与权力行使存在着密切的关联。支配性话语赋予那些使现有权力关系和社会结构合理化的社会实在以特权。某些话语如此根深蒂固，以致很难想象我们如何才能挑战它们。它们已经变成了"常识"。然而，正是由于语言总是具有其他可能建构的特征，反话语（counter-discourses）才可能并且最终肯定会产生。福柯式话语分析者还采取历史视角来探索话语的时间变化特点，以及这种变化可能对历史主体性产生的重大影响（亦可参见 Rose 1999）。这正是福柯（Foucault 1990）在其三卷本著作《性经验史》中所做的。最后，福柯版本的话语分析还关注话语与制度的关系。这种情况下，不仅仅把话语界定为说话或写作的方式。相反，话语与制度实践密切相关——也就是说，与组织、调控和管理社会生活的方式密切相关。因此，在话语使现存社会和制度结构合理化和巩固的同时，这些结构反过来也会支持和验证话语。例如，某个人在生物医学话语框架内被定位为"病人"，意味着此人的身体成为医生和护士合理关注的对象，在治疗过程中可能暴露、触摸和侵扰此人的身体，这构成了医疗实践和医疗制度（医院、外科手术）的一部分（亦可参见 Parker and the Bolton Discourse Network 1999: 17）[1]。

　　福柯版本的话语分析关注语言及其使用；然而，它对语言的关注使它超出了讲话主体使用语言的直接情境。因此，与主要关注人际沟通的话语心理学不同，福柯式话语分析探究话语与人们的想法或感受（主体性）之间、他们可能做什么（实践）与这些经验可能发生的物质条件之间的关系。

　　在本章的剩余篇幅中，我要确定福柯式话语分析的适合文本，系统地阐述这种

1　博尔顿话语网（the Bolton Discourse Network）是一个以研究不同形式的文本为主的跨学科论坛，位于英国的博尔顿学院。——译者注

分析话语方法的程序性准则，并且介绍一个此类分析的实例。接下来要讨论福柯式话语分析的局限。还要回答福柯式话语分析的三个认识论问题。本章结尾直接比较了话语心理学和福柯式话语分析。

分析文本的选择

福柯式话语分析可以"在任何存在意义的地方"（Parker and the Bolton Discourse Network 1999: 1）进行。这意味着我们并不必然要分析语词。虽然大多数分析者都会研究言语转录稿或书面文档，但是福柯式话语分析可以针对任何符号系统来进行。帕克（Parker 1992: 7）建议我们"把所有意义组织都看做文本"。这意味着，"言语、书写、非言语行为、盲文、摩尔斯电码、旗语、符文、广告、时装系列、彩色玻璃、建筑物、塔罗纸牌和汽车票"都可以构成适合分析的文本。在《批判性文本研究》一书中，伊恩·帕克和博尔顿话语网（Ian Parker and the Bolton Discourse Network 1999）展现了对包括城市和花园在内的各式"文本"的话语分析。因此，福柯式话语分析能让我们接触极为广泛的材料。

要选择能够解答研究问题的分析文本，我们必须弄清楚我们可以利用何种文本。我们需要询问文本客体状态的问题：它是一种陈述、叙事还是一段会话的一部分（亦可参见 Harré 1997）？或者它是一场运动的一部分、一套规则还是一种仪式？它是如何产生的，谁可以使用它？它建立在语言的基础上，还是使用其他的符号系统？分析文本的选择是由研究问题来决定的。例如，如果我们想要了解健康心理学这门学科是如何建构它的主题的，我们就要分析健康心理学教科书、研究报告，或许还要分析健康心理学家之间的会话（参见 Ogden 1995）。如果我们想要知道当代有关疼痛和疼痛管理的话语如何给慢性疼痛患者定位立场以及带来什么结果，我们可以分析讨论疼痛的生物心理社会理论的文献、给予慢性疼痛患者的信息和指导（如宣传单、小册子、录像带），或许还要分析医生和患者在疼痛门诊所做的咨询谈话（参见 Kugelmann 1997）。然而，如果我们想要知道普通人如何建构某个特定话题（如更年期、离婚、民族身份）的意义，我们只能研究半结构式访谈或焦点团体讨论的转录稿。如果研究者有志于考察公共或专业话语与外行人理解（并可能转换）这些话语的方式的关系，他们就要分析各种文本，包括文档、已发表的论文和正式出版物（以确定专业话语），以及访谈转录稿、团体讨论或日记（以产生外行人对分析的解释）。

话语分析的程序性准则

在《话语动力：社会与个体心理学的批判性分析》的第 1 章，帕克（Parker 1992）确定了话语动力分析的 20 个步骤。这 20 个步骤可以引导研究者从选择分析文本（步骤 1 和 2），经由系统地识别文本所建构的主体和客体（步骤 3~12），到考察构筑文本的话语再造权力关系的方式（步骤 13~20）。帕克为我们提供了详细而广泛的指导，可以帮助我们区分话语、话语之间的关系、话语的历史定位以及话语的政治和社会效果（要想了解帕克这些步骤的删节版，参见 Langdridge 2004: 339）。其他福柯式话语分析指南（如 Kendall & Wickham 1999: 42-6）的步骤较少，但要以对福柯的方法有更深入的概念性理解为先决条件。在这一部分，我要阐明话语分析的 6 个阶段。这些阶段能让研究者描绘文本用到的某些话语资源和它们所包含的主体立场，并考查它们对于主体性和实践的影响（要想了解为推进分析而对文本提出的关键问题的清单，参见本章末尾处的专栏 5）。接下来我举例说明了如何把这 6 个阶段应用于一篇简短的访谈摘录。不过请记住，这 6 个阶段并不是福柯意义上的完整分析。特别要指出，这里没有探讨福柯对话语形构（discursive formation）的历史性和长期演变（它们的系谱）的关注。要想获取如何探讨诸如系谱、管制和主体化等福柯所关注的重要问题的更多指导，参见阿里瓦斯－艾利翁和沃克丁的著作（Arribas-Ayllon & Walkerdine 2008）。

阶段 1：话语建构

分析的第一阶段关注建构话语客体的方式。我们专注于哪一种话语客体取决于我们的研究问题。例如，如果我们对人们如何谈论"爱情"及其结果感兴趣，我们的话语客体就是"爱情"。分析的第一阶段要确定文本里建构话语客体的不同方式。这需要我们特别关注所有提及话语客体的例子。正如前一章所言，我们务必不要仅仅寻找关键词。内隐的和外显的说法都需要引起注意。指导我们搜索话语客体建构的是共同意义而非词汇的相似性。某段文本可能不会直接提及话语客体，这一事实可以告诉我们许多客体建构方式的信息。例如，某人可能谈论一位亲属的绝症，而不直接指出它的名称。这种情况下，"它"、"这件可怕的事"或"这种状况"的说法把话语客体（即绝症）建构成了某种不可言喻或许也是不可知的事物。

阶段 2：话语

在确定了文本里有助于话语客体建构的所有部分之后，我们专注于建构之间的差异。看起来同样的话语客体其建构方式却可能差别很大。分析的第二阶段的目的是要在更广泛的话语里给客体的各种话语建构定位。例如，一位妇女在针对其丈夫前列腺癌经验的访谈情境中，当谈论诊断和治疗过程时，她可能利用生物医学话语；当解释为什么她认为丈夫起初会患上这种疾病时，她可能利用心理学话语；当描述她和丈夫如何找到力量来共同对抗这种疾病时，她可能利用浪漫话语。因此，在同一文本里，丈夫的疾病被建构成一种生物化学的疾病过程、心理特质的躯体表现以及善（相爱的夫妻）与恶（由死亡导致的分离）交战中的敌人。

阶段 3：行动取向

分析的第三阶段是仔细考察调用客体不同建构的话语情境。在文本特定位置以这种特定的方式来建构客体可以获得什么？该客体建构的功能是什么，它与在周围文本里产生的其他建构存在怎样的关系？这些问题所关注的是前一章中所指的谈话和文本的行动取向。回到前面妻子谈论丈夫癌症的例子，也许她使用生物医学话语可以让她将诊断和治疗的责任归于医学专家，并且强调她的丈夫正在受到很好的照顾。她使用浪漫话语可能是为了回应她本人在丈夫术后康复过程中所起的作用这一问题，并且可能是要强调她事实上正在为丈夫的康复做出重要贡献。最后，使用心理学话语可能是为了说明她丈夫患癌症的原因，以便否认她应该对夫妻共同的致癌生活方式承担责任（例如，"我告诉他放慢生活节奏，更好地照顾自己，但他不听"）。

专注于行动取向能让我们更清楚地了解文本中话语客体的各种建构能够达到什么目标。

阶段 4：立场定位

已经明确了文本里话语客体的各种建构，并在更广泛的话语中确定了它们的位置之后，我们现在来仔细研究一下它们所提供的主体立场。话语里的主体立场确定了"人们在那些使用该语库的人所具有的权利和义务结构中的位置"（Davies & Harré 1999: 35）。换言之，话语建构了主体和客体，并因此能使讲话者在意义网络中据有（也可以让其他人据有）某些立场。例如，霍尔韦（Hollway 1989）的"男性性驱力的话语"包含了受本能驱动的男性性侵犯者这一主体立场，将男性和女性都定位为高度社会化的道德行为者。主体立场不同于角色，因为前者提供了讲话和行为所依据的话语位置，而非规定了要扮演的特殊角色。此外，角色扮演可以在缺乏主体认同的情况下进行，而主体立场的采纳会对主体性产生直接影响（参见下面的阶段 6）。

阶段 5：实践

这一阶段关注话语和实践的关系。它要求系统地探索话语建构的方式和包含其中的主体立场创设或屏蔽行动机会的方式。通过建构特定版本的世界和以特定方式确定主体在它们中的立场，话语限定了能够说什么和做什么。此外，非言语实践可能并且肯定会构成话语的一部分。

例如，有人发现不安全性行为与婚姻话语存在密切关系，婚姻话语把婚姻及其同义词即"长期亲密关系"建构为与避孕套的使用互不相容（Willig 1995）。因此，在特定话语里，某些实践变成了合理的行为方式。这些实践反过来再造了使它们合理的话语。这样，话语和行动在主体和客体的建构过程中相互支持。话语分析的第 5 阶段描绘了文本中所确定的话语建构内所包含的行为可能性。

阶段 6：主体性

分析的最后一阶段探索话语和主体性的关系。话语提供了某些审视世界和生存于世的方式。它们建构了社会的以及心理的实在。话语的立场定位在这一过程中发挥着重要作用。正如戴维斯和哈雷（Davies & Harré 1999: 35）所说：

> 个体一旦占据了某种特定立场，就不可避免地从该立场这一有利地位并根据特定话语实践中彼此相关的特定意象、隐喻、故事情节和概念（它们正是在话语实践中定位各自的立场）来看待世界。

此分析阶段要考察各种不同的主体立场对参与者的主体经验所产生的影响。已经研究了在不同的话语框架内能够说什么和做什么（阶段5），我们现在来关注参与者在各种不同的主体立场下能够感受到什么、想到什么和经验到什么。例如，也许某位男子将自己的立场定位在男性性驱力的话语框架内，不仅可以让他公开否认在性侵犯行为中的罪责，而且还可以使他实际感受到更少的内疚。

访谈摘录六阶段示例

下面这段摘录选自一份半结构式访谈的转录稿，受访者是一位最近经历了亲密关系破裂的妇女。摘录展示的是在一个小时的访谈进行到大约一半时访谈者和受访者之间的对话（要想了解对同一摘录的话语心理学分析，参见 Willig 2008）。

1 访谈者： 那当你作决定的时候，嗯，当你实际在努力

2 结束这段关系的时候，你与朋友们谈论过吗？

3 受访者： 哦，当然。

4 访谈者： 嗯。

5 受访者： 一直以来，嗯，问题都在于我该如何处理这段关系。

6 访谈者： 啊，是的。

7 受访者： 我怎么说呢，我说什么呢，我知道我必须处理它。我该如何着手处

8 理这段关系呢？你知道，嗯，嗯，仅仅在某种程度上，它自始至终是场角色扮演，嗯，嗯，你知道，仅仅

9 在某种程度上，我只是准备真得对他说我不想再跟你交好

10 因为它是如此困难，尽管你知道这必须要处理。

11 它是如此困难，因为存在这么多，你知道，纽带和情感包袱

12 这些你都要去承担，你，你，你正在担心对方

13 你正在想你投入了，你知道，他已经投入了大约两

14 年的时间在我身上

15 访谈者：嗯。

16 受访者：通过和我交好，而我突然要甩掉他，如果他找不到

17 其他人交好怎么办？

18 访谈者：哦，没错，是的。

19 受访者：你，你开始要为他们以及他们将如何处理以后的事承担责任

20 你知道，这可能会在某种程度上对你自己的个人

21 幸福造成伤害。

22 访谈者：没错。

23 受访者：问题是他将如何处理即将发生在他身上的事情。

24 如果没有人和他交好怎么办？如果这样怎么办，如果那样怎么办，不管怎样这完全是一个

25 如果的问题，你知道，就我而言，我是，我是更加

26 担心他的，他将会［……］怎样（在访谈的稍后阶段）

27 访谈者：［……］如果你在某种程度上把关系看做随时间变化的，嗯，那么

28 在你们对待彼此或者性生活或者类似事情的行为方式上，会有一些改变吗？

29 你能说你了解一些变化或者

30 受访者：不，我就是这样看待它的，我是否愿意嫁给他，是那种，嗯

31 你知道，我要行事的依据

32 访谈者：是的。

33 受访者：因为我认为很好，我们已经交好了两年或者接近两年了，如果我们

34 再交好两年，我愿意嫁给他吗？答案

35 是否定的

36 访谈者：没错。

37 受访者：尽管 [……] 在未来的大约四五年内甚至不管多少年我都不打算结

38　　　　婚，你

　　　　知道，正是在此基础上，我正在使用

39　　　　我想继续和他交好的标准

40 访谈者：没错。

41 受访者：因为这是我们的关系将走向何方的问题，就我而言，

42　　　　它已经走到了尽头，它不会再有任何进展了。

阶段 1：话语建构

让我们来重点关注我们的话语客体即"亲密关系"。由于这段访谈摘录研究关注于人们如何描述和解释亲密关系的破裂（参见 Willig & dew Valour 1999，2000），询问"亲密关系"通过语言得以建构的方式问题，很有意义。在上面的摘录中，提及"关系"的地方有：可以"结束"的事物（第 2 行）、涉及与某人"交好"的事物（第 9 行）、涉及"纽带和情感包袱"的事物（第 11 行）、需要"投入"的事物（第 13 行）、提供安全感的事物（第 16~19 行和第 23~26 行）、可能稳定也可能发生变化的事物（第 27~29 行）、需要依据或存在理由的事物（第 30~31 行和第 38~39 行）、与婚姻有关的事物（第 30~39 行）以及需要未来的事物（第 41~42 行）。这 9 种指称把"关系"建构成了一种可明确识别的有始有终的社会协议，它提供了安全感以作为对时间和情感投入的回报（第 2~26 行）。在摘录的后半部分，"关系"还建构成迈向婚姻途中的阶梯（第 30~42 行）。

阶段 2：话语

在这段访谈摘录中，关系的不同建构方式至少有两种。一方面，关系建构为两个人之间的一种社会协议，他们同意投入资源（如时间和情感）以获取相互支持和安全感。这样一种协议很难让人从中解脱出来（"它是很难的 [……] 它是如此困难"，第 10~11 行），因为"纽带和情感包袱"已经随着时间增加了。另一方面，关系建构为迈向婚姻途中的阶梯和一种高级形式的投入即婚姻的试金石。这种情况下，关系

必定走向对它来说值得的"某个地方"（"［……］它已经走到了尽头，它不会再有任何进展了"，第 41~42 行），并且它的质量要根据它的未来方向来评判（"尽管［……］在未来的大约四五年内甚至不管多少年我都不打算结婚，你知道，正是在此基础上，我正在使用我想继续和他交好的标准"，第 37~39 行）。

　　让我们尝试着在围绕亲密关系展开的更广泛的话语中给关系的这两种建构（作为"社会协议"和作为"迈向婚姻途中的阶梯"）定位。把人际关系建构为相互有利的社会协议与*经济话语*（economic discourse）是一致的。投入资源以换取长期安全感的观念和对社会行为者彼此交换商品和服务的预期在当代关于经济的谈话中非常明显。例如，"partner"（伴侣，友伴）一词现在广泛用来指称个体至关重要的那一位（指爱人或情人），还描述那些我们与之有着共同商业利益的人。通过利用源自经济话语的话语资源来建构关系，我们描绘了一幅亲密关系图，它包含假设、预期、合理实践以及导致某特定版本的亲密关系产生的主体立场。在把关系建构为一种"社会协议"的过程中调用了这种版本的亲密关系。相形之下，关系作为迈向婚姻"途中的阶梯"的建构利用的是*浪漫话语*（romantic discourse）。这种情况下，并没有把关系界定为一种相互有利的协议，而是界定为一种迈向最终目标即婚姻的方式。文本并没有定义或探索婚姻本身。有趣的是，似乎没有必要解释为什么受访者在她的陈述中把婚姻适宜性作为一种"依据"（第 31 行）、一种"基础"（第 38 行）和"标准"（第 39 行）。她甚至指出，她近期没打算要真正结婚。然而，婚姻作为一种目标构成了浪漫话语的一部分，在浪漫话语中"爱情"、"婚姻"和"一夫一妻"彼此是密不可分的。只要援引其中一个，就会援引全部。也就是说，在浪漫话语框架内，提到婚姻就意味着爱情和一夫一妻制的出现，而提到爱情就意味着一夫一妻制的实践和婚姻目标。因此，婚姻适宜性成为决定亲密关系的合理基础，甚至在没有迹象表明未来中短期里婚姻是一种现实选择的情况下。

阶段 3：行动取向

　　仔细考察关系的这两种不同建构所调用的话语情境，能让我们更多地发现这两种建构的信息。它们对于讲话者所关注的交往问题有什么影响？它们的作用有多大，比如分派责任或促使一个版本的事件超过另一版本？它们如何在建构所援引的道德秩序内给讲话者的立场定位（亦可参见阶段 4：立场定位）？

文本中把关系建构为一种"社会协议"的部分，是为了回应一个涉及朋友参与决策过程的问题而产生的（访谈者："那当你作决定的时候，嗯，当你实际在努力结束这段关系的时候，你与朋友们谈论过吗？"，第 1~2 行）。反过来，在提出该问题之前，受访者陈述了她的朋友们是如何"不喜欢"她的前男友的，以及他们是如何"带着鄙视来谈论他"的。因此，受访者指出，"当我结束了与他的关系的时候，每个人都很高兴"。受访者使用关系作为一种"社会协议"的话语建构，这种情况下可以看做强调她对前男友幸福负责的一种方式。谈论她的朋友们不喜欢她的前男友并且在看到关系破裂时很高兴，可能造成了这样一种印象：他（令人讨厌和排斥）是受访者无情抛弃行为的受害者。为了抵消这样一种印象，把关系建构为一种"社会协议"既注意到了它的相互支持性又注意到了受访者对关系破裂情感意义的认识（"它是很难的……它是如此困难"，第 10~11 行）。

文本中把关系建构为"途中的阶梯"的部分，是在受访者陈述了她的前男友如何"认为不存在无法解决的问题"（其中包括受访者对关系的不满）之后产生的。此时浪漫话语的使用可以使受访者避开这一指责，即她没有给她的前男友"解决"问题和挽救关系的机会。在浪漫话语框架内，任何努力都无法把"喜欢"转变成"爱恋"或者把"和睦关系"转变成"婚姻事实"。浪漫爱情的严峻考验（"我是否愿意嫁给他"，第 30 行）使得解决问题的努力成为多余，因为如果婚姻不是可展望的目标，关系就不值得挽救（"就我而言，它已经走到了尽头，它不会再有任何进展了"，第 41~42 行）。在浪漫话语框架内，受访者不会因为没有足够努力使关系正常化而受到责备。

阶段 4：立场定位

"关系"的这两种话语建构所提供的主体立场是什么？关系作为"社会协议"这一建构把伴侣的立场定位成彼此高度依赖。卷入这样一种关系破坏了个体的自由和灵活性；伴侣通过投入、经历和情感彼此联系在一起（"存在这么多，你知道，纽带和情感包袱，这些……你都要去承担"，第 11~12 行）。因此，无论谁决定退出这种协议都将给对方造成极大的混乱、不便，并且可能还会造成极大的痛苦。因此，处于这种建构所限定的主体立场上的人是负责任的社会行为者，他们依赖于彼此的支持，并且面临着在相互依存的关系中实现他们的利益这一困难任务。

亲密关系作为"途中的阶梯"这一浪漫建构为情侣提供了暂时的主体立场。虽然情侣双方投入了未婚的亲密关系，但他们对这段关系并非完全忠诚。他们的投入包含了一种可以自愿退出的条款，允许他们在不受惩罚的情况下从关系中退出。在这种协议框架内，情侣之间所发生的一切永远都处于"正在审查状态"，并且关系的未来是没有保证的。因此，处于这种建构所限定的主体立场上的人是自由能动者，他们任何时候都有权不受道德制裁地从关系中退出

阶段 5：实践

关系的这两种话语建构所描绘的行为可能性是什么？其中立场定位了的主体能够说什么和做什么？关系作为"社会协议"的建构及其负责任的社会行为者的主体立场，要求关系中立场定位了的人负责任地行事，并且考虑他们行为的结果。成为相互有利的社会协议中的一方意味着，无论我们做什么都会影响协议中的另一方，并且我们应该对这些影响负责。受访者陈述了她是如何预演分手的（第 5~10 行）以及她感到"真得对他说我不想再跟你交好"（第 9~10 行）是多么困难，这证实了她作为一名负责任的社会行为者的立场定位。对伴侣的幸福负责（第 19 行），并且以表明关心他们的未来的方式分手，这些实践支持了关系作为"社会协议"的建构。相形之下，关系作为"途中的阶梯"的立场定位，不要求对另一方的幸福作同样的关注。注意，文本中把关系建构为"途中的阶梯"的部分（第 30~42 行），根本没有提及受访者的前男友。相反，这部分谈论了关系的性质以及评价关系价值的标准。任何时候都有权不受道德制裁地从关系中退出的自由能动者的主体立场，包含了对自我及其利益的关注。自由能动者理应作出（正确）选择和制定（明智）决策；他们能自由选择，但是在决策时得不到任何帮助。这意味着，自由能动者的主体立场只与仔细思考和考虑可能的决策和选择对自我的影响有关。这在第 30~42 行中得到了证明（在这一部分要注意第一人称单数的一致性使用以及所提到的制定决策的"依据"、"基础"和"标准"）。

阶段 6：主体性

分析的这一阶段必然最具推测性。这是因为，在这里我们试图把参与者所使用的话语建构与它们对主体经验的影响联系起来。由于语言和各种心理状态之间并不必然存在直接关系（参见第 6 章对认知主义的批判），我们只能描述在各种主体立场框架内能够感受、思考和经验到什么；个体讲话者在特定场合上实际上是否或者在多大程度的确以这些方式感受、思考或经验是另一个问题（并且这个问题我们仅仅利用话语分析可能无法回答；参见下文"福柯式话语分析的局限"）。

那么，关系作为"社会协议"的建构以及它们的负责任的社会行为者的主体立场可以提供何种主体经验？把主体立场定位为寻求理想关系的自由能动者的浪漫话语可以建构何种心理实在？可以这么说，在关系作为"社会协议"这一建构中，给自己立场定位的那些人可能会产生内疚感和懊悔感（"你开始要为他们以及他们如何处理以后的事承担责任，你知道，这可能会在某种程度上对你自己的个人幸福造成伤害"，第 19~21 行），而在关系作为"途中的阶梯"这一建构中，据有自由能动者的立场可能会涉及决策的时间紧迫感（"因为我认为很好，我们已经交好了两年或者接近两年了，如果我们再交好两年，我愿意嫁给他吗？答案是否定的"，第 33~35 行）。

前面几部分所勾勒和阐明的话语分析的 6 个阶段有助于我们探究文本和考查文本建构其客体和主体的方式。此外，完成这 6 个阶段的工作能让我们查探其中的某些建构对实践和主体性的影响。它们还可以为在研究论文或报告框架内呈现话语分析研究提供一种结构（要想了解话语分析研究写作的一般指导准则，参见第 6 章）。然而，有必要指出，这 6 个阶段并不是完整意义上的福柯式分析。福柯关注话语、历史和管制之间的关系（参见 Rose 1999）。他的方法论远不止分析孤立的文本内容，还包括"考古学"和"系谱学"（要想进一步了解这些术语，参见 Kendall & Wickham 1999: 24-31）。批判性话语分析（如 Fairclough 1995; Wodak 1996）更加接近福柯的方法，关注特定话语事件与塑造它的制度和社会结构之间的关系。帕克（Parker 1992）分析话语动力的 20 个步骤，有些也关注了话语的历史起源及其与制度、权力、意识形态的关系（第 13~20 步）。

本章列出 6 个阶段的目的是要为福柯式话语分析提供一个"入口";要更全面地了解话语的社会、历史和物质维度,只能应用其他福柯方法(如 Kendall & Wickham 1999)。

福柯式话语分析的局限

福柯版本的话语分析认为"文本"在其最广泛的意义上包含建构社会和心理实在的意义(话语)网络。它比话语心理学的目标更大,因为它声称要探讨符号系统(包括语言)、人类主体性和社会关系之间的关系,而非只关注语言在人际沟通中的应用。然而,探讨诸如主体性、意识形态和权力等问题向福柯式话语分析者提出了许多难以回答的理论问题。这些问题包括我们仅依据话语能在多大程度上使主体性理论化,以及话语与物质实在的关系是什么。让我们依次来看每一个问题。

主体性能仅依据话语理论化吗?

福柯版本的话语分析赋予话语建构主体的权力。这种情况下,话语涉及"人类成为主体"(Foucault 1982: 208)的过程,并因而获取特定的审视世界和生存于世的方式。话语中主体立场的可用性和据有性导致了(社会的、文化的和语法的)自我的产生,其中包括单一的理性主体自我(参见 Henriques et al. 1984; Harré & Gillett 1994)。话语分析者承认,话语涉及自我和主体性的建构;然而,话语是否是个人认同感形成所必需的全部,还不怎么清楚。

有些人主张,单凭话语中主体立场的可利用性无法解释个体在特定话语立场中的情感投入以及他们对这些立场的依恋。例如,厄温(Urwin 1984)强调幻想、认同和分离在生成主体性中的作用。霍尔韦(Hollway 1989)使用诸如投射等精神分析概念来解释话语中个体据有特定立场的动机基础。霍尔韦和杰斐逊(Hollway & Jefferson 2000)发展了这一取径并提出了"防御主体"(defended subject)——其在话语中的立场定位是试图避免焦虑的产物——的概念(要想了解精神分析概念用于揭示话语立场定位的讨论,参见 *British Journal of Social Psychology*, volume 44)。弗罗施与同事（如 Frosh et al. 2003; Frosh & Saville Young 2008）倡导运用精神分析解释策略来"充实"话语解读的心理社会取径。这种情况下，传记信息（如参与者的早期生活经验、兄弟姊妹间的关系等）以及研究者对参与者与研究者关联方式的观察（如受访者所提出的如何将他们与其他受访者比较的问题、受访者使得访谈者认为他们很特别的能力等），都可用作洞察参与者在特定话语和主体立场内情感投入的资料。其他话语分析者（如 Davies & Harré 1999）认为没有必要援引这些理论结构，而试图根据个人生活史和经验（如曾经定位在这些立场上或者与处于此一立场的个体有关联的人）来解释附加在特定立场上的情感意义。这种解释反过来提出了主体立场的稳定性以及矛盾立场对自我感影响的问题。例如，哈雷和范·兰根霍夫（Harré & Van Langenhove 1999）提出，只有通过使用诸如第一人称代词"我"等手段表现出来的自我独特性才是稳定的。然而，同一独特性（或自我）可能在话语中占据各种不同的主体立场，并因而呈现出各种不同的公众形象。这些反过来可能会被内化，并引发包括思想和情感在内的心理状态（参见 Harré & Gillett 1994）。但是这些内化的状态稳定性如何？某种主体立场多大程度上能习惯性地据有以及立场定位多大程度上完全依赖于情境？我们如何解释在偏爱的主体立场上存在的个体差异，为什么人们有时候会限制自己的行动机会来给自己的立场定位？那些使用福柯版本话语分析的研究者，特别是不想援引话语框架之外（如精神分析等）的理论结构的研究者，必须更加充分地探讨这些问题（要想了解这些问题更加详细的讨论，亦可参见 Willig 2000）。

话语与物质实在的关系是什么？

话语分析者们承认，话语建构具有"实际的"影响。也就是说，无论在生理上还是在心理上，我们谈论事物的方式会影响我们经验世界的方式。正如帕克（Parker 1992: 8）所说，"话语建构了对世界的'表征'，这些表征几乎具有和地球引力一样强制性的实在形态，并且就像地球引力一样，我们通过它们的影响来认识客体"。例如，宗教话语很好地阐明了这一过程。然而，社会和物质实在反过来可能对话语产生的影响，还不怎么明晰。如果话语确实能建构现实，那么"现实"可以说在多大程度上能约束话语？换言之，对于话语的作用是否存在一些现实限制，如果存在，它们是什么？我们能否把"现实"看做与话语分离或者处于话语之外的事物？话语分析者已探讨过这些问题，并且它们已经在"相对论者"和"实在论者"之间造成了严重分歧（参见本章最后的专栏 6：如果可能的话，话语之外还存在什么？）。

　　尽管多数人都承认，"现实"必然以话语为中介，并且我们甚至无法直达物质实在，但是对于话语在多大程度上受到社会和物质结构的制约存在不同的观点。有些话语分析者认为，话语产生于特定的物质条件，并且它们只能建构与这些条件相一致的各种现实版本。另一些话语分析者拒绝区分话语和物质实在孰轻孰重，而强调话语、制度和社会实践之间的相互依赖。这些分歧会影响我们对权力的概念化。如果我们采纳第一种观点，那么权力就是通过话语（还有警察、军队和武器等现实事物）来维持和展现的，但话语并非权力的根源。然而，如果我们采纳第二种观点，那么权力实际上就是由话语产生的；它是话语关系的一个方面，而不是由某特定人群控制的一种资源。无论我们采纳何种观点，话语与物质实在之间的关系都是复杂的，需要进一步在心理学话语分析研究框架内详尽阐释（要想更加详细地了解这些问题的讨论，参见 Parker 1998；亦可参见 Sims-Schouten et al. 2007，以便了解支持批判性实在论话语分析的观点，以及由斯皮尔（Speer 2007）提出的相反观点）。

三个认识论问题

　　在直接比较话语心理学和福柯式话语分析之前，让我们先来考察后者的认识论取向。下面三个问题有助于我们集中关注福柯式话语分析所产生的知识种类、它作出的关于世界的假设以及研究者在研究过程中的作用。

1. 福柯式话语分析的目的是要产生何种知识？

　　福柯式话语分析的目的是要描绘人们所处的话语世界并探索它们所提供的可能的存在方式。某些话语分析者还探讨话语的历史根源以及它们与制度和社会结构的关系。像话语心理学家一样，福柯式话语分析者并不试图理解心理现象的"真实本质"，而是要理解特定版本的心理现象通过语言（和其他符号实践）得以建构的方式。然而，与话语心理学不同的是，话语分析的这种取径还关注话语的社会、心理和生理影响。福柯式话语分析的目的是要产生话语经济的知识，在话语经济内，我们可以发现我们自己、我们如何成为现在这样（历史地）以及这对于作为人类主体的我们（对于我们的自我感、主体性、经验）意味着什么。福柯式话语分析在取向上是社会建构主义；然而，更具实在论版本的福柯式话语分析还渴望理解导致特定话语得以形成的潜在机制（参见专栏6）。这意味着，某些福柯式话语分析者支持批判性实在论的认识论（例如，Parker 1992; Willig 1999a; Sims-Schouten et al. 2007）。

2. 福柯式话语分析作出了何种关于世界的假设？

　　根据这种取径，并不存在可以描述和研究的单一"世界"；相反，存在多种版本的世界，它们都通过话语和实践来建构。其中某些版本的应用更加广泛，得到制度更强烈的支持，因此成为更合理的审视世界的方式。然而，没有任何一个版本的世界会永远占据主导地位，因为通过话语对现实的社会建构是以变化和转变为特征的。因此,福柯式话语分析对世界本质提出的假设非常少。它以如下主张作为它的出发点，即多重解读总是可能的，并且客体和主体不是由语言来表征的，而是通过语言得以建构的。它的目的是确定和描绘这些解读及其结果。福柯式话语分析所依据的假设是，话语在意义的建构中起到了根本性作用,并且人类主体性（很大程度上或者完全）是通过语言来构建的。

3. 福柯式话语分析如何界定研究者在研究过程中的作用？

　　从福柯式的视角来看，所有形式的知识都是通过话语和话语实践来建构，包括科学知识在内。因此，研究者所写作的报告和论文本身就是不能脱离话语框架来评价的话语建构。与话语心理学一样，福柯式话语分析的研究者创造而非发现知识。因此，个体对自己知识论断所存在的问题以及用于建构它们的话语的自反性意识，是话语分析研究的重要组成部分。

话语心理学与福柯式话语分析的主要区别

　　话语分析方法的两个版本都关注语言在建构社会实在中的作用。然而，如我所料，这两种取径也存在重要区别，这在本章和前一章中已经变得很清楚了。为了给探讨话语分析方法的这两章内容作总结，我想对这两种版本的话语分析作直接比较。它们的主要区别呈现在以下 3 个标题之下："研究问题"、"能动性"和"经验"。

研究问题

　　话语心理学和福柯式话语分析的目的是要回答不同的研究问题。话语心理学研究项目通常询问，"参与者如何运用语言来处理社会互动中的利害关系？"，而福柯式话语分析则用来查明"人们所处的话语世界的特征是什么以及它们对可能的存在方式有什么影响？"

能动性

　　话语心理学和福柯式话语分析强调人类能动性的不同方面。话语心理学把讲话者界定为运用话语策略处理社会互动中的利害关系的积极能动者。相形之下，福柯式话语分析关注话语建构其客体（包括人类主体自身）的能力。主体立场的可用性限制了个体能够说什么、做什么和感受什么。

经　验

　　话语心理学对"经验"范畴本身的价值提出了质疑。相反，它把"经验"（以及诸如"主体性"和"身份"等其他范畴）界定为一种话语活动，讲话者可能会据此提及他们的"经验"来验证他们的主张（例如，"我知道这很难，因为我去过那里！"）。这种情况下，"经验"只是在必要时可利用的另一种话语建构。除此之外的任何观点都视为是对认知主义的回归，因而与话语心理学是不相容的。相形之下，福柯式话语分析试图使"经验"（和"主体性"）理论化。根据这种取径，话语建构和实践涉及我们经验自己的方式（如"患病的"或"健康的"、"正常的"或"异常的"、"残疾的"或"体格健全的"，等等）。因此，探索话语中主体立场的可用性会对自我和主体经验的可能性产生影响。

话语分析是最近才进入心理学的。然而，尽管历史短暂，但已经产生了大量的文献。当研究者们在不同情境中使用话语分析取径时，他们会遇到新的挑战，这会促使他们发展新的话语分析视角。例如，话语分析的早期研究往往关注诸如偏见等社会心理学问题。最近，健康心理学家已经开始使用这种方法，这导致构想出了一种物质—话语取径（Yardley 1997），而其他心理学家已尝试着找出话语分析影响社会和心理干预的方式（Willig 1999b）。韦瑟雷尔（Wetherell 2001）确定了多达 6 种不同的话语分析的方式。这表明，话语分析不是任何简单意义上的资料分析方法。相反，它促使我们思考话语在建构社会和心理实中的作用，并且这反过来有助于我们以一种创新和独到的方式来探究研究问题。本书所介绍的这两个版本的话语分析，是探究文本的方式，而非进行"正确分析"的操作手册。取径的选择应该由我们想要解决的研究问题来决定；某些情况下，这意味着需要把这两种取径结合起来。

互动练习

1. 获取一份你所喜爱歌词的转录稿。把这份转录稿用作你的资料，完成本章所勾勒的福柯式话语分析的 6 个阶段。在确定了这首歌曲所包含的话语建构、话语和主体立场之后，反思它们对主体性和实践的影响。歌词所描绘的行为可能性是什么？歌词里定位的主体能够说什么和做什么、感受到什么、思考什么和经验什么？转向心理社会分析，你可能想要问你自己，你为什么会如此喜欢这首歌？你自己和你的个人经历的哪些内容，使得你以现在这种方式对歌词所援引的话语作出反应？在一种更具政治性的分析水平上，你可能想要思考歌词授予权力或剥夺权力的程度——它们是否提供了个体据以挑战压迫性或限制性社会实践的主体立场，或者它们是否增强了这些社会实践？在对歌词进行解构之后，它还是你最喜欢的歌曲吗？

2. 针对"我是谁？"这一问题书写一段关于你自己的简短文字（300 字左右）。利用你已经写出的文本作为资料，完成本章所勾勒的福柯式话语分析的 6 个阶段。确定使你的陈述结构化的话语建构、话语和主体立场，并反思它们对主体性和实践的影响。还要反思你在陈述中没有包含的内容以及原因。再次指出，你可能要进一步分析和思考你在你所偏爱的话语和立场定位中的情感投入，并反思它们的政治影响。

扩展阅读

Burr, V. (2003) *Social Constructionism*, 2nd edn. London: Routledge.

Carabine, J. (2000) Unmarried motherhood 1830-1990: a genealogical analysis, in M. Wetherell, S. Taylor and S.J. Yates (eds) *Discourse as Data: A Guide for Analysis*. London: Open University Press.

Fairclough, N. (1995) *Critical Discourse Analysis: The Critical Study of Language*. London: Longman.

Kendall, G. and Wickham, G. (1999) *Using Foucault's Method*. London: Sage.

Parker, I. (1992) *Discourse Dynamics: Critical Analysis for Social and Individual Psychology*. London: Routledge.

Parker, I. and the Bolton Discourse Network (1999) *Critical Textwork: An Introduction to Varieties of Discourse and Analysis*. Buckingham: Open University Press.

Willig, C. (1998) Constructions of sexual activity and their implications for sexual practice, *Journal of Health Psychology*, 3(3): 383-92.

专栏 5　推动福柯式话语分析的关键问题（改编自 Vingoe 2008）

关键问题	对应的分析阶段
如何通过语言建构话语客体？	阶段 1：话语建构
正在建构何种客体？	
利用的是什么话语？	阶段 2：话语
它们相互有什么样的关系？	
建构可以达到什么目标？	阶段 3：行动取向
这种情况下调用它们可以获得什么？	
它们的作用是什么？	
作者在这里正在做什么？	
这些建构提供了什么主体立场？	阶段 4：立场定位
这些建构描绘的行为可能性是什么？	阶段 5：实践
在这些主体立场内，能够说什么和做什么？	
在可利用的主体立场内可能感受到、想到和 经验到什么？	阶段 6：主体性

专栏 6　如果可能的话，话语之外还存在什么

　　话语分析者们认为，话语建构了现实。这种激进的主张招致了许多学者的质疑，他们认为社会和心理生活具有除语言及其各种应用之外更多的内容，这并不令人惊讶。话语分析者对这些质疑作出了不同的回应。事实上，对于这样一种超话语的事物在多大程度上是存在的，在使用话语分析方法的心理学家中一直存在着争论。尽管这场争论呈现出许多立场和观点，但其中最著名的主人公可能是乔纳森·波特（Jonathan Potter）和伊恩·帕克（Ian Parker）。

　　波特坚持相对论立场，而帕克赞成批判实在论立场。一些版本的话语分析研究似乎表明，话语建构完全独立于物质世界，帕克（1992, 1998）对此表示忧虑。

这种看法是唯心主义的，因为它把（语言中所表达的）观点放在首位，而不是把（独立于我们对它们的所思或所述而存在的结构中所显现的）物质放在首位。帕克提倡一种批判实在论的立场，承认我们对世界的认识必然以语言为中介，因而也通过语言来建构（即认识论相对论），同时他认为，我们后来通过语言建构的各种版本的现象的产生有其潜在的结构和机制（即本体论实在论）。这意味着，对现实的话语建构不是随意的，而是建立在诸如制度及其实践等社会和物质结构的基础之上。因此，帕克（Parker 1992: 28）坚持认为，"话语分析必须关注使文本的意义成为可能的条件"。

相形之下，爱德华兹等人（Edwards et al. 1995）在《死亡及其附属品：反对相对论的底线观点的修辞学、政治学和神学》一文中对一种极端的相对论进行了辩护，拒绝接受"这样一种底线或基本原则，即现实限制了可以把什么视为认识论上的建构或解构"（p. 26）。在文章中，他们对实在论的观点进行了话语分析考察，以便证实甚至对"死亡及其附属品"（即身体的和物质的实在）的引用本身也是争论过程中在修辞学上所利用的话语建构。他们认为，甚至敲击桌子以提请人们注意它的重要性也是一种以符号为中介的交际行为，因而也是一种话语活动。桌子会因目的不同而以不同方式来描述。我们可能会提及它的用途、作为一种文化手工艺品的地位、制作材料、在分子甚或原子水平上的一致性，等等。敲击并没有赋予桌子超出话语之外的本质。类似地，他们指出，死亡有许多种形式（如自然死亡、绝症、谋杀、误杀、死刑、伤亡事故、自杀等），可以以不同方式来界定（复活、来世、脑死亡、精神死亡等）。这样，该书作者进一步证实了他们的主张，即"正是语言本身为建构超越语词的现实提供了工具"（p. 31）。

批判实在论者和相对论者都批评了对方观点的不利影响。批判实在论者指责相对论者对于任何事情都根本无法采取道德或政治立场。他们认为，如果一切都是由话语建构的，那么我们就没有理由在不同观点之间作出裁决。因此，所有观点都是同样有效和"可以接受的"。相对论者反过来指出，实在论者对"底线"观点的恪守意味着，某些真理论断被排除在考虑范围之外，不可能受到质疑。因此，对所有真理论断的原则性质疑在实在论框架内都是不可能的。然而，相对论者主张，这正是提升真正的探究精神所必需的。

有许多出版物介绍了实在论者与相对论者的争论。要想更多地了解各种观点和立场，你不妨从下面的文献着手：

Burman, E. (1990) Differing with deconstruction: a feminist critique, in I. Parker and J. Shotter (eds) *Deconstructing Social Psychology*. London: Routledge.

Edwards, D., Ashmore, M. and Potter, P. (1995) Death and furniture: the rhetoric, politics and theology of bottom line arguments against relativism, *History of the Human Sciences*, 8(2): 25-49.

Parker, I. (1992) *Discourse Dynamics: Critical Analysis for Social and Individual Psychology*. London: Routledge.

Parker, I. (ed.) (1998) *Social Constructionism, Discourse and Realism*. London: Sage.

Potter, J. (1992) Constructing realism: seven moves (plus or minus a couple), *Theory and Psychology*, 2: 167-73.

Potter, J. (1998) Fragments in the realization of relativism, in I. Parker (ed.) *Social Constructionism, Discourse and Realism*. London: Sage.

8

记忆研究

许多（也许是大多数）质性研究都或多或少会涉及记忆。研究参与者进行陈述时，无论是通过访谈、日记、日常会话还是焦点团体，他们都倾向于援引过去的经验。质性研究有时会直接邀请参与者讲述他们过去的故事（如生活史研究），有时记忆将起一种辅助作用（如政策问题的焦点团体讨论）。无论研究的焦点是什么，参与者通常都会提及他们过去的经验，以便把他们的观察和见解情境化于和锚定于过去的陈述之中。当我们在质性研究背景下考察记忆时，我们要思考这些记忆代表什么，并且要判定如何去解释它们。换言之，我们要探讨与"文本状况"（参见第 1 章第 12 页）有关的问题。记忆是否可以给我们提供真正发生在参与者身上的信息？或者它们是否能告诉我们参与者如何从其当前状况这一有利位置来建构其人生经历？在访谈（或者焦点团体讨论或者记日记）的情境下提及某段特定的记忆，是否能实现一定的功能，如为当前问题行为或困难辩护或开脱等？或者，援引某种记忆是否可能是认同努力[1]或集体记忆这一更大建构过程的一部分（亦可参见 Middleton & Brown 2005）？我们

---

1 identity work，社会心理学家认为认同努力是指，个体为了创造、展现、维持与自我概念一致的个人同一性而进行的各种活动。进行认同努力的人会建立、修复、维持、巩固或改变已有的社会建构，以便保持一致性和独特性。社会群体成员会进行认同努力，以便协商和完善自我身份和社会身份的界限。——编者注

探究和"解读"记忆的方法很多，并且在心理治疗工作中已经发表了很多针对"记忆状况"的文章（要想了解相关综述参见 Karson 2006）。作为质性研究者，我们务必要意识到可利用的解释选项，并且要清楚和明确在任何特定研究项目中我们所选择采纳的是哪一种解释选项。

迄今为止，我坚持认为，无论质性研究的研究焦点多么清楚，都可能会在研究资料中遇到记忆问题，并且要在分析时探讨这种与过去陈述的状况有关的问题。这意味着，质性研究中记忆作为资料是不可能避免的。然而，有些质性方法的唯一目的就是诱发、分析和解释过去的陈述，我们现在就把注意力转向这些方法。本章我介绍了两种分析过去陈述的取径：叙事心理学（narrative psychology）和记忆研究法（memory work）。叙事心理学有许多版本。我们会对这些版本作简要介绍并指出它们的共同特征。接下来我们会更详细地讨论记忆研究法。本章描述了记忆研究法所使用的资料收集和分析技术。还会介绍克劳福德与其同事（Crawford et al. 1992）对情绪和性别的研究，用例子说明这些技术的应用。我还会关注记忆研究法作为研究方法所存在的某些局限。本章最后讨论记忆研究法的认识论立场。

叙事心理学

叙事心理学关注人们组织经验从而使之有序的方式。人们通过建构与其生活有关的叙事，可以建立事件之间的联系并加以解释。讲述发生在我们身上的故事，能让我们赋予原本可能让人感觉混乱无序的一连串事件以连贯性和意义。默里（Murray 2003: 113）把叙事定义为"对一连串事件的一种有组织的解释，［它］包括赋予叙事中的人物以能动性和推断事件之间的因果关系"。此外，叙事为我们提供了一种"定义我们自身、阐明我们生活的连续性和把这种连续性传递给其他人"（同上：116）的机会。显然，研究叙事可以告诉我们许多人们在生活中（并为生活）建构意义的信息。叙事研究者都相信故事的重要性，并且都关注人们所讲故事的结构和形式（有时称作"故事语法"，参见 Langdridge 2007）。然而，叙事研究者们在着手研究故事语法的方式上存在差异。他们对叙事的不同特征表现出各自的兴趣，并且在分析过程中针对叙事提出不同的问题。从根本上讲，只要叙事分析是系统的和清晰的，只要它能对叙事的结构、功能及其社会和 / 或心理意义产生深刻理解，采用哪一种取径并不重要。

我们进行叙事分析时，看一看叙事研究者们过去已经确定的情节类型和故事形式，对研究工作很有裨益。大多数故事都有开端、中场和结尾。故事还可分为浪漫型、喜剧型、悲剧型和讽刺型（参见 Hiles & Čermák 2008: 156）。有研究者确定了三种类型的叙事——前行叙事（事件朝着一个目标前进）、后退叙事（事件逐渐得以阐明）和稳定叙事（情节很少有或者没有变化）——它们可以把许多叙事组织起来（Gergen & Gergen 1986）。弗兰克（Frank 1995）描述了三种疾病叙事——恢复叙事（恢复健康是故事的目标和假定的 / 优选的终点）、混乱叙事（事件毫无道理且都不在掌控之中）和探索叙事（生病经验使患者发生转变且扩展了其经验）。埃尔斯布里（Elsbree 1982）确定了五种叙事情节，包括旅行、竞赛、受苦经历、追求圆满和建立家庭（参见 Langdridge 2007: 131）。然而，叙事研究者千万不能简单地把构成其资料的叙事归类到已有的情节类型或故事形式的框架中。情节类型学的确定应该是研究的结果而非它的出发点。研究所确定的故事类型可能与已有的类型学一致，也可能不一致。

叙事研究者研究特定经验的叙事陈述。这些资料可以通过叙事访谈或者使用已发表的回忆录等已有文献来获得（要想了解叙事分析资料收集的更多信息，参见 Murray 2003）。兰德里兹（Langdridge 2007）以及海尔斯和切尔马克（Hiles & Čermák 2008）系统阐述了适用于叙事分析的有益准则。他们建议叙事研究者把一系列解释视角应用到叙事中。这意味着要反复研读文本，针对叙事询问不同的问题。一组问题关注叙事的内容：正在讲述什么类型的故事？主人公是谁并且在他们身上发生了什么事？故事有明确的方向（如它是前行的还是后退的？）还是迂回曲折地发展而最终失败？另一组问题关注叙事的基调：如何讲述故事？使用什么种类的语言？讲述风格索然无味还是激动人心？故事的基调是乐观的还是悲观的？喜剧性的还是悲剧性的？讲解者是否寻求听众的认同？叙事可能的修辞功能是什么（例如，它的目的是要说服他人、请求原谅、证明合理还是娱乐他人？）？再一组问题专注于叙事所援引的主题：文本优先的主题是什么？它的关键主题是什么？它们相互之间怎样发生关联？它们相互支持还是相互矛盾？最后，我们要询问叙事的社会和心理功能的问题：叙事建构了什么身份？叙事如何给主人公的立场定位？它如何定位其他人与主人公的关系？叙事赋予主人公多大的能动性？在故事中谁有权势，谁没有权势？叙事中事件的发展合乎谁的利益？结果谁得谁失？

要想更详细地了解如何在心理学中开展叙事研究，参见克罗斯利（Crossley 2000）和兰德里兹（Langdridge 2007）的著述。

记忆研究法

记忆研究法是 20 世纪 80 年代由弗里加·豪格（Frigga Haug）和她的同事们在西德创立的一种探究方法（参见 Haug 1987）。豪格的研究团队关注个体占用和内化社会关系与实践的方式，或者用豪格的话说，"人们进入到既有结构的方式，在这种结构内他们既创造他们自身又产生社会范畴"（Haug 1987: 40）。豪格和她的同事们需要一种能让她们研究身份形成的研究方法，这种方法既承认社会结构的重要性，又承认个体参与社会化过程的重要性。这需要一种研究自我和身份的新取径：

> 如果我们拒绝仅仅把我们自身理解为面对全能结构或者面对我们在其中已经形成了我们自身的社会关系的一堆反应，相反，如果我们寻求表明我们如何积极地参与形成我们过去经验的可能证据，那么必须抛弃社会科学研究的惯常模式（这种模式下个体仅仅扮演研究过程的对象）。

（Haug 1987: 35）

在记忆研究法中，从事研究的人（即研究者）和正在接受研究的人（即被试、受访者、参与者）之间的区别消失了。相反，由研究者本人产生他们稍后要分析的资料。研究者通过研究他们自己的记忆，能够探索他们自己在建构他们独特的（但仍依赖于社会的）自我感之中所起的作用。记忆研究法的目的是要探究在既定的社会空间内个体自我的建构过程。

为什么要研究记忆

豪格和她的同事们想要了解"女子气质的实践"（Haug 1987: 39）融入她们自己的身体和自我中去的社会化过程。她们想要知道她们自己在其"女人"身份的建构中是如何发挥积极作用的，即便这涉及从属关系。豪格和她的研究团队不满足于援引社会角色和规范来解释人们为什么会重现压迫性的社会关系。相反，她们想探索个体加工社会世界并且久而久之试图在与它的互动中找到意义和快乐的复杂方式。记忆在这一过程中起了重要作用。它们提供了"我们制造我们自身所用的材料"（Haug 1987: 48）。请务必理解：记忆研究法并没有声称是过去的事件本身使得我们成为现在的我们；相反，正如叙事心理学所指出的，起决定作用的正是我们试图同化陌生事物、解决矛盾和冲突并且建构特定版本的过去和自我的过程。正是在这种意义上，"可以视经验为记忆中自我建构身份的生活实践"（Haug 1987: 42）。记忆研究法的目的是要揭示身份形成的轨迹。它通过研究特定情境的记忆来实现这一目的，关注细节，而不利用传记体叙述或冗长的陈述。这是因为，对具体情境的记忆更可能包含差别与矛盾、含糊与反差——也就是说，可以告诉我们自我建构过程中的"粗糙面"——的证据。相形之下，自传体故事往往已编排和详述了很多次，因而在过程上将变得越来越连贯和刻板。因此，可以这样说，它们告诉我们更多的是我们自我形成的结果。

记忆研究法的另一个重要特征是它的集体性。记忆是由一群人即一个集体产生和分析的，他们试图探索这些记忆产生的社会性。因此，在承认每种记忆都具有独特性和个体性的同时，记忆研究法还关注记忆可以告诉我们社会关系之中意义得以建构的内容。理想情况下，记忆研究法应该"使合作研究者们依据其共同经验重新评价这些意义"（Crawford et al. 1992: 50）。要想详细了解记忆研究法的理论基础和利用记忆研究法进行研究的综述，参见斯蒂芬森和基帕克斯的著作（Stephenson and Kippax 2008）。

资料收集与分析

记忆研究法对人们所熟悉的研究者与被研究者、资料收集与资料分析、学术知识与日常知识之间的区别提出了挑战。该方法涉及团体研究的过程，在此过程中合作的研究者们要回忆、比较、讨论和建立理论。记忆研究可能要花费数月甚或数年的时间才能完成，并且它可能产生多种多样的见解。虽然记忆研究团体在其人员构成、完成研究所花费的时间、甚至在产生和分析记忆所依据的程序上存在差异，但最好还是遵循由豪格（Haug 1987）创立并由克劳福德等人（Crawford et al. 1992）详尽阐述的一套指导准则，以促进系统分析和理论化。克劳福德等人在《情绪与性别：根据记忆建构意义》一书的第 3 章（Crawford et al. 1992: 43-52），对记忆研究过程提供了清晰而全面的指导。她们把研究过程分成了 3 个阶段。阶段 1 关注记忆的书写，阶段 2 进行记忆的分析，阶段 3 包括整合与构建理论。我们可以指出每个阶段中要采取的一系列步骤。

阶段 1：产生记忆

步骤 1：形成记忆研究团体

记忆研究团体可能包括 4~8 位成员。克劳福德等人（Crawford et al. 1992）建议，记忆研究团体中的成员应该具有某些共同特征，研究者认为这些特征与要研究的主题有关。例如，对于诸如情绪或性实践（及其在自我形成中的作用）等主题而言，单性别团体可能更合适。对于某些主题，使用朋友团体可能最好，而其他议题可能最好在一种相对匿名的氛围内进行讨论。不过，最重要的必要条件是团体内部的相互信任和安全感。此外，团体内部存在地位差异（例如，存在一位明显的"领导者"）会影响记忆研究，因为地位的差异可能会妨碍所有团体成员平等而积极地参与讨论。

步骤 2：选择触发源

为了促使团体成员书写记忆，团体需要商定一个合适的触发源。触发源是可以是一个词或短语，预计可以引发与研究主目有关的记忆。例如，研究的主题是"情绪"

时（正如 Crawford et al. 1992），合适的触发源可能是"说对不起"、"危险"和"哭喊"。并不总能轻易地找到有效的触发源。克劳福德等人注意到这样的事实：能唤起精心编排、照本宣科式的记忆的触发源（如"初恋"或"愤怒"），不如那些能激发更具问题性和矛盾性的记忆的触发源（如"触动"或"说不"）有用。这是因为，记忆研究法关注于探索社会空间内自我的建构过程，而非仅仅想获取支配该社会空间的社会建构。有用的触发源还倾向于涉及具体的事件或情节，而非概括化的或抽象的概念。

步骤 3 : 书写记忆

团体中的每位成员都要针对触发源书写一份记忆书。记忆的书写可以在团体会议情境中进行，也可以在团体会议之外进行。克劳福德等人（Crawford et al. 1992: 48）指出，书写记忆稿"通常需要一周时间来酝酿"，因而最好在团体之外进行。为了确保书写的记忆适于记忆研究法分析，记忆的书写应该以第三人称单数形式来进行，并且应尽可能多地包括环境细节。这可能会提到对所忆事件来说看似不重要或琐细的声音、味道和气味。务必避免审查和删除表面上不相关的信息，也不用进行解释或辩护。书写风格应该是纯粹描述性的，但细节要丰富。这是因为，第一人称陈述包含对事件的自传体解释和辩护，不大可能包纳矛盾、冲突和模糊的信息。当有人要求我们陈述事件时，我们往往会努力制造一种连贯和明智版本的事件，以便为我们的所作所为提供正当理由。用第一人称单数形式书写会鼓励这种做法。然而，如果我们有机会从外部视角详细地描述事件，我们或许就能够减少此类评价和辩护（例如，比较下面以第一人称所作的陈述："我打了我的小妹妹，因为我很生气，她总是不提前说一声就拿我的东西"，和以第三人称对同一事件所作的详细描述："房间里很热，她感到自己越来越生气。她的小妹妹正用沾满巧克力的双手紧攥着她最喜爱的围巾。突然，她伸出手从小女孩那儿扯过了围巾，并且朝她粉红色的脸颊打了一巴掌"）。团体成员可能还会就书写早期记忆还是近期记忆达成一致。再一次指出，此类决定取决于所研究的主题。

阶段 2：记忆的分析

步骤 4：文本分析

记忆研究团体再次集会，让成员们把他们书写的记忆稿带过来。最初，每份个体记忆稿都要分别进行分析。给每位团体成员发放每份记忆的打印副本。然后根据描述记忆特征的行为顺序、角色关系、陈腐观念和前后矛盾、所说的话以及漫不经心等对记忆进行逐一考察。该步骤与福柯式话语分析中的阶段 1（参见第 7 章第 131 页）具有某些共同特征，因为它的目的是要确定每份记忆中所含意义的社会建构。

步骤 5：横断分析

进行横断分析时，合作研究者们要相互比较他们的记忆。他们要寻找异同点、重复出现的主题以及共同的模式。所关注的焦点是记忆可能定位于其中的社会关系以及它们可能利用的文化意义。团体成员要探索记忆库，记忆库作为社会空间的显现，记忆的产生和讨论悉出于此。这意味着要援引与记忆存在共鸣的文化规则、流行观念、格言和意象。讨论记忆稿中没有写入的和原本预计可能纳入记忆的内容也很重要。该步骤分析的目的是要揭示涉及常识性理解的建构过程。

围绕文本分析（步骤 4）和横断分析（步骤 5）的团体讨论要进行录音和转录。这些转录稿是阶段 3 中要进一步分析的资料（见下文）。

步骤 6：记忆改写

分析过程进行到此处，团体成员返回到他们的记忆并根据文本分析和横断分析对记忆进行改写，这可能很有帮助。改写记忆可以帮助我们更加敏锐地意识到意义建构的过程，因为它要求我们思考理解"同一"事件的不同方式。改写记忆能增强自我意识感。

阶段 3：整合与理论构建

步骤 7：转录稿和记忆的分析

现在可以比较和对比因多个触发源而产生的记忆。团体讨论的记忆转录稿进一步构成了综合分析的资料。团体所产生的特定社会建构的观点本身要经受严格的评价和进一步理论化。已有的理论和模型也要根据团体的见解重新探索。已有的心理学理论能在多大程度上解释团体的观察结论？记忆研究法产生的资料是否符合心理学结构？已有的模型如何修改才能兼容这些资料？可能需要什么样的新理论来解释团体的观察结论？此外，日常观念和常识知觉（例如，"感受"某物是什么意思）也要经受严格的再评价。我们可以再次看到记忆研究法对人们普遍接受的范畴和区别提出挑战。在记忆研究法中，团体的文本分析和横断分析的转录稿都可以用作资料，而心理学理论和日常观念也要经受同样的严格评价。资料收集和分析阶段并没有明确地区分开来（正如第 3 章的扎根理论），而学术话语和日常话语也交织在一起。

步骤 8：记忆研究法的写作

记忆研究法的写作过程仍然属于阶段 3 的一部分。写作既需要也能促进材料的整合。写作过程中还有可能阐明理论构想，甚至加以修改。由于记忆研究是一种集体活动，写作不能脱离深入的讨论（这是对我们所熟悉的区别的另一个挑战）。论文草稿必须由合作研究者们阅读和讨论，与起初的分析相比这可能会产生新的观点和变化。很难确定某个记忆研究项目什么时候才算完成，写作完成并不必然意味着大功告成。正如克劳福德等人（Crawford et al. 1992: 51）所说："写这本书已促使我们再次反思，我们自问再评价和反思的过程将何时（如果可能的话）结束"（强调是我所加）。

记忆研究可以采用不同的写作方式。在导言和方法论部分之后，结果的呈现可以围绕着建构（如"作为客体的女人"、"主张一夫一妻制的女人"和"具有诱惑力的女人"；参见 Kippax et al. 1990）、主题（如"避孕套的可见性"、"避孕药的隐匿性"和"长期亲密关系"；参见 Harden & Willig 1998）或专题（如"头发研究项目"、"身体研究项目"、"女奴研究项目"和"腿部研究项目"；参见 Haug 1987）来组织。就所有记忆研究法的写作而论，接下来的部分是整合性的讨论，这一部分要较为详细地探讨研究的理论意义。

"说对不起"：记忆研究资料分析示例

克劳福德等人在《情绪与性别：根据记忆建构意义》一书中，讨论了诸如快乐和伤心、恐惧和喜悦、内疚和羞愧、愤怒和狂怒等情绪的社会建构（Crawford et al. 1992）。她们在书中呈现了记忆研究团体情境中书写的记忆。团体对这些记忆的集体分析试图探索团体成员形成情绪的过程。为了产生适于分析的记忆，克劳福德等人使用了多个相关的触发源，诸如"感到快乐"、"危险"、"哭喊"、"玩耍"、"假日"、"受到赞扬"和"恐惧"等。在这一部分，我通过考察克劳福德等人针对"说对不起"这一触发源所产生的记忆来阐明记忆研究法的分析过程。团体产生了 5 份记忆稿，构成了横断分析的记忆库。下面是安的记忆：

> 她的年龄在 4~6 岁。天色已晚，她的妈妈正在厨房里做晚饭。她正在地毯上爸爸的脚边玩耍。爸爸正在读报纸，有时与她谈话，有时对她的问题或话语作出回应。那是个温暖的夜晚，他脱掉了外套。由于沉浸在她的游戏中，安没有注意到爸爸已经睡着了，直到他对她的一句话没有作出回应。他的双手垫在头后面，嘴巴微微张开，轻轻地打着鼾。安爬向他，咯咯地独自傻笑着，开始了他们的胳肢游戏，期待着他会高兴，并注意他是否**真得**睡着了。他很可能是在假装。安一触到遮在他腋窝上的棉衬衫，他的眼睛就惊讶地睁开了，嘴里喷出一个愤怒的"呸"字，手弄痛了安的脸："**永远**不许再那么做了"。她放声大哭，以至于她的妈妈听到了（或许她听到了他的呵斥）并且走进来。"怎么了？"稍后解释说："她不是有意要惊扰你"。

这段记忆稿的团体文本分析注意到了记忆的情绪色彩，可以用对比鲜明和前后矛盾来描述。快乐很快转变成了害怕和惊讶。我们面前呈现的是进行"互动游戏"的慈父形象，而他对女儿挠胳肢的反应却是愤怒和暴力。记忆呈现的角色关系的特征是，安和她的父亲之间存在权力差异。尽管胳肢游戏可以描述为"互动的"，但安在试图开始游戏时受到了惩罚。她的道歉（事实上这在记忆中并没有明确提到）只是为了安抚父亲，以免受到更多的惩罚，而非表示后悔或内疚。"她的妈妈正在厨房里做晚饭",而她的爸爸正在"读报纸",这种说法援引了传统的性别角色。母亲出面干预以恢复家庭和睦也反映了一种带性别色彩的社会传统观念。最后,母亲对安的辩护——"她不是有意要惊扰你"——是代表安所作的道歉,因而也把事件的责任归咎在安的身上。因此,安的立场定位为应该对父亲的愤怒负责。

其他团体成员"说对不起"的记忆反映了安的记忆中所生成的许多主题。对 5 份记忆的横断分析可以确定道歉的共同模式。首先,团体成员曾预期"说对不起"的记忆会提及诸如内疚、羞愧、悔悟或懊悔等情绪,但记忆材料并未提及。相反,记忆援引了混乱、恐惧和愤怒等情感。"说对不起"并非表达懊悔,而是尝试转移成人的愤怒。其次,记忆中所呈现的一连串事件表明,没有任何不当行为是有意为之的。相反,主人公尝试以"成人"方式行事可以解释为对权威的一种挑战。5 份记忆中有 4 位主人公按照自己认为合理的甚至成熟的方式行事(例如,发起一场游戏,阅读报纸,做祷告,守卫俱乐部会所),结果都遭到了成人(父亲,祖母,母亲,父母)的指责。"说对不起"只是承认成人有权支配儿童(惩罚他们,伤害他们,让他们道歉),但不表明成人就正确。因此,不公平感和羞辱感就会油然而生。

这些共同模式的确定促使团体思考她们的经验得以形成的社会关系。主人公的行为在多大程度上和以什么方式挑战了他们行为得以发生的社会关系?她们对这些关系作出了何种评论?她们道歉的目的是什么?对这些问题的讨论可以让团体上升到更加理论性的分析水平。

这种情况下,团体成员试图使她们的记忆情境化,并理解她们当时行为所具有的更广泛的意义。例如,在费伊的记忆中,她的母亲因为她在未经允许的情况下阅读了姑妈的报纸而斥责了她。母亲勒令费伊向姑妈道歉。费伊的行为内嵌于一系列特定的社会关系中。她和她的母亲在战争年代与她的姑妈以及另外两位女亲属共住一栋房子。姑妈是赡养全家的人。她在这个家庭中占据着举足轻重的地位。尽管"很难相处",但她还是受到其他女性的尊重,她们都尽力不去招惹她。这种情境下,费伊的行为就构成了对她姑妈权威的一种挑战。费伊对姑妈的道歉是恢复家庭内的权力关系所必需的:"为了'使社会机制正常运转',让费伊作出道歉是至关重要的"(Crawford et al. 1992: 63)。

类似的过程在其他记忆中也可以观察到。3 份记忆中的"说对不起"都是为了恢复已有的社会关系网络。此外，所有记忆都把主人公的立场定位为应该对其他人的幸福负责。因为被迫作出道歉，女孩们学会了为她们的行为对他人造成的影响承担责任，尽管这些都是无意的。克劳福德等人（Crawford et al. 1992）指出，这一过程具有性别色彩，因为成年妇女往往感到要对其他人的情感负责，即使她们没有权力控制。因此，团体所回忆的情节可以理解为女性社会化的事例。

总的来说，克劳福德与同事（Crawford et al. 1992: 73-4）对"说对不起"的记忆分析表明：

> 儿童在复杂的关系背景下围绕着责任和自主权问题建构了许多情绪——愤怒、蔑视、快乐、羞愧、内疚……在所讨论的大多数记忆中，我们的行为都是儿童想发挥才能的行为，儿童会竭其所能。我们试图在成年人中间表现得成熟，或者我们试图与同伴保持一致；我们按照我们认为他人所期望的方式行事，我们互惠，我们检验我们的能力。成年人对这些行为的反应通常是惩罚我们……他们认为我们的行为不负责任和缺少能力……儿童根据成年人的惩罚来定义违规。我们的自主权受到了惩罚以及不要再重复此类行为隐含的（并且经常是明确的）警告的威胁。

记忆研究法的局限

记忆研究法是最近才发展起来的一种研究方法，历史相对较短，应用范围也有限。1987 年豪格及其同事将其介绍给了英语国家的读者，特别是激励了澳大利亚的研究者（如 Kippax et al. 1988, 1990; Crawford et al. 1992; Pease 2000）。到目前为止，它的应用领域一直是性别化的身体及其实践（如 Crawford et al. 1994; Harden & Willig 1998; Koutroulis 2001; Gillies et al. 2004）。随着这种方法日益盛行，我们不得不讨论它的诸多理论和实践局限，这些局限包括如下方面。

理论局限

过去与现在之间的关系

记忆研究法要利用过去事件的记忆，因为记忆研究者认为这些事件连同它们后来的建构方式在自我的建构中起了重要作用。记忆研究者所面临的挑战之一是，要阐明引发记忆的主观上重要的事件与后来所写的该事件的记忆的关系。记忆研究者不关注所写记忆的准确性。所描述的事件是否真的恰恰以所叙述的方式发生并不重要。相反，重要的是所写的记忆在多大程度上能充分体现由当时事件所引起的意义。正如克劳福德等人（Crawford et al. 1992: 40）所指出的，如果"记忆研究法的任务是根据当前理解来揭示和展露早期理解，并由此阐明所包含的潜在建构过程"，那么我们就有必要明确地区分"早期"记忆和"当前"理解。

但是作出这种区分的可能性有多大？我们如何能够知晓一份特定的记忆稿是否确实反映了当时事件所具有的意义？现在所产生的记忆究竟能在多大程度上充分体现当时所发生的情况？例如，从话语心理学的视角（参见第 6 章）来看，文本形式的记忆稿告诉我们更多的是记忆书写时的情境要求，而不是过去。记忆研究者可能会反驳说，充分体现早期意义的记忆和反映当前理解的记忆之间存在差异。例如，克劳福德等人（Crawford et al. 1992）注意到，她们的童年记忆具有即时性，而这在她们的成年记忆中是不存在的。前者较少利用传统观念和文化规则，并且似乎也较少进行编排。这表明，尽管童年记忆和成年记忆都是对过去事件的（再）建构，但是它们在"改编"的程度上存在差异。然而，尽管这一观察结论很中肯，但是记忆研究法没有回答该如何系统地和理论性地区分当时的记忆和现在的理解这一问题。

记忆的性质

记忆研究法所基于的假设是，包含冲突和矛盾、新奇和陌生事件的记忆可以最大限度地告诉我们自我形成的过程。这是因为此类事件需要对以前视为理所当然的事物进行反思和再评价。这些事件很重要，因为它们可以阐明当时存在问题的社会建构是什么、所认识到的矛盾可能如何得到解决以及对个体的自我感产生了什么影响。然而，可以这么说，那些经过多次重复并且很少或者不需要反思的习惯性的常规事件也可能会对我们自我感的发展产生重要影响。或许正因为我们没有对所从事的某些日常活动进行反思，它们才有力量塑造我们。或许正是那些我们不加思考就参与的实践使得我们"成为"具体化的主体。克劳福德等人（Crawford et al. 1992: 154）的确注意到这样的事实，即"问题"事件和"习惯性的、日常的、普通的"事件实际上是相互依存的，因为前者必然要根据后者来界定。也就是说，日常事件"及其习以为常的性质构成了'问题'事件衍生其问题性质的情境"。然而，记忆研究法并没有直接触及预料到的、没有问题的或常规化的事件（或活动／实践）的记忆。

实践局限

团体研究存在的问题

记忆研究发生在团体情景中。记忆研究法优点之一是，它能让参与者集体地分析和理论化他们的记忆。先详细地探索个体记忆（文本分析），而后再与记忆库中的其他记忆相互比较（横断分析）。这种分析方式可以确保个体记忆的丰富性和它们的社会内嵌性（social embeddedness）都能得到认识和理论化。然而，团体研究自身也存在一些问题。

第一，记忆研究团体内部所生成的团体规范可能会影响记忆的产生和分析。无论团体成员彼此感到多么舒适，他们都可能会认为某些记忆不合适或者不相关，因此不会写下来（或者不以特定方式书写）。此外，随着研究的进展，团体成员可能会形成一定的期望：应该书写何种记忆或者书写的记忆应该包含何种特征。例如，前面所讨论的安的"说对不起"的记忆实际上是第二版本，它是安在反思了第一版本没有描绘她的母亲这一事实之后书写的。安特别注意了她母亲的缺失（而不是其他人的缺失），这一事实可能是团体对情绪和性别关注的结果。值得一提的是，在这种背景下，克劳福德等人（Crawford et al. 1992）把她们的书题献"给我们的母亲"。这并不是说这样的专注点会导致偏见；事实上，没有专注点的回忆是不可能的。然而，我们必须认识到，回忆什么和如何回忆与团体的关注点并非没有关系。同样，团体讨论在文本分析和横断分析中的作用，也可能会受到生成的团体规范的影响。

第二，很难找到不存在成员地位差异的理想团体。团体的创建者与那些加入该团体的人相比，研究的经验可能更丰富。而且，创建者在发起了记忆研究项目之后，其成员就可能会期待创建者领导或促进该团体。然而，带头人的出现的确会损害分析所必需的团体观念。

第三，尽管记忆研究法的目的是要洞察特定社会关系内自我形成的方式，但它的解释必然要依据产生它们的团体。记忆研究法所得出的知识是可能进行概括化的，因为团体成员所忆事件所在的社会关系描绘的是社会的而非个体的特征。然而，在更多的记忆研究团体对相同或相似话题进行记忆分析之前，我们的洞察必定是有限的。克劳福德等人（Crawford et al. 1992: 42）承认，"要想让人们相信记忆研究法的结果除了适合记忆研究团体的参加者外，还适合普通人，最好的做法就是确保团体本身的异质性"。皮斯（Pease 2000）的男性团体研究是这种做法很好的尝试。

三个认识论问题

要总结本章的记忆研究法，我们必须思考它的认识论立场。我们要明确在记忆研究的基础上可以作出何种知识论断。正如前面几章，这三个认识论问题可以帮助我们探讨这一问题。

1. 记忆研究法的目的是要产生何种知识？

记忆研究关注个体融入社会世界所涉及的过程。它研究书写的记忆，以便更清楚地理解个体如何在特定社会关系中，随着时间推移建构意义从而也建构他们自己。记忆研究法所基于的假设是，个体并非简单地模仿他人或者扮演规定的社会角色；相反，当个体在有限的社会空间内寻求意义和快乐时，他们就在积极地创造自己。通过研究者团体的记忆来研究他们自身，记忆研究法消除了"认识主体"与"认识客体"之间的区别。这意味着记忆研究法采用了知识产生的解释学方法。这要关注情境中的意义和主张解释需要情境知识（行为的意义即衍生于此）（参见 Rennie 1999）。这种情况下，研究者要理论性地探究经验；也就是说，记忆研究法"并不优先考虑主体经验或理论；而是把它们置于一种交互的和相互批判的关系之中"（Crawford et al. 1992: 42）。因此，记忆研究法所产生的知识是解释性的和自反性的。

2. 记忆研究法作出了何种关于世界的假设？

　　记忆研究法假定，人们的经验世界是在系统的社会关系内对意义进行社会建构的产物。这种情况下，个体的"实在"不是由社会和物质结构直接决定的；相反，正是个体对这些结构的心理融入引发了他对世界的经验。不过，记忆研究法同时承认，这些意义建构从根本上讲是社会性的，这意味着对世界的经验和知觉可能是共有的，尤其是在社会或文化团体之中。并且，尽管社会建构不是对外部现实的固定反映，但它们的确具有连续性，并且它们的确一定程度上决定了我们所能经验到的世界。记忆研究法所基于的假设是，我们在自我形成的过程中内化社会关系和实践。这些社会关系（如女性和男性的关系、父母和孩子的关系）以权力和等级为特征，这表明记忆研究法诉诸于（批判）实在论的世界观。尽管记忆总是要经受重新解释，并且自我形成过程也永远都不会完成，但我们的个体主体性意识是以连续性和特异性为特征的。

3. 记忆研究法如何界定研究者在研究过程中的作用？

　　记忆研究法在解释学意义（参见问题1）上得出文本（即书写的记忆）的解释。记忆研究团体的成员建构了他们自己记忆的解读，以说明它们产生的原因。研究的目的不仅要确定特定话语建构的可用性（参见第7章福柯式话语分析），还要探索个体参与这些建构和在此过程中形成（或改变）自己的方式。记忆研究者要考察他们自己的记忆，以便确定"融入社会世界和形成与建构自我这一持续过程的轨迹"（Crawford et al. 1992: 39）。同时，他们要反思他们的当前理解，并与记忆的解读联系起来。这意味着记忆研究具有高度的自反性。它既包括建构过程也包括发现过程。在记忆研究法中，研究者创造了研究，因为他产生了对资料的解释。然而，研究同时包含早期理解痕迹的记忆过程，也是发现的过程。

结　论

　　本章我介绍了叙事心理学的基本原则，并且更加详细地介绍了记忆研究法的研究过程。两种方法都关注过去事件的（再）建构以及这些（再）建构在我们的当前经验中所起的作用。叙事心理学的研究者倾向于研究他人对过去的陈述，而记忆研究法消除了研究者和参与者的区别（要想了解这两种方法的直接比较，参见 Stephenson & Kippax 2008: 138）。就记忆研究法本身而论，某种意义上它对研究者构成了一种挑战。为了开展记忆研究，研究者必须坚定地致力于研究并热情地参与研究。我们务必认识，参加记忆研究团体既是研究项目，也是个人项目。记忆的书写和对这些记忆的集体分析会导致再评价和反思，由此可能会影响研究者的自我感。该方法不适合那些希望自己与研究保持距离的研究者。记忆研究法消除了"研究者"与"研究主题"的区别，就其本身而论，它对研究者构成了一种个人挑战。如果要计划建立记忆研究团体，这些问题都必须加以考虑。一定要让记忆研究团体的潜在成员明白记忆研究法包含的内容。他们加入团体的决定必须出于真正知情的选择。

　　本章为了清楚而系统地介绍记忆研究法中的资料收集和分析程序，可能已经给你造成了这样的印象，即记忆研究法总是包括循序前进的 3 个研究阶段。然而，在结束这一章之前，我想让大家注意这一事实，即记忆研究法实际上不必是线性的。像扎根理论（参见第 3 章）一样，记忆研究法可以允许研究者往返于各阶段，可以走回头路，这种开放性必然有益于研究。例如，横断分析得出的某种见解可能会促使团体成员返回到个体记忆，拓展甚或修改他们对这些记忆的文本分析。此外，文本分析或横断分析期间的团体讨论，可能会催生同一话题的新的触发源，并促使团体返回到阶段 1 中的步骤 3（"书写记忆"）。团体的工作会一直持续，直到彻底地探讨了研究话题，或者借用扎根理论中的一个术语，达成饱和。

　　记忆研究法是一种功能强大的研究方法，它具有改变其实践者的潜在作用。克劳福德等人（Crawford et al. 1992: 196）在最后总结其著作时承认了记忆研究法对她们造成的影响：

　　　　记忆研究法已经改变了我们的生活。与此同时，它已经改变了我们教学的方式、我们与心理学家专业协会互动的方式、我们做研究的方式以及我们写作的方式。在纪实性地描述我们的经验和方法的同时，其他人也有可能以我们已经做的工作为基础。

互动练习

1. 遵照本章给出的指导准则（步骤3），针对"感到宽慰"这一触发源书写一份记忆稿。对你的记忆进行文本分析。关注记忆援引的行为顺序、角色关系、传统观念和矛盾之处，并注意缺失和空缺。现在反思记忆围绕着"感到宽慰"这一概念来建构意义的方式。它对经验和实践可能有什么影响？你能否想出其他建构"感到宽慰"的方式？其他人"感到宽慰"的经验可能如何？

2. 书写一份最近发生的一次重要事件的陈述（如与朋友或同伴的一次争论；一场求职面试或考试；一次意外事件）。然后以另一种方式和/或口气（如实事求是的相对于情绪性的，从另一个人的角度相对于从你自己的角度等）改写这份陈述。比较这两份陈述，并反思它们围绕着"同一"事件建构意义的不同方式。这些方式对经验和实践的影响可能是什么？它们可能会如何影响我们未来类似事件的经验？这两份陈述之中哪一份似乎更"正常"或者不那么异常？是否有一份陈述在我们的文化中享有特权？

扩展阅读

Crawford, J., Kippax, S., Onyx, J., Gault, U. and Benton, P. (1992) *Emotion and Gender: Constructing Meaning from Memory.* London: Sage.

Gillies, V., Harden, A., Johnson, K., Reavey, P., Strange, V. and Willig, C. (2004) Women's collective constructions of embodied practices through memory work: Cartesian dualism in memories of sweating and pain, *British Journal of Social Psychology,* 43(1): 99–112.

Kippax, S., Crawford, J., Benton, P., Gault, U. and Noesjirwan, J. (1988) Constructing emotions:

weaving meaning from memories, *British Journal of Social Psychology*, 27: 19-33.

Koutroulis, G. (1996) Memory-work: process, practice and pitfalls, in D. Colquhoun and A. Kellehear (eds) *Health Research in Practice, Vol. 2 Personal Experiences, Public Issues.* London: Chapman & Hall.

Pease, B. (2000) *Recreating Men: Postmodern Masculinity Politics.* London: Sage.

Stephenson, N. (2003) Rethinking collectivity: practicing memory-work, *International Journal for Critical Psychology*, 9: 160-76.

Stephenson, N. and Kippax, S. (2008) Memory work, in C. Willig and W. Stainton Rogers (eds) *The Sage Handbook of Qualitative Research in Psychology.* London: Sage.

专栏 7 记忆能带我们走多远？

　　记忆研究法只是最近才成为心理学的一种质性研究方法。尽管记忆研究法的文献在增加，但至今还没有公开发表过记忆研究法在理论和实践上的分歧。然而，当记忆研究团体讨论其记忆和解释时，观点的差异的确经常会在团体内部出现。为了洞悉这些争论的本质，让我们来看一段简短的讨论摘录，它来自某个记忆研究团体成员之间进行的一场讨论，我也参与其中（亦可参见 Gillies et al. 2004）。

　　团体对具体化（embodiment）感兴趣，并且在讨论的时候已经得出和分析了出汗和疼痛的记忆。一些团体成员认为记忆的分析有些令人失望，因为它仅仅验证了团体成员利用文化上可用的资源建构出汗和疼痛的意义。这些资源的性质反映了一些团体成员认为本可以预料到的常识性的理解和思维方式。例如，疼痛的记忆倾向于围绕心/身二元论界定，并且主要关注疼痛控制。团体成员继续讨论了记忆用作资料的局限，并且开始探索研究具体化的其他方式。下面的摘录阐明了接下来发生的争论（团体成员有 M1、M2 和 M3）：

M1：我们刚刚已经回到了方法论和心理学上所遇到的同样的问题，好像我们只要说出了预期要表露的内容就可以结束讨论。

M2：正因为如此，我们才有兴趣更多地考察例外或者行不通的情形的记忆，试着解决我们为何这样谈论或者我们如何学会或者到哪儿……寻找其中的缺口，以表明它未必一定要这样，或者试着找出事物的起源，而不是仅仅纪实地描述它们在那儿和专注于相同之处。你们明白我的意思吗？

M3：那么在那儿存在两种不同的事物，一种是寻找例外，另一种是你所说的它们的起源。

M2：但是这两种事物是相伴而生的，不是吗？如果你能找到，比如说……

M3：例外来自何处？

M2：例外会告诉你一些信息，看待它的这种主流方式可能来自何处，或者它在何种情况下行不通和在何种情况下行得通，或许还能找出它在何种情况下行不通。你会发现我们是如何学习它的或者它是如何变得如此自然的。

M3：我认为我并不完全清楚我们正在寻找什么。我们正在寻找我们能加以利用的事例而非……

M2：那正是我认为有趣的地方。与其说只是在更广泛的文化中为一种特定建构寻找越来越多的支持，倒不如说因为我们知道它就在那儿。

M3：我恰恰还没有认同这一点，因为我不明白我们如何利用任何其他的东西，在某种意义上。

M1：这就像，你知道，建议我们回到疼痛的童年记忆而不是考察二元论，然而我认为没有办法这样做，因为那是我们记述事物的方式，所以我们如何才能回到……[一起讨论]。尤其是如果你特别在意你理应寻找二元论的作用这一事实。

M3：除非我们实际上可能努力并且有意为之，否则我怀疑这会有效，但是除非我们的确实际上努力了，或许考虑了疼痛，在我们不使用二元论的情况下或……

M1：我认为既然我们已经讨论了它并且提出了二元论，我认为我们不能。我们将会有另一个触发源，如果它出现的话，那会非常有趣，但是[一起讨论]……

M2：或许我不是完全认同这一点，到底怎么样，这个词被这些占主导的方式完全内在地和一致地结构化，我指的不仅仅是我个人，但我认为当事物没有效果的时候，在每个人身上都存在矛盾和紧张，像小小的裂口，或者你称它们为小小的隔阂，你知道。

M1：是的，但是我认为我确实不能坐下来进行内省，就是说，啊，存在裂口，也存在隔阂，我认为不可能在我自己的那套记忆中真正地明确它，然而当然，是的，如果你正在与其他人谈话，并且他们谈论了某些事情，你可以说，啊，存在一种裂口，但实际上要靠你自己去解决它，我认为这是不可能的。

9

质性研究的质量

在第 1 章，我建议我们应该把研究过程视为一种探险。我提议最好把研究方法当做探究问题的方式，并且这需要一种创造性的而非机械性的研究模式。此外，我指出研究方法还能证明我们对特定研究问题的回答是否合理。现在，在本书的最后一章，我想重新回到这一主张。

质性研究关注情境中的意义。它涉及资料的解释。质性研究者的角色要求他们积极地接触资料，这就要预先假定某种立场或出发点。这意味着质性研究承认研究过程存在主观因素。谈到创造性和主体性很容易援引艺术创作和直觉洞察这些浪漫的概念，而这反过来与科学的严密性和客观性经常形成对比。在我看来，"艺术"与"科学"的这种概念上的对立，并不能反映相互排斥的研究方式之间存在真正的分割；质性研究者必须探讨其研究的科学价值及其对知识的贡献。传统上用来评价心理学量性研究科学价值的标准（如信度、效度、代表性、概括性、客观性），目前看来，这些标准并不适用于质性研究（参见第 1 章）。因此，有段时间质性研究者一直在讨论应该如何评价质性研究。结果确定了许多套不同的标准并围绕着这些标准的价值展开了激烈的辩论。

本章我要先回顾质性研究者提出的一些评价标准。接下来讨论认识论与评价的关系。有人认为，评价标准必须要与待评价研究的认识论框架保持一致。然后我对照着本书所介绍的几种方法对这一观点进行了探讨。在本章的最后，我从总体上概述了质性研究方法所面临的机遇和局限。

优秀质性研究的标准

有学者已经试图确定判断心理学质性研究质量的标准。例如，亨伍德和皮金就提出了优秀质性研究的 7 种特征（Henwood & Pidgeon 1992）。这 7 种特征所基于的假设是，研究者与研究对象、认识的主体与认识的客体都不是各自独立的实体，因而"客观性"或者不存在偏见并非判断质性研究的有意义的标准。亨伍德和皮金所提出的优秀实践的准则关注于确保研究的严密性，同时承认研究过程中的特异性和创造性。它们包括：

1. 适合度的重要性。研究者所得出的分析范畴应该切合研究资料。为了证明研究具有较高的适合度，要鼓励研究者明确、清晰和全面地写作研究报告，说明给现象贴上特定标签和进行分类（范畴化）的原因。
2. 理论的整合。应该清楚地阐明分析单元之间的关系，并且它们在不同概括水平上的整合应该让人一目了然。分析者的备忘录应该记载整合的过程及其理论基础。
3. 自反性。由于研究过程不可避免地会影响探究的对象，在编制研究文档的过程中必须承认研究者的作用。
4. 文档编制。研究者应该对整个研究过程中的工作内容和原因给出广泛而全面的说明。
5. 理论抽样和反例分析。研究者应该持续不断地力求扩展和修正已生成的理论。为了做到这一点，研究者应该探索那些不适合已生成的理论以及可能产生新见解的例子。
6. 对协商现状的敏感性。研究者要关注起初产生资料的参与者解释研究的方式。尽管参与者验证并非总是研究的必要条件（人们可能会因为各种个人和社会的原因而不同意研究者的解释），但研究者至少应该意识到参与者的反应，并且要尝试说明自己的解释与参与者解释两者的差异。

7. 可转移性。为了能让读者探究研究的适用性在多大程度上可以超越资料产生的特定情境，研究者应该全面地报告研究的情境特征。

最近，埃利奥特等人（Elliott et al. 1999）已经确定了他们自己的评价质性研究报告的准则。他们指出，尽管存在许多既适用于质性研究又适用于量性研究的评价标准（如方法的适宜性、呈现的明晰性、对知识的贡献），但质性研究的评价需要更多地考虑特异于质性研究的属性。这些属性是：

1. 拥有自己的视角。质性研究者应该公开他们自己的价值观和假设，以便读者对分析进行解释，考虑其他可能的解释（这与亨伍德和皮金的"自反性"大体相当）。

2. 使样本情境化。质性研究者应该较为详细地描述参与者和他们的生活环境，以便读者评价研究结果的贴切性和适用性（这与亨伍德和皮金的"可转移性"大体相当）。

3. 以实例为根据。质性研究者应该运用资料中的实例来演示他们所使用的分析程序，证明他们所产生的理解。这也能让读者评价资料与研究者的解释两者的适合度（这与亨伍德和皮金的"适合度的重要性"大体相当）。

4. 提供可信度检验。质性研究者应该参考其他人（如同事、参与者、其他研究者）对资料的解释或者将其他分析方法（如其他质性视角、量性资料）运用于同一研究主题，从而检验他们的陈述是否可信（其中的某些方面在亨伍德和皮金的"对协商现状的敏感性"中已论及）。

5. 连贯性。质性研究者应该以呈现连贯的和整合的分析（如以叙事或故事、"图谱"、框架或基本结构的形式呈现）为目的，同时保留资料中的细微差别（亨伍德和皮金在"理论的整合"中关注了类似的问题）。

6. 研究任务的普遍性与特殊性。质性研究者必须清楚他们的研究任务。如果研究试图理解某种现象的普遍性，就要确保研究的实例范围适当。如果研究的目的是要深入地了解某个特殊实例或者个案，就要确保对其进行系统而全面的研究。两种情况下，如果研究结果超出其原始情境的适用性都要进行探讨。

7. 与读者产生共鸣。质性研究者应该确保材料的呈现方式能激起读者的共鸣。读者应该能认识到，研究已经阐明或扩展了他们对研究主题的认识和理解。

我们能发现亨伍德和皮金的标准与埃利奥特等人的准则存在某些重叠之处。根据这些学者的观点，质性研究中的"优秀实践"要求系统而清晰地呈现分析，并且分析要有据可查地扎根于资料，分析时还要关注自反性问题。此外，"优秀实践"的特征是：能意识到它的情境和理论特异性，以及由此给它的贴切性和适用性带来的限制。要想进一步了解评价质性研究质量的原则亦可参见亚德利的文章（Yardley 2000）。

在其他社会科学学科领域内已经形成了几套类似的评价质性研究的标准（如 Robson 1993; Leininger 1994）。尽管其中大多数标准的确似乎都是针对相似的问题（如自反性、可信度、可转移性），但是很显然，这些学者都是从他们自己所偏爱的方法论实践所提供的特定立场出发来探讨评价问题。例如，亨伍德和皮金的标准受到了扎根理论概念和术语的影响，而埃利奥特等人将他们自己定位于现象学—解释学的传统框架内。我们要扪心自问，针对特定质性方法论提出的评价标准事实上在多大程度上能适用于所有类型的质性研究。一些学者（如 Madill et al. 2000; Reicher 2000）主张，由于不存在统一的质性研究范式，评价质性研究的标准必须根据它们要评价的特定方法量身定做。在不同认识论和本体论框架下进行的质性研究对优秀标准的要求可能不同。这是因为，不同的方法论取径基于不同的关于世界本质的假设、知识的意义及研究者在研究过程中所起的作用。

我在第 1 章曾指出，为了能够以一种有意义的方式来评价研究，我们必须知道研究的目标是什么以及研究的目的是要产生何种知识。换言之，我的意思是，为了能够评价一项研究对知识的贡献，我们必须对该研究所使用方法的认识论基础有清醒的认识。为了帮助读者跟踪了解本书详述的所有 6 种研究方法的认识论观点，我确定了 3 个认识论问题，并针对每种方法一一进行了探讨。

接下来我要概括地考察认识论与评价的关系。然后我们要讨论如何评价不同的研究方法。

认识论与评价

雷谢（Reicher 2000）和马迪尔等人（Madill et al. 2000）都认为，质性研究的特征表现为认识论的多样性，并且这会对评价产生影响。然而，他们在考察这种多样性的过程中并没有使用同样的取径分类。雷谢确定了两种类型的质性研究取径（经验的和话语的），而马迪尔等人探索了三种认识论分支（实在论的、情境建构主义的和激进建构主义的）。雷谢比较了旨在更好地理解人们的经验、思维方式和行为的（经验的）质性研究和关注语言在建构现实中的作用的（话语的）质性研究。他认为，经验的质性方法（诸如扎根理论等）本质上是实在论的，因为它们"保留了这一观点：即语言是对内部范畴理解的反映，因而可以用来'解读'人们真实的思想和经验"（Reicher 2000: 3）。相形之下，话语的质性方法是社会建构主义的，因为它们把语言界定为一种用来建构各种版本现实的社会行为。

马迪尔等人的分类没有表现出如此明显的对比。相反，他们所确定的三种取径更像是处在连续体上的不同位置，一端是朴素实在论，另一端是极端相对论。这种情况下，实在论的质性研究的特征是发现取向，所采取的形式可能或多或少带有朴素的色彩。朴素色彩稍淡一点的实在论（如批判实在论）与建构主义取径有着很多共同点，因为它们都承认知识产生中的主观因素。情境建构主义的研究所基于的假设是，所有知识必然是情境性的，取决于认识者的立场。这意味着不同的视角对同一现象会产生不同的见解。因此，此类研究关注的是表征的完整性而非准确性。最后，激进建构主义对表征这一概念本身提出了质疑。这种情况下，知识视同为一种社会建构，并且研究的焦点是构成"知识"的话语资源和实践。因此，雷谢的经验的质性研究种类结合了马迪尔等人的实在论的和情境建构主义的取径（参见图 1）。

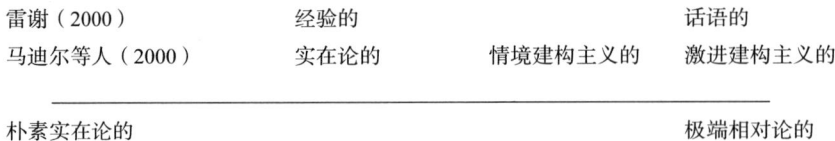

雷谢（2000）	经验的		话语的
马迪尔等人（2000）	实在论的	情境建构主义的	激进建构主义的

朴素实在论的			极端相对论的

图 1　质性认识论的分类

雷谢（Reicher 2000）和马迪尔等人（Madill et al. 2000）都承认，各种取径及其认识论基础之间的差异是显著的。用雷谢（Reicher 2000: 4）的话说，"它们拥有不同的哲学根源、不同的理论假设，并且询问不同的问题"。因此，它们需要不同的评价标准。根据马迪尔等人的观点，在实在论认识论框架内进行的研究可以根据它们的客观性和信度来评价。这里客观性是指研究者没有偏见。例如，扎根理论研究者应该确保从资料中生成范畴，而不是把意义强加于资料之上。分析的信度可以利用（研究者的和 / 或方法的）三角互证来证明，以说明不同视角如何汇聚在一起，从而验证彼此的观察和解释。为了证实其优秀性，在情境建构主义认识论框架内进行的研究应该表明，陈述与其得以产生的情境之间的关系。也就是说，陈述必须有据可查地扎根于它们得以产生的（情境、个人、文化、社会等）条件。这既适用于参与者的陈述（如经验、思想和情感的陈述）也适用于研究者的陈述（也就资料的分析和解释）。因此，在这种框架内评价的一个重要标准就是自反性。

在激进建构主义认识论框架内进行的研究，否认这一观点：即通过研究方法可以了解参与者所拥有的经验、思想或情感等实体。因此，从激进建构主义的观点来看，关注于陈述的准确性或真实性的标准是毫无意义的。相反，此类研究必须根据它自身的情况来评价。马迪尔等人提出了内部一致性、异常个案分析和读者评价作为此类研究的适宜标准。内部一致性指的是分析"形成一体"的程度，并且不包含重大矛盾。异常个案分析可以检验已生成的理论构想，并且有利于给它的适用范围划定界限。读者评价指的是读者认为该研究在洞察和理解上的贡献程度。此外，原始资料的引入（从访谈转录稿上逐字逐句地引述或摘录）可以便于读者对材料提出他们自己的解释。

为了便于读者评价质性研究，研究者们必须清楚他们想要发现什么（即研究问题）和他们试图产生何种知识（即他们的认识论立场）。此外，他们必须确保他们所使用的研究方法适合于研究问题并且与他们的认识论立场保持一致。马迪尔等人（Madill et al. 2000: 17）提醒我们，"质性研究者有责任阐明他们的认识论立场，从事研究时要与该立场保持一致，呈现研究结果时要便于他人进行恰当的评价"。

本书几种质性方法的评价

在本书每一章的最后，我探讨了每种质性方法的三个认识论问题。这些问题是：（1）该方法产生了何种知识？（2）该方法作出了何种关于世界的假设？（3）该方法如何界定研究者在研究过程中的作用？通过回顾第 3~8 章的内容，我们现在能够根据其认识论立场来给这 6 种质性研究取径中的每一种定位。在从朴素实在论到极端相对论的连续体上，这 6 种取径可以定位如下（参见图 2）：

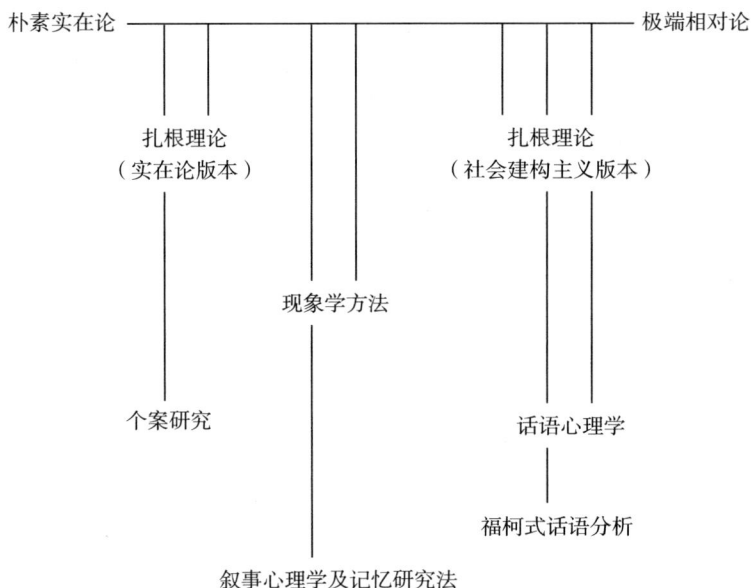

图 2 6 种质性研究取径的认识论立场

利用马迪尔及其同事（Madill et al. 2000）的认识论分类，个案研究和实在论版本的扎根理论可以描述为"实在论的"，现象学方法、叙事取径和记忆研究法以及社会建构主义版本的扎根理论采取的是"情境建构主义的"取径，而话语心理学可以归类为"激进建构主义"。福柯式话语分析既可以从"情境建构主义的"视角也可以从"激进建构主义的"视角来探讨。

在根据认识论立场给 6 种取径作了分类之后，我们现在能够为每种取径确定适合的评价标准。实在论版本的扎根理论和个案研究，可以根据它们真实体现（在某人的生活中、在某人的内心中、在某种情境中）实际发生事件的程度来评价。由于它们的目的是准确地描述社会和心理过程，并且如果可能要使其理论化，所以必须根据它们所产生知识的客观性和信度进行价值判断。这可以通过各种形式的三角互证来完成。例如，两位研究者可以各自独立地给同一部分资料编码，以确认他们各自所确定的范畴彼此相符的程度。类似地，对同一情境的观察可以由两个或多个观察者进行，以确认各自观察的准确性。在该框架内进行三角互证的目的是，把不同的视角汇聚在一起来验证研究结果。可以认为不同视角的汇聚点反映了"客观现实"。

现象学方法、叙事取径、记忆研究法、社会建构主义版本的扎根理论以及某些福柯式话语分析，可以通过考察它们把观察资料扎根于其产生情境的程度来评价。然而，务必要牢记，使用这些方法的研究可能并不渴求解释它们所描述的现象。相反，它们的目的可能是要丰富而全面地描述某种现象（如某种经验、某种生活方式、某种情境等），这可以使读者了解它的品质和质地。这种情况下，关注于现象与其产生条件之间关系的评价标准就可能不适合评价这些研究。例如，一项解释性现象学的研究会比福柯式话语分析的批判实在论取径更少可能去关注上述关系，后者的研究目的是要使话语扎根于社会和制度实践甚或结构（要想了解话语分析的批判实在论取径，参见 Willig 1999a, 2000; Sims-Schouten et al. 2007）。尽管如此，关注情境中的意义和解释学的解释是这些方法的共同点，这意味着使用这些方法的研究必须探讨自反性问题。也就是说，它们必须承认研究者的视角和立场对研究产生了影响，并且最好还要证实这些视角和立场是如何影响研究的。

话语心理学和福柯式话语分析最好通过考察它们所产生的陈述的质量来评价。它们讲述的故事是否生动？故事是否清晰、连贯一致和足以区分？故事能否让读者产生新的见解？故事是否令人信服？由于话语分析与激进建构主义认识论有着密切的关联，所以不能根据它与外部条件或情境的关系（正如情境建构主义研究）或一致性（正如实在论研究）来评价。相反，话语分析研究必须根据它自身的状况来评价——也就是说，研究凭借其自身得以成为话语建构的条件，依据它的连贯一致性、理论复杂性和说服力。正如马迪尔等人（Madill et al. 2000: 13）所指出的，"然而，这并不意味着任何解释都一样好"。适合这类研究的评价标准的目的是要考察研究的质量而非它的效度。

一些研究者（如 Forshaw 2007）与那些倡导质性研究"严密性"和"彻底性"的质性心理学家存在争论。他们认为，既然质性研究承认存在多种解释并且同样有效，那我们就没有必要关注"方法"。例如，福肖（Forshaw 2007: 478）提出，"存在一种令人困扰的双重标准……：一方面我们在背弃'真理'，而另一方面我们在制定方法来理解文本并规定我们应该如何理解它们"。然而，我们务必要理解：尽管给出解释不同于作出真理论断，但是方法无疑会牵涉到解释和理解之中。研究者对文本（如访谈转录稿）给出的方法学上的解释与对它的主观看法存在差别，前者基于解释者对自己给出的解释进行批判性反思和挑战的系统循环过程，而后者是作者的直接联想和反应的产物。尽管这两种陈述很可能都令人着迷、富于洞察力，但它们是不同过程的产物。读者要解释（和评价）研究者的解释，就必须尽可能地了解解释产生的过程。这正是我们的研究报告需要"方法部分"的原因。

一些警告

我前面曾论证，评价标准必须与待评研究的认识论框架保持一致。我还指出，在评价一项质性研究之前，我们必须确定它的认识论立场。为此，我确定了三个认识论问题，并对本书所介绍的 6 种质性研究方法一一进行了探讨。此外，我还建构了一个从"朴素实在论"延伸至"极端相对论"的认识论立场的连续体（参见图 1 和 2），可以把这 6 种研究方法置于该连续体上。这便于我们思考研究方法彼此之间的关系，并且据此能选择适合的评价标准。然而，现在应该承认，认识论立场的确定并非像看上去那般容易。

把认识论视角划分为不同的立场必然需要对视角进行一定程度的简化和均质化。诸如"实在论"或"相对论"等标签并不能充分体现各种认识论特征的真实复杂性和模糊性。而且，任何特定方法（论）的分类本身都是判断问题。大多数取径都结合了与多种认识论立场相一致的多种特征。此外，大多数方法会随着时间推移而演变，并且可能会对它们的认识论假设作出相应修改。一些取径已经演变成截然不同的版本，各自可能必须单独进行分类。因此，质性研究者们并不必然同意彼此的方法分类。例如，一些学者（如 Reicher 2000）把扎根理论描述为实在论取向的，另一些学者（如 Rennie 1998）则主张扎根理论融合了实在论和相对论。还有一些学者（Madill et al. 2000; Willig, 本书）指出，存在不同版本的扎根理论，其中有些版本是实在论取向的，有些版本是社会建构主义取向的。第三种观点（如 Annells 1996）认为，尽管扎根理论产生于后实证主义范式，但它现在正朝着建构主义发展。因此，虽然考虑认识论问题是开展和评价质性研究的必不可少的部分，但是要确认和遵从明确清晰的认识论视角并非总能做到。然而，认识论考量可能会引发模糊性、不确定性和某种程度的混乱，这一事实不应该阻止我们思考质性研究的认识论立场。思考、谈论和书写自己和他人的认识论承诺可以鼓励自反性，这反过来也有助于我们具体说明我们自己和他人的知识论断的重要性（和局限性）（要想详细了解认识论与心理学研究的关系，参见 Slife & Williams 1995; Bem & Looren de Jong 1997）。

质性研究的机遇和局限

　　在讨论了各种质性研究方法的评价标准之后，我想更普遍地思考质性研究面临的机遇和局限。在结束这本书的时候，我想退一步来反思质性研究的优缺点，以便阐明此类研究究竟能为心理学研究者带来什么结果。对于那些还在判定质性研究方法是否适合其研究目的的研究者，这些思考很重要。它们还有助于研究者对质性研究形成和保持现实的预期：质性研究能解决什么问题，不能解决什么问题。

　　质性研究能考察事物或现象的意义。它能让研究者挖掘参与者的视角和解释。这样，它催生了真正新颖的见解和理解。质性研究的资料收集和分析方法可以视为一种"倾听"，并且可以说，它们的优点在于针对各种表达形式都较为敏感。此外，这些方法能够兼容资料中的紧张和矛盾之处，甚至能够使之理论化。不像许多往往抛弃"异常值"的量性分析，质性研究关注特殊案例和个别特征，以便更完整地理解所研究的现象。质性研究往往是开放式的，因为研究过程不会预先决定或提前确定。

因此，我们可以识别出不合理的假设、不恰当的研究问题、研究开始所犯的错误等等，并且可以相应地调整研究的方向。在描述质性研究的验证过程时，克沃勒（Kvale 1995: 27）援引了"技艺"这一概念：

> 验证归根结底依赖于研究技艺的质量，这包括对研究结果进行持续不断的检验、质疑和理论解释。在验证的技艺取径中，所强调的重点从生产线成品的检查转移到知识生产的全部阶段的质量控制。

然而，质性研究不能为研究者提供确定的结果。质性研究往往关注复杂的社会和心理过程，这些过程涉及意义的协商和参与者（包括研究者）的解释。甚至那些在实在论范式框架内进行研究的质性研究者，也必须探讨自反性在研究过程中的作用。尽管他们可能试图在不带先入之见或预期的情况下探究资料，以避免意义的强加，但是他们也认识到，研究者的客观性只是理想而非现实。总是有可能对资料给出其他的解释。此外，质性研究并不能让研究者找到普遍适用的因果律。质性研究往往深入地研究小样本量，这意味着它们可以洞察特定个案的动态过程。然而，它们无法判断总体的趋势、规律或分布。同样，质性研究关注于描述和解释而非预测。由于质性研究要在自然情境中探究现象，所以无法控制某些变量以便集中研究其他变量。因此，质性研究往往是整体论的和解释性的，而非还原论的和预测性的（要想详细了解质性研究的概括性问题，亦可参见第 5 章）。

最后，由于不同的质性研究方法基于不同的认识论立场，所以并非总能比较或整合它们的研究结果，即使它们关注相似的研究主题。要理解一项研究的结果并进行评价，必须清楚地了解它的认识论基础。精通某种方法（论）的质性研究者，未必就能客观公正地评判其他类型的质性研究。这意味着，质性研究大家庭的特征是一定程度的分裂和分割，这不利于质性研究者相互的合作与沟通。可以这样说，各种质性研究方法应该完全在它们自己的体系内进行评价，并且它们之间的比较应该只限于概括它们的不同观点和侧重点。我采取了不同的做法，因为我已经在每章最后指出了每种方法的一般"局限"。这意味着，我间或批评了某种方法没有做它并未声称去做或打算去做的事情。然而，在我看来，超越内在的批评并且弄清楚各种取径所无法解决的疑问或问题，对我们的研究会有帮助作用。这可以帮助我们对运用哪些方法来研究哪些研究问题作出知情选择。例如，扎根理论有助于我们描绘社会过程以及它们对参与者的影响；然而，它的目的并不是要帮助我们阐明个体参与者心理的内在工作方式。现象学取径有助于我们进入研究参与者的世界并且了解（它的某些）品质和质地；然而，这种取径并不能让我们得出他们的经验为何如此的严密结论。个案研究可以让我们很好地认识某一特定个案，并且可以理解个案成为现在这个样子的过程和原因；然而，个案研究并不能很好地提供现象的全貌，确定跨情境的相似性和模式。话语心理学能很好地揭示语言的行动取向特征及其在特定情境下的作用；然而，它不能告诉我们个体内在经验的丝毫信息。福柯式话语分析的确能洞察话语与主体性的关系；然而，它不能为我们提供研究经验的非语言方面的工具。叙事取径和记忆研究法有助于我们了解参与者如何建构意义，建立过去与现在的联系，以及这一过程在今天可能会如何影响参与者自身的经验；然而，这些方法无法告诉我们在参与者的身上究竟发生了什么，以及这些事件发生时是如何影响他们的。

当然，没有任何一种方法不存在其自身的局限。不管怎样，承认这些局限可以促使我们自反性地认识我们自己的界限和他人对知识和理解所作的论断。

关于技术的说明

质性分析的过程耗时费力，需要研究者很多投入。即使小规模的质性研究也要花费数小时艰苦地探索资料（参见附录 1~3）。诸如博士学位论文等规模较大的质性研究，可能要逐行分析数百页访谈转录稿。质性分析最常见的问题是计算机程序在质性资料分析中的作用。计算机软件的运用能在多大程度上加速质性分析的进程？这能否让我们分析更大的资料库？因而，质性研究能否纳入诸如代表性和概括性等新目标？

目前有许多可用于质性分析的计算机程序。弗利克（Flick 1998）估计数量在 25 种左右；然而，新的程序还在持续产生。最知名的软件包有 ETHNOGRAPH（http://www.QualisResearch.com）、NUD*IST（http://www.qsr.com.au）、ATLAS（http://www.

altlasti.de）（参见 Seale 2000）和 MAXqda（参见 Silver & Fielding 2008）。这些程序能让研究者给文本的各个部分附上编码并创建资料档案。也能记录和保存研究者备忘录。依据档案或档案的特征，资料检索能让研究者从各种不同的视角并带着不同的问题来检查资料。一些程序（如 ATLAS）超越了资料的编码和检索，具有促进理论发展的额外特色。这些特色包括编码与概念图表或概念网络的建构之间的层次关系的视觉展示。计算机无疑会加速资料探索的过程。在屏幕上进行资料档案的检索和分析备忘录的检查非常方便，并不需要人工剪贴、摘录复印、颜色编码和手工分类。此外，这些程序还能让研究者依据编码、关键词或描述性标签，检索拥有某些共同特征的档案，以便确定资料内部的模式，而无需搜遍整个资料库。要想详细了解计算机辅助的质性资料分析的各种特征和功能，参见西尔弗和菲尔丁的著作（Silver & Fielding 2008）。然而，务必要牢记，计算机只不过是为研究者服务的工具；它自身没有任何创造能力。正如弗利克（Flick 1998: 256）所说，"形成理论的当然不是程序——正如写文章的不是 word 软件一样"。

计算机软件包并不适合所有的质性研究。例如，对于关注语言建构意义的方式以及意义在不同情境中的变化的话语分析，编码和检索的加工方式就不太可能特别有用。在此类分析中，注重的是话语建构与实践的变化性和灵活性。这意味着，相同的字词在不同的情境中可能表示不同的意思，意义是社会性协商的结果，话语缺失可能也具有重要的意义。虽然计算机在纯粹实践的意义上仍然有用（例如，把引语存储于档案中，把分析意见加入到转录稿中，把摘录剪贴到研究报告中，等等），但是在话语的分析中依赖于简单的编码是不明智的（但要想了解计算机辅助的话语分析，参见 Silver & Fielding 2008）。这是因为，编码往往依赖于常识性意义，而这些意义本身是话语分析中解构的对象。使用解释学的、自反性的和解释性方法（如解释性现象学分析或记忆研究法）的研究者也必须对计算机软件包的使用持谨慎态度。

紧跟与研究有关的计算机技术的最新发展是有价值的。例如，能够储存和重放录音资料的软件的出现，可能对那些关注话语和会话的研究者有帮助（要想了解这些程序，参见 Kvale 1996b; Seale 2000）。这种技术的使用将使得转录显得多余（诸如 Adobe Audition 等音频程序可以用来处理数字资料档案），并且能让研究者更加关注话语的非言语方面（如语调、音高、音量等）。此外，研究报告以光盘的形式呈现，而非文章、书本或论文，有利于包纳更多的文本和原始资料，因而会增加读者评价的机会。

由此可见，最重要的是，质性研究者是否决定使用计算机软件包，取决于他对程序与其欲采取的解释取径之间相容性的评定（要想详细了解各种软件包及其适用性，参见 Weitzman & Miles 1995）。

"什么"和"如何"

本书探讨的是质性研究方法在心理学中的应用。尽管我已经力图把方法论与认识论和理论联系起来，但是一部专注于"方法"的教科书很容易让人觉得把"如何（做）"放在比"（做）什么"更优先的位置上。这种态度被人批判为"方法崇拜"（methodolatry）（参见 Chamberlain 2000; Curt 1994; Reicher 2000）。我要支持克沃勒（Kvale 1996a: 278）对方法的界定，即方法是"通往目标的道路"，并且在结束本书的时候，我要强调选择好研究目标的重要性。毕竟，正是研究问题激发了研究活动并且决定了研究方向。研究方法不是食谱，而是探究问题的方式，并且研究的价值取决于我们在追求知识和理解的过程中设法使方法与问题相匹配所使用的技能。持续投入研究所需的动力不可能只来自于对方法论的兴趣。实际上，可能的情况是：

> 质性和量性研究最好的方法论来自于那些积极从事研究的人，而在此类研究中方法论从属于希望了解和沟通某些重要人生问题的热切渴望。
>
> （Orum et al. 1991: 23）

扩展阅读

Chamberlain, K. (2000) Methodolatry and qualitative health research, *Journal of Health Psychology*, 5(3): 285-96.

Elliott, R., Fischer, C.T. and Rennie, D.L. (1999) Evolving guidelines for publication of qualitative research studies in psychology and related fields, *British Journal for Clinical Psychology*, 38: 215-29.

Henwood, K. and Pidgeon, N.F. (1992) Qualitative research and psychological theorizing, *British Journal of Psychology*, 83(1): 97-112.

Madill, A., Jordan, A. and Shirley, C. (2000) Objectivity and reliability in qualitative analysis: realist, contextualist and radical constructionist epistemologies, *British Journal of Psychology*, 91: 1-20.

Reicher, S. (2000) Against methodolatry: some comments on Elliott, Fischer and Rennie, *British Journal of Clinical Psychology*, 39: 1-6.

Yardley, L. (2000) Dilemmas in qualitative health research, *Psychology and Health*, 15: 215-28.

如何理解"支配性"？借助记忆进行的解释

——戈兰·佩琼内克

自反性前言

本研究直接起源于质性方法的教学。前几堂课中威利格教授力陈质性研究的重要性，并且强调了这类研究较量性研究的优势。然而有人指出，量性研究方法仍然是社会科学领域里进行科学研究的主导工具。这个问题促使我对这两种研究的重要性进行了深刻的思考。我认为要想研究人类的行为，心理学——如果要成为科学的学科——必须改善它的工具，将两种方法结合起来使用。

首先，研究的主题必须通过质性研究方法来界定，而研究的进行可以采用量性研究技术。我认为为什么这样一种做法很难实施，这又回到了一种研究方法论较另一种占优势的问题。为了证明两种方法结合的重要性，我决定先看看只使用量性研究方法研究支配性这一主题所存在的困难。当我回顾支配性这一话题的研究文献时，很快就发现，采用量性方法的许多研究都以矛盾结果而告终。例如，考察父亲支配性与同性恋关系的研究得出了模棱两可的结果；一些研究表明家中支配性较低的父亲与男性后代的同性恋有关，而另一些研究并没有发现这种关联。"支配性"（dominance）这一术语真正的含义是什么，这些研究都没有解决这一重要问题。定义对于清楚明确地聚焦于研究的主题非常重要，后续的研究从而能够以相同的定义来定位。然而，"支配性"这一术语很难定义，这一点已为我对支配性含义的质性研究的结果所证实。

当我开始这项研究时，我认为自己对于如何进行该研究已有了清晰的认识。因为我从以前的质性研究中学到的经验是，最好尽快开始研究，以便留给自己充分的时间来应对可能出现的问题。这个主意非常好，因为研究并没有如我所预计的那样顺利进行。研究中途我就想放弃了，因为我已经在这个复杂的主题中迷失了自我。记忆研究法并不太困难；你只要逐步遵循程序就可以了。然而真正实践时，你才认识到你要遵循指导准则所必须完成的工作量。研究最困难同时也是最痛苦的部分是对参与者之间讨论的转录，因为这需要高度集中注意力并且非常耗费时间。程序的所有其他部分则较为容易和有趣。

你遵循方法的程序时，可能会遇到许多问题。例如，其中一位参与者书写了一份记忆，但第二次会谈没有出现，我就陷入了麻烦。取而代之，我邀请了两位新的参与者来参加这次讨论会！参与者的选择和参与者之间的关系都是研究非常重要的方面。

对于那些确实决定选择使用这种记忆研究法的研究者，请一定要牢记，这种方法要耗费很多时间，并且需要较好的组织能力，要与记忆研究团体中的成员保持友好的关系。最重要的是，它需要团体恪守研究承诺。祝好运！

摘　要

支配性这一术语几乎处处可见。在心理学领域，有许多研究使用了这一概念。然而，研究结果却存在矛盾；有人指出，这可能是由于这种现象的复杂性。本研究运用质性研究以加深我们对"支配性"的理解。采用记忆研究法，通过反思和重构过去的经验来激活记忆，再把记忆书写下来作为原始材料。对记忆的分析表明，支配性不是单一的现象。记忆材料表明人们对支配性的知觉和建构方式并不一样。记忆揭示了各种与支配现象有关的情绪。所有记忆都是从受支配者的立场来书写的。

导 言

支配性是普通的心理学文献中反复出现的主题。例如，在谈论过去几十年西方社会男性和女性角色日益趋同的现象时，会提及支配性。然而，科学家研究支配性时，常在许多情境下都使用同一个词。例如，神经科学里的支配性常用来指大脑的优势半球。遗传科学里的 "支配性的基因"（即显性基因）这一术语指的是在下一代中重新出现的亲代特征。甚至在社会心理学领域，也在多种情境下（如 "支配性的父母" 或 "支配性的伴侣"）提及支配性。人格研究者会提及人格的支配性特质。在日常言语中，这个词具体表达了许多不同的含义，诸如统治、管辖、控制、掌控、胜过、盖过、影响、操控、权威等等。

让我们来仔细考察社会科学研究中 "支配性" 起着重要作用的某些情境。卡特尔（Cattell 1965）在他的 16 人格因素问卷（16 Personality Factors Questionnaire）中介绍了 "支配性因子"。根据卡特尔的观点，支配性人格的特征是独行专断、自信、自夸、自负、攻击、好斗、责他（extrapunitive）[1]、任性、坚强、精力充沛和自我中心。卡特尔认为，支配性的个体并不必然具有专制人格。专制人格并非单一的概念，它包括至少 4 种人格因素，可能还包括许多文化因素以及更多的刻板印象。卡特尔指出，研究专制人格的社会心理学家把支配性的人描述为欺下媚上的人，而卡特尔自己的支配性因子所揭示的支配性的人是领下欺上的。他的观点基于他与史蒂斯（Stice & Cattell，引自 Cattell 1965）做的一项团体动力学实验，在实验中他们发现，如果所有团体成员在支配性上的得分都很高，那么他们建立的团体会更加民主和自由。卡特尔指出，支配性特质具有很强的体质特征。他还主张，相同的模式在某些动物物种身上也明显存在，并且与动物的雄性激素水平有关。尽管卡特尔给出了有力的证据，强烈支持支配性人格特质的存在，但他没有解释为什么社会心理学家对同一现象的知觉会不同。此外，卡特尔的问卷已为新的、更加复杂的人格问卷所取代，如 "大五人格问卷"（Big Five），它们不再测量支配性因子。这是否意味着支配性人格特质

---

1 又译外罚，指个体遭受挫折时将愤怒和过错的责任归于他人的心理倾向。——编者注

不再为学界认可，或者只是意味着卡特尔的工作无法重复？

支配性研究的模糊性的另一个例证是家庭研究。根据一些研究个体的性取向与支配性父母关系的研究者的观点，其中包括弗洛伊德（亦可参见 West 1959; Snortum et al. 1969），支配性的母亲会提高男同性恋的发生率。然而，贝尔等人（Bell et al. 1981）、赫费尔（Hoeffer 1981, 引自 Gross 1992）和格伦博等人（Golombok et al. 1983）没有发现这种关联。不一致的研究结果可能是因为使用了"支配性"这一术语。该术语在不同研究中的含义并不一样。此外，支配性并不必然是一个全或无的问题，因为丈夫在某个领域可能是支配性的，而妻子在另一个领域可能是支配性的。

这些模糊不清的研究结果证明了"支配性"这一术语并不是一个简单的概念。支配性的含义可能会因所牵涉到的关系（如父母、伴侣、同事）和所针对的情境（如研究主题、适用范围）的不同而不同。

本研究使用质性研究而非量性研究来考察支配性的概念。根据柯克和米勒（Kirk & Miller 1986）的观点，质性观察可以确定事物的存在与否，以及它的定义性特征是什么，而量性研究涉及测量某些特征存在的程度。换言之，质性研究较量性研究有优势，它可以利用普通人在他们自己的领域里用他们自己的语言来定义某种现象。如果我们利用被试人群来研究某种情境，那么研究该情境时有必要确保这些人所使用的定义是相同的——也就是说，我们必须"正确地叫出事物的名称"。

本研究使用了一种新的、有力的方法即记忆研究法，它产生于豪格（Haug 1987）的社会化理论，该理论类似于肖特（Shotter 1984, 1986, 引自 Kippax et al. 1988）提出的人的社会建构的理论。尽管记忆研究法是一种新方法，到目前为止仅仅用于考察妇女身体的性别化和情绪的社会建构，但本研究将首次尝试使用该方法考察支配性这一概念。之所以选择记忆研究法，是因为它可以考察社会互动和社会建构以及与支配性概念有关的情绪。本研究将通过记忆的分析得出支配性的基本含义。

方　法

本研究使用记忆研究方法来收集和分析资料，该方法是最近由德国女性主义者弗里加·豪格（Frigga Haug 1987）引入的。记忆研究法的资料由书写的记忆组成。这有两个好处。第一，记忆便于接触过去。记忆描述了过去主观上重要的事件或行为，并且反映了困难的或陌生的情节。记忆的重要性体现了因陌生和束手无策而导致的对可理解性（intelligibility）的持续追求。第二，个体的记忆提供了指引其行为方向和评价其行为的媒介（Crawford et al. 1992）。正如肖特（Shotter 1984，引自 Kippax et al. 1988）所指出，个体利用自己的过去经验来组织未来行为的过程极为常见。

记忆研究是一个团体过程；因此，在研究开始之前，必须组建合作研究者团体并且必须选择一位团体带头人。

作者注：在不能清楚地确认带头人的情况下也可能进行记忆研究。事实上，可以这样说，带头人的出现造成（或反映）了团体中的权力差异，而这与记忆研究法要成为一种真正集体性的研究方法的追求难以相容。

记忆研究分为 3 个阶段。第一阶段主要是选择记忆的主题，并根据下列规则书写记忆：

1. 书写一份记忆稿
2. 可以是特定的情节、行为或事件
3. 以第三人称描写
4. 尽可能详细地描写，甚至包括（明显）无关紧要的或琐细的细节（所想到的关键形象、声音、味道、气味或触觉都可能有帮助）
5. 但是不要加入解释、说明或个人简介
6. 书写一份你最早期的记忆。

作者注：记忆研究并不必然要基于童年记忆。有些记忆研究项目考察成年后的记忆。记忆的选择依赖于所要研究的主题。

第二阶段主要是记忆的团体分析：

1. 每位记忆研究团体的成员都要依次对每份记忆稿发表观点和想法

2. 寻找记忆稿之间的异同点及贯穿所有记忆稿的要素，这些要素彼此之间的关系并不是显而易见的。每位成员都应该特别地质疑记忆事件中的那些看似经不起比较检验的内容。然而，团体成员不应该诉诸于自传写作或个人简介

3. 每位记忆研究团体的成员都要找出传统观念、普遍规律、矛盾、文化规则、隐喻……并且

4. 讨论与记忆主题有关的理论、日常观念、格言和意象

5. 最后，每位成员都要检查哪些内容没有写入记忆（而原来预计要写进记忆稿）

还存在第三个阶段，进一步分析记忆与学科理论背景的关系。

作者注：这些指导准则引自克劳福德等人（Crawford et al.1992）。

参与者

共有 8 名参与者，5 名女性，3 名男性。为了保密，转录稿均使用化名。参与者的年龄为 21~50 岁。所有参与者都是心理剧培训团体的成员。培训已持续了一年多并且培训成员的关系较密切，因为培训过程包括实践环节，每个成员都要与团体的其他成员分享过去的经验。参与者具有不同的背景，主要来自心理健康和教育行业。培训团体是国际性的；其中 4 名成员的第二语言是英语。下文会突显参与者的国籍，以便读者思考"支配性"这一术语的含义可能在多大程度上具有文化特异性。8 名参与者都书写了他们的记忆；然而，其中两名参与者没有参与记忆的讨论。替换他们的是两名只参与讨论的新成员（乌特来自德国，维奥莱塔来自南斯拉夫）。

程　序

在开始研究之前，我得到了英国密德萨斯大学（Middlesex University）伦理委员会的伦理批准。在与心理剧培训团的主管讨论之后，我向团体成员告知了研究目

的并询问他们是否愿意参加。所有成员都签署了知情同意书，上面概述了研究的特点并作出匿名保证。研究持续了 3 周多。在第一周，要求参与者根据提示物（即分发给他们的文字材料上所印的记忆研究法规则）写下他们的记忆。在第二周，收集所写的记忆稿，转换成印刷品，并给每位成员复印一份。最后，在第三周，开展讨论，并用专业的索尼随身听把讨论内容记录到录音带上。讨论是结构化的并持续了45 分钟。团体成员依次对每份记忆进行了讨论，而且还进一步讨论了一些半结构式的问题。

作者注：了解这些问题是什么以及为什么会选择它们都有助于了解研究。

此外，整个讨论都从磁带录音[1]转录成了印刷品。

记忆的分析

首先要对记忆稿进行个别分析。然后要相互比较。我们先分析迈克尔的记忆。

作者注：此时，阐明团体讨论对记忆分析的影响程度，对研究很有帮助。此外，分析部分的内容最好能做到清楚明确，便于读者理解。例如，分析时提及以下事实：记忆的复制是逐字逐句进行的，研究的理论意义和方法论意义将在讨论部分进行探讨。这些都要重点标出。

迈克尔 1（南非）

我记得我两岁的时候生了场大病，躺在一张大床上，阳光洒进了我的房间。奶奶把涂有马麦酱的面包给我吃。即便父母不在我身边，我仍然感受到温暖和关心、幸福和疼爱。我记得窗外漂亮花园中的阳光和绿叶。在离家很远的地方我感到幸福。

迈克尔 2

当爸爸赶我进房间时，我第一次感觉到受人支配；星期天，我躺在地板上滑动，并大叫大笑。爸爸厉声地说"去你的房间"。我受到了惊吓，跑开了。

迈克尔没有遵守文字材料列明的规则。他用第一人称书写他的记忆稿。他的第一份记忆与支配性无关；这是他能记起的早期记忆之一。记忆中他受到了祖母的照顾，祖母给了他安全和关爱。他使用了对比：小男孩（2岁）躺在一张大床上，阳光与疾病。他把祖母与离家时体验到的关心（她为他做了涂有马麦酱的面包）、幸福和疼爱的感觉联系在一起。我们可以推测他与父母的关系不是非常好："在离家很远的地方我感到幸福"。

在第二份记忆中，迈克尔的确记述了支配性，尽管他仍然以第一人称书写。他受到了父亲的支配。支配性是通过"去你的房间"这一要求表现出来的。在受到父亲支配时，迈克尔感到恐惧。这里也可看到对比：他突然从快乐和大笑转向了害怕和不安。

萨尼娅（南斯拉夫）

萨尼娅只有5岁，她和哥哥萨沙坐在厨房的桌子旁。萨尼娅最喜欢待在厨房，冬暖夏凉，四周绿树环绕，窗台和小阳台上摆满了花盆。厨房有一个靠背的长椅，很温暖。桌布是暗绿色方格花样，地面上铺着绿色的地毯。桌椅都是深色木质的，非常舒服。她和哥哥都非常讨厌吃饭，因为妈妈总是让他们吃一些他们不喜欢吃的食物，比如加了许多香芹的汤。今天的晚饭是菠菜。他们俩都很安静。妈妈离开了餐桌，来到水池前洗碗。萨尼娅和哥哥交换了眼神，窃窃私语。刚开始时萨尼娅不敢说什么，她把菠菜从盘子的一端推到另一端，假装吃饭。妈妈在刷碗的间隙会偶尔瞅他们一眼，并且说："吃，都吃光，我不想看到盘子里有剩菜"。哥哥低下头，像往常一样，听话地吃了起来。经过一些失败的尝试后，萨尼娅放下她的汤匙说："妈妈，我不想吃了"。说完这句话她知道接下来会发生什么。如果她的爸爸在这儿就好了。"你不想吃是什么意思？！你必须吃，要把这些都吃完！！看看你哥哥，他几乎都吃完了！"那一刻她讨厌她的哥哥。妈妈夺过汤匙，把菠菜塞到她的嘴里。那几乎是难以忍受的恶心感觉。她觉得恶心想吐。她不能让菠菜再在嘴里停留一秒钟，否则她真的会吐出来，所以她把菜全吐在了地板上。这实在让妈妈非常愤怒，对她大喊："你看看你做了什么！！我给你做饭，你却把饭吐在了地板上，你看看你把地毯弄的又脏又乱"。妈妈打了她的屁股几下，萨尼娅开始啼哭。作为惩罚，妈妈让她清理干净地板，不让她吃完晚饭就去睡觉了。

萨尼娅的记忆非常长而且很详细。当时她 5 岁并且和哥哥在一块。她比较了她最喜欢的地方（厨房）和必须吃最不喜欢的食物所产生的愤恨，两者差别悬殊。萨尼娅受到她妈妈的支配，并且认为爸爸可以保护她："如果她的爸爸在这儿就好了"。与她哥哥不同，她不害怕违抗她的妈妈。萨尼娅反抗了妈妈的支配。妈妈对此非常愤怒，想控制她让她吃饭却没有奏效，所以对她进行了体罚并让她回房睡觉了。这种支配性的陈述关注于控制；一位妈妈想约束自己的孩子，但是孩子却想坚持自己的个性。情绪是通过啼哭来表达的。

凯特（英国）

凯特和菲奥娜是最要好的朋友，总在一起玩耍。在 6 岁（？）生日的时候，她们都收到了玩具婴儿车的礼物。凯特的婴儿车是金属制成的，上面涂了闪亮的紫色和白色油漆，而菲奥娜的婴儿车是红色塑料质地的。对于她们的礼物，两个女孩子都非常高兴。（因为她们生日只差了两天，所以总是一块举行生日宴会。）在凯特家的后花园里，在布满荆棘的篱笆和墙之间有一条狭窄的小路。两人都在花园里玩并想一起通过这条小路。菲奥娜让凯特把她的婴儿车推到荨麻旁边，这导致车上闪亮的新漆被蹭花了。凯特非常沮丧和愤怒，而菲奥娜却明显没有歉意。

凯特的记忆讲述了她与菲奥娜的亲密友谊。看起来凯特要比菲奥娜地位高：她的婴儿车是金属制成的，上面涂了闪亮的紫色和白色油漆，而菲奥娜的婴儿车是用红色塑料做的。菲奥娜可能嫉妒凯特的婴儿车。两个女孩之中菲奥娜更具支配性。她向凯特发号施令，告诉她做什么（"菲奥娜让凯特把她的婴儿车推到荨麻旁边"）。有趣的是，记忆表明凯特比菲奥娜地位高，因为她拥有一辆更好的婴儿车，并且是在她家的花园里。她还希望菲奥娜表达歉意，因为她的婴儿车被蹭掉了一块漆。表面看来凯特信任她的朋友，但却由于菲奥娜的故意欺骗导致她的婴儿车刮蹭，所以这是她的朋友对信任的一种背叛。这也暗示了这是故意破坏，因为凯特希望她的朋友作出道歉。凯特没有说明接下来发生了什么。她们是否停止了玩耍？凯特是否向她的朋友表达了情绪？她害怕她吗？她作出反应了吗？凯特也没有解释菲奥娜是怎样让她把婴儿车推到荨麻旁边的。

朱莉娅（南非）

（6岁，一年级）

> 女孩坐在教室后面；每个人都在讲话，尽管老师要求他们保持安静。老师把朱莉娅从教室后面叫到前面。她满脸通红地走过了几排课桌。她看到了格兰特的笑脸。因为老师要求不能讲话但是她没有听从，所以老师呵斥了她，声音回响在教室上空。然后老师让她弯下腰，赤手打了她。朱莉娅转过身面对着全班同学回到了自己的座位。她使劲地咬着嘴唇，害怕自己会笑或哭。

朱莉娅的记忆把支配性放在了课堂中的师生关系上。老师试图控制孩子们，朱莉娅被点名批评，尽管每个人都在讲话。为什么？老师的行为似乎对朱莉娅不公平。朱莉娅尴尬地走到了全班同学面前但是没有表现出害怕。支配性是在老师呵斥她和体罚她的过程中表现出来的。朱莉娅报告了复杂的情绪（"笑或哭"）。她因为这个不公平的遭遇显得迷惑、沮丧，但却保持着一丝骄傲感。朱莉娅脸红时格兰特露出笑容的记忆也写出来了，表明朱莉娅可能喜欢格兰特。

戈兰（南斯拉夫）

> 戈兰有2~3岁，吸着他最喜欢的橡皮奶头。橡皮奶头是天蓝色的，顶部已被咀嚼成浅黄色，而刚买来时是深黄色的。时间是早春，仍然有些寒冷和潮湿。戈兰戴了一顶缀有毛绒小球的蓝色帽子，穿了一件可爱的棕色冬季外套。戈兰和妈妈跟着爸爸一块去了附近的一个村庄，去看望一位养猪的老先生。他叫布兰科，满头白发。布兰科在他的后花园里盖了猪圈，里面养了许多条猪。戈兰被猪和那里的整个场景吸引住了。那里仍然很泥泞，猪非常脏，味道也不好闻。在某个瞬间，布兰科转向了戈兰，对他说："为什么你这么大了还在吸奶头？"

接下来，他把奶头从戈兰的嘴里拔了出来，好像扔到了猪圈里。戈兰没有哭并且再也没有要过奶头。

看起来戈兰非常依恋他的橡皮奶头，因为他提供了奶头的许多细节。他还详细地描述了他的衣着。在这份记忆中，戈兰似乎对那位老人和他的猪印象非常深刻；老人展示了权威和权力。戈兰屈服了，没有任何反抗地听从了他。这里有一组对比：对奶头和衣服的描述象征着温暖安全，而泥泞的猪圈和肮脏的猪却可能是戈兰第一次见到。支配性与权威以及戈兰从布兰科老人那儿习得的对未知事情的印象联系在一起，这能让布兰科用下面的信息操控他，"你已经步入了现实世界"（"为什么你这么大了还在吸奶头？"）。尽管没有表达情绪，但是看起来与情绪也有关联："戈兰没有哭并且再也没有要过橡皮奶头"。看起来戈兰应用了不显露任何情绪的成年人的行为方式——也就是说，"大男孩不哭"。

柳比查（南斯拉夫）

那是一个阳光明媚的下午，也是圣诞老人日。一个小女孩（3 或 4 岁）跟随她的妈妈和奶奶拜访了她叔叔未来的妻子以及她的妈妈。她们玩得非常高兴。小女孩喜欢房子里陈旧的革命前的氛围，墙上挂着肖像画，呼叫仆人的铃铛（现在不存在了）悬挂在餐厅桌子上方老式的大型枝形吊灯旁边，桌上有传统的蛋糕。在回去的路上，她的妈妈和奶奶叮嘱她，不能向爷爷透漏这次拜访一个字："你不要在你的爷爷面前提到这次拜访。做一个好女孩，不要泄露一个字"。小女孩对于能成为一个连爷爷都不知道的秘密的一部分感到非常激动。她也想成为一个好女孩，所以她答应了。当她们到达爷爷家的时候，爷爷正在书房里，看起来像是好莱坞电影里的科学家，花白的头发，蓝色的眼睛，穿着深蓝色的裤子和白色的衬衣，白色衬衣外面是紫红色的羊绒背心和领结，周围是大量的书和香烟烟雾。当小女孩走向前跟他打招呼时，他起身给了她一份礼物，即一双在脚踝处各有一只白天鹅的蓝色的漂亮靴子，并说道，"这是给你的，因为你是一个好女孩"。女孩回应道，"是的，我是一个好女孩，所以我不能告诉你我们刚刚去了哪里"。沉默……越过她的头，她感觉到大人们在交换眼神。她紧握着她的新靴子离开了房间，并且关上了门。后来，这个故事变成了讲述孩子天真烂漫的奇闻轶事。

值得一提的是，这份记忆是从当前的视角通过描述"孩子的天真烂漫"来书写的。乍一读，很难注意到支配性。然而，支配性是通过母亲和祖母告诉她不要提及此次拜访的行为而表现出来的。此外，祖父通过说她是一个好女孩并送给她一件礼物来操控她。小女孩很困惑并试图使双方都满意。支配是通过言语操控表现出来的。她对跟随母亲和祖母参观的房子的描述，和她对有吸引力、有权威和有权力的祖父的描述存在一些相似之处。祖父的支配性是通过给小女孩留下惊喜（即漂亮的靴子）的印象，并称她是"好女孩"表现出来的。小女孩因礼物而困惑和着迷，她做出了有策略的妥协而尽力不让任何一方失望。

拉多万 1（南斯拉夫）

拉多万是一个 2 岁大的男孩，还不能完整地讲话。安妮卡是一位 40 岁的穿靴子的妇女。小男孩绝望地等待着他和蔼、温柔的妈妈回来。他害怕安妮卡，透过窗户观望他的妈妈是否到来了。他掀起了小窗帘。安妮卡说"不"，并猛打了他的双手。拉多万很害怕，眼泪汪汪。

拉多万 2

拉多万与安妮卡站在大街上，下着雨，道路泥泞，也很拥挤。她大喊，"待在这里，不要走动"。拉多万独自呆在人群中，害怕安妮卡，害怕拥挤的人群。

拉多万书写了两份很简短但非常情绪化的与家有关的记忆。男孩很无助，因为他不能表达自己的感受，并且受到一位"40 岁的穿靴子的妇女"支配。男孩等待着他温柔的妈妈把他从这个女人手中救出来。他非常害怕安妮卡。支配性通过对安妮卡的惩罚的恐惧表现出来。他报告了惧怕的情绪，并且表现出害怕和流泪。在第二份记忆中，他受到了同一个女人的支配，不过这次是发生在恶劣天气条件下一条拥挤的大街上。这次的支配性是通过控制表现的。他报告了害怕安妮卡和拥挤的人群。

萨拉（埃塞俄比亚）

（5 岁）

操场文化是残酷的，起作用的是适者生存的丛林法则。对于一个来自异国他乡、不能遵守操场规则或者不能用操场语言来谈话的孩子来说，操场真是一个残忍的地方。萨拉是学校里新来的孩子，英语讲得不好。带着外国口音；其他孩子发现了这一有趣现象，经常在她讲话时模仿她。对于萨拉来说，玩耍时刻是一种令人畏惧的惩罚，尤其是漫长的午餐休息时间。在大多数日子里，如果知道莫蒂默夫人会在操场执勤，她都会感觉很放心。莫蒂默夫人是学校里最受欢迎的餐饮监管员。萨拉会陪伴莫蒂默夫人围着操场度过大部分晚餐时光，还经常握着她的手。莫蒂默夫人受到大部分孩子的欢迎，大家会经常给她一个拥抱或微笑。一次午餐时间，萨拉占据了她最喜欢的位置，即在莫蒂默夫人左右，但是帕特里克发现了她。帕特里克是一个西印度的大男孩，总是在班里惹麻烦。萨拉经常听到老师让他下课后留堂，或者让他向校长汇报。帕特里克偶然间走上了萨拉的路，他坚信莫蒂默夫人应该给他一些关注。当莫蒂默夫人很忙的时候，帕特里克就转身告诉萨拉离莫蒂默夫人远点，否则他会揍她！莫蒂默夫人是他的餐饮监管员并且只有他才能牵她的手。后来他又告诉萨拉如果她把这件事情告诉其他人，他就会揍她。萨拉现在陷入了窘境，她感到她的全部生活都快要因莫蒂默夫人崩溃了。她可以感觉到眼泪在眼眶里打转，鼻子也酸酸的。操场上剩余的喧闹现在似乎也逐渐消失，变得毫无意义。她无法单独面对玩耍的时间，也无法忍受其他孩子叫她的外号。萨拉感到被情绪征服了，她尽可能快地朝教室方向跑去。她尽力确保没有人注意到她，并坐在了自己的课桌旁。她感到孤单和害怕，当得知午餐时间快要结束时才稍稍舒了一口气。你是知道的，学校不允许学生在休息时间待在教室里。萨拉对帕特里克痛恨至极，想出了各种诡计让他为所做的一切付出代价。但是在内心深处她又知道她根本不可能对帕特里克做什么，因为他要比她强壮得多。

萨拉对支配性的记忆与学校操场联系在一起。她受到帕特里克即一个身体强壮的男孩的支配。值得一提的是，萨拉认为学校操场是一个粗暴和残忍的地方，并且惧怕惩罚。莫蒂默夫人代表着安全，能给萨拉提供了安全感。帕特里克是一个可怕的淘气男孩。他威胁她如果不遵守他制定的规则就给予身体惩罚，从而支配了萨拉。萨拉报告说，她很害怕，想哭，眼泪开始在眼眶里打转，鼻子很酸，而且她也很担心别人叫她的外号。可以看出，她对帕特里克使她在叫她外号的其他孩子面前出洋相非常愤怒。她感到孤单和害怕，而且对帕特里克痛恨至极，她试图让他付出代价，但是她也知道她不是做这种事儿的人。

记忆的比较

分析完所有的记忆之后，男女参与者在记忆长度方面的差异很明显；女性倾向于比男性书写更长的、更具描述性的记忆。男女两性在回忆事件的年龄上也存在差异；男性倾向于比女性描述更早期的支配性记忆。支配性在大多数记忆中都与对体罚的恐惧有关（如萨拉、迈克尔、朱莉娅、萨尼娅和拉多万），而且在权威和训诫方面还与言语操控有关（如戈兰、柳比查和凯特）（表1总结了记忆的内容）。

表1　记忆的总结

记忆		迈克尔2	萨尼娅	凯特	朱莉娅	戈兰	柳比查	拉多万1	拉多万2	萨拉
年龄		2	5	6	6	2~3	3~4	2	2	5
支配表现	身体的	否	是	否	是	是	否	是	否	否
	口头的	是	是	否	是	是	是	是	是	是
	其他的	否	否	是	否	否	否	否	否	否
行为		跑开	啼哭/清理	推婴儿车	咬嘴唇	迷惑	答应	流泪	独处	跑到教室
情绪		害怕	?	沮丧、愤怒 害怕会笑或哭	?	激动	恐惧	恐惧	孤单、害怕、痛恨	
地点		家	厨房	花园	教室	花园	家	家	街道	操场
支配		否	否	否	否	否	否	否	否	否
被支配		是	是	是	是	是	是	是	是	是
支配者	同伴	否	否	是	否	否	否	否	否	否
	兄妹	否	否	否	否	否	否	否	否	否
	母亲	否	是	否	否	否	否	否	否	否
	父亲	是	否	否	否	否	否	否	否	否
	其他人	否	否	否	老师	成人	祖父	保姆	保姆	
顺从于支配性		是	否	是	是	是	是	是	是	是
辩解		是	是	?	否	是	是	是	否	是

作者注：此时，应该就表格的内容给读者提供一份简短而又清晰的文字说明。在呈现研究结果的解释之前，就应该说明表格里用到的概念和符号。

　　从表 1 可以看出，支配性还与不公平以及无助感甚或愤怒感有关，如迈克尔、萨尼娅、拉多万、萨拉和朱莉娅的案例。在戈兰和柳比查的陈述里，支配性的类型看起来是相似的。他们受到"大男孩"或"好女孩"称谓的操控，于是便尽力以这种形象行事。凯特的记忆是个例外，因为她受到她的朋友支配，但并不清楚致使她如此行动的具体过程。从表中还可以明显地看出，萨尼娅是唯一没有顺从支配企图的人。然而，支配性并不必然与消极经验有关。例如，在戈兰的案例中，我们可以看到支配性可以用来执行纪律，以产生令人满意的行为改变。有趣的是，所有记忆都把作者描述为受支配者；没有人写到自己处于支配他人的地位。他们的记忆都是相似的，因为主人公往往受到"更大的"人物（年龄更大的、更强壮的、有权威的人）支配。此外，其中的某些记忆是从当前的视角来解释的；例如，柳比查的陈述表明了这一点，萨拉的记忆也表明了这一点，她回忆说"操场文化是残酷的，起作用的是适者生存的丛林法则"。

讨　论

　　记忆稿表明，支配性并非单一现象。显而易见，支配性在记忆里是以不同的方式来解释的，在记录的讨论中是以各种不同的方式来定义的。

作者注：在这里应该指出的是，限于篇幅，无法在本文呈现团体讨论的分析。

　　情境是模糊的，因为它可能既是积极的（如在教导纪律的过程中）又是消极的（如涉及操控）。与支配性有关的主要情绪是恐惧和愤怒。可以看出，支配性的表达方式很多。最广泛的形式是口头惩罚后继之以身体惩罚。支配行为更可能发生在家里，并且在记忆里存在各种支配性人物；他们总是被描述为比受支配的人更大、更强壮。

资料还表明，男性比女性报告的支配性记忆发生更早；然而，这一观察结果还需要进一步研究。最终也是最引人注目的研究发现是，所有参与者书写的记忆都是从受支配者的立场出发的。

结果表明支配性并非单一现象，因而很难测量，这与导言部分所概述的关注点是一致的。从记忆稿以及稍后的团体讨论都可以看出，团体成员使用的"支配性"这一术语具有不同含义。这在柳比查和凯特的记忆中尤其明显，她们的支配性是微妙的，几乎难以觉察。从记忆稿还可以明显地看出，记忆里的支配者具有类似于社会心理学家所描述的特征，即是"欺下媚上"的人。这从萨尼娅（即父亲的在场会把萨尼娅从母亲的支配中拯救出来）、拉多万（即拉多万的母亲的出现会改变局势）和萨拉（即男孩担心萨拉会把发生的事报告给老师这一事实）的记忆里所陈述的支配性的层级顺序也可以明显地看出。

最有趣的研究发现是，所有记忆都是从受支配者的立场来书写的，尽管在给参与者的指导语中并没有具体规定这一点。讨论得出的推测是，支配性是一种习得的过程，我们先受他人支配才学会支配。这一研究得出的另一个推测是，人们以受支配者的立场来呈现他们自己，因为这样更容易为社会所接受。检验这两种推测将很有趣，例如使用同一方法但给出不同的、社会难以接受的记忆"触发源"，如"书写你最早的关于攻击经验的记忆"。看一下受支配者的立场是否会重复出现一定很有意思。

支配性概念主要与恐惧和愤怒情绪有关。因此，记忆研究法是研究情绪的有力工具，正如基帕克斯等人（Kippax et al. 1988）和克劳福德等人（Crawford et al. 1992）所指出的。该方法还与豪格（Haug 1987）的看法相一致，豪格认为记忆研究法也是研究自我建构的有力工具，因为它可以使人触及过去以及对过去的当下解释，这在柳比查的记忆（即"一个孩子的天真烂漫的奇闻轶事"）和萨拉的记忆（即"适者生存的操场"）里显而易见。然而，记忆研究法也可能会受到质疑：记忆是我们自己对过去事件的陈述，或者仅仅是长辈告诉我们的但我们无法记起的叙事故事？情况很可能如此，特别是对于我们最早期的记忆。

记忆研究法是探索自我建构和情绪建构的有力工具，前者如豪格（Haug 1987）所说，后者如基帕克斯等人（Kippax et al. 1988）和克劳福德等人（Crawford et al.

1992）所指出。它还是定义现象的好方法。然而，记忆研究法很耗费时间 [2] 并且很大程度上依赖于团体研究 [3]。拥有可靠的合作者，在记忆研究中有着共同的兴趣，并平等地致力于探索感兴趣的现象，这对于记忆研究者很重要。限定合作研究者的数量也很重要，因为人数太多可能会在转录讨论时增加困难。

参考文献

Bell, A.P., Weinberg, M.S. and Hamersmith, S.K. (1981) *Sexual Preference: Its Development in Men and Women.* Bloomington, IN: Indiana University Press.

Cattell, R.B. (1965) *The Scientific Analysis of Personality.* Harmondsworth: Penguin.

Crawford, J., Kippax, S., Onyx, J., Gault, U. and Benton, P. (1992) *Emotion and Gender.* London: Sage.

Haug, F. (1987) *Female Sexualization.* London: Verso Press.

Golombok, S., Spencer, A. and Rutter, M. (1983) Children in lesbian and single-parent house-holds: psychosexual and psychiatric appraisal, *Journal of Child Psychology and Psychiatry*, 24: 551-72.

Gross, R.D. (1992) *Psychology: Science of Mind and Behaviour*, 2nd edn. London: Hodder & Stoughton.

Kippax, S., Crawford, J., Benton, P. and Gault, U. (1988) Constructing emotions: weaving meaning from memories, *British Journal of Social Psychology*, 27: 19-33.

Kirk, J. and Miller, M.L. (1986) *Reliability and Validity in Qualitative Research.* London: Sage.

Snortum, J.R., Marshall, J.E. and Gillespie, J.F. (1969) Family dynamics and homosexuality, *Psychological Reports*, 24: 763-70.

West, D.J. (1959) Parental relationships in male homosexuality, *International Journal of Social Psychiatry*, 5: 85-97.

注　释

1. 这一部分的工作非常困难，因为有 8 位成员参加了讨论。有时会出现 3、4 个成员同时发言的情况。转录团体讨论非常困难，转录整个讨论花了 7 天的时间。要想获取团体成员的所有贡献，精力必须高度集中，尤其是在某些参与者的英语还是第二语言的情况下。

2. 不幸的是，经过两个月的努力工作，这篇论文的字数达到了规定篇幅的两倍（仅记忆部分就占了 2000 字）。仅用 5000 个字很难公平地阐明这样一个主题，并且篇幅的缩减已经致使解释不充分。

3. 报告发生在团体成员身上的偶然事件也很重要。萨尼娅过去曾参加过一些心理剧培训会议，但不是正式的团体成员。在记忆讨论当天，萨尼娅参加了心理剧会议。她了解到，记忆讨论将在心理剧会议之前举行。然而，事实并非如此，于是萨尼娅公开地告诉团体我们之间的误解以及她不愿意先参加心理剧会议。一些团体成员非常失望并让她离开团体。研究者感到应该对这次误解以及所引起的苦恼负责。所以我坚持要解决问题，结果团体分成了两派，一派支持萨尼娅公开她的情感，而另一派把萨尼亚的公开看做无礼的表现。解决了这个难题之后，萨尼娅决定不再留下来讨论记忆。除了萨尼娅之外，萨拉也错过了记忆的讨论。然而，讨论还是进行了，并且两名新成员加入了进来，即乌特和维奥莱塔。

附录 2

异性恋关系和女同性恋关系虐待行为的质性研究

——克里斯·迪尤·瓦卢尔

自反性前言

本研究的目的是要探索和揭示亲密关系中的个体陷入家庭暴力时所面临的某些复杂和困难问题。它源自我与他人的讨论以及自己的内心想法和逻辑论证。当听到有人用诸如"一个巴掌拍不响"和"如果他们敢碰我一个指头，我就离家出走！"等刻薄的话来谴责那些与虐待型伴侣生活在一起的人时（当然，违背当事人意志的身体暴力并非是仅有的虐待类型），我就想知道这些话是否反映了他们的无知或天真。受到其他人和我自己的经验的启发，我构想出了这一研究项目。在那些可能批评本研究偏离男性暴力问题并将男性暴力看做家庭侵害的唯一真正来源的人看来，我（尤其）关注的是性别、权力和能动性问题。挑战那些未公开承认的、否认的或者隐藏的问题要困难得多。生物学上的性别分类不属此列。

我希望本研究能成功地在本科生研究项目内表明质性研究的过程。本研究不像行动研究那样试图带来突破性的变化，而是作为一块"奠基石"促进我们对问题的理解，激发进一步的讨论，为未来研究提供方向。

作为一名主修统计和量性技术的本科生，我的研究基础——从未使用过扎根理论——让我有点胆怯，但是就我想要从事的这种心理学研究而言，它给了我一种自由和表现的感觉。质性研究关注人类经验的意义和解释及其产生过程。带着开展现象学研究（探索经验的主观陈述并给它们分类）的兴趣，我认为半结构式访谈是一种适合的资料收集方法，并且扎根理论分析尤其适合我的研究问题。

有时，研究过程可能是令人感到沮丧和泄气。参与者可能会退出，转录工作似乎没完没了，时间似乎永远都不够用，你怎么也无法相信"所有情况会同时出现"！尽管困难重重，但不要放弃！与人会面并互相交谈和倾听可能是很好的收集资料方法。无论是在参与者的家里还是在（合适的）休闲场所，都可以喝上一杯酒。访谈可以给人们带来谈论他们生活经验的机会。在本研究中，我认为这对于我本人和那些参与研究的人来说是双赢的。最重要的是，我要感谢埃斯米和路易丝参与研究并心甘情愿地分享她们的故事。有时，资料分析会遇到困难和挫折，因而我要特别感谢那些一直鼓励和支持我的人。

最后，我想说的是，无论你的动机是什么，做研究并不必然是一项艰巨的任务。它可能是充满乐趣的事。踏寻别人没有走过的路，亲力亲为……你永远不知道它会通向何处或者你可能会发现什么。

摘　要

本研究考察了两名遭受伴侣虐待妇女的经验。我对她们进行了半结构式访谈，其中一位确认为女同性恋者，另一位确认为异性恋者。访谈问题主要围绕着她们的性方面的描述、她们与伴侣的亲密关系中最美好和最糟糕的经验、虐待所致伤害的治疗、虐待行为的终止、对他人的公开以及她们对媒体报道虐待行为所持的看法。扎根理论分析发现，不论伴侣的性别是男是女，都存在身体虐待和心理虐待。由女性施暴者所实施的性虐待也是存在的。受虐妇女很难获得社会支持。进一步的分析确定了 11 种潜在因素，它们增加了与虐待型伴侣生活在一起的风险：社会支持、虐待型伴侣表现出的尊重、向虐待型伴侣表现出的尊重、希望 / 否认 / 接受、对虐待型伴侣的信任、承诺、现实迷失、自尊、非暴力哲学、责任心（自责）以及"情感束缚"（恐惧与情感依恋）。本研究有助于突出考察家庭暴力所涉及问题的复杂性。

导　言

　　在考察家庭暴力问题时，量性研究方法和质性研究方法都曾用到。许多研究者认为家庭暴力是男女两性都面临的问题，并且他们一致认为家庭暴力在定义和现实中是不分性别的（Dwyer et al. 1996）。考察异性恋关系中男性暴力的文献的数量已经有所增长，但是仍然具有进一步探索的空间。美国的一些研究者已经表明，女性受虐这一领域作为重要的社会和公共健康问题正在获得普遍的关注（Roberts 1996）。根据已有的文献，男同性恋虐待行为直到最近才受到重视（Letellier 1994），而对女性施暴者的考察还寥若晨星（Kelly 1992, 引自 Chandler & Taylor 1995）。就女性对其他女性的虐待行为而言，情况尤其如此，尽管有证据表明在美国（例如，Lobel 1986; Lie & Gentlewarrier 1991; Renzetti 1992）和英国（Chandler & Taylor 1995）人们对这一问题的意识都在提高。

　　非常有必要阐明家庭暴力的定义以及虐待行为的构成。德怀尔等人（Dwyer et al. 1996）指出，传统的定义往往着眼于某种形式的可观察到的身体上的伤害。医学和法律都把虐待的定义局限于身体行为（Petretic-Jackson & Jackson 1996），而忽视情感和心理方面。德怀尔和同事提醒我们，暴力行为的判定是由文化因素决定的，因而反映了社会的偏见。这对社会、经济和法律政策的发展有着重大影响。事实上，人们普遍认为家庭虐待超出了医学上的定义。佐伯瑞特斯基和狄吉罗拉莫（Zubretsky & Digirolamo 1996）指出，研究者现在认为家庭暴力包括建立和维持对亲密伴侣的权力和控制的行为。此类行为包括身体、情感、经济、性生活和心理上的虐待。多位研究者（如 Renzetti 1992; Mooney 1993, 1994; Chandler & Taylor 1995; Dwyer et al. 1996; Hester et al. 1997）已经对一系列虐待行为进行了探索。

　　有一些理论尝试解释家庭暴力的因果联系。心理学研究已经考察了诸如自控和自尊、心理健康、内化责备、物质滥用等个体差异（参见 Dwyer et al. 1996）对虐待行为的影响。其他研究已经表明，施虐者或受虐者的精神机能障碍（参见 Hamberger & Hastings 1991，引自 Hamberger 1994）和脑损伤（Rosenbaum & Hoge 1989，引自 Hamberger 1994）可能会导致家庭暴力发生。研究表明，已经经受过虐待的妇女会经常表现出自责，并且感觉自己应该对发生的事件担负责任（Dobash & Dobash 1979，引自 Dwyer et al. 1996; Langhinrichsen-Rohling et al. 1995）。

贡多尔夫和费希尔（Gondolf & Fisher 1988，引自 Dwyer et al. 1996）集中研究了"习得性无助"这一认知行为过程，认为遭受虐待的伴侣是通过一种"顺从被动状态"而继续留在关系中的："虐待降低了妇女的控制感，她可能会将责备内化或者索性停止努力把自己从虐待中解救出来。这两种行为都会促使境况持续下去"。沃克（Walker 1993，引自 Roberts 1996）运用了"习得性无助"的概念来解释为什么妇女不离开她们的施虐者。在其"受虐妇女综合征"的概念里，沃克认为那些患有习得性无助的妇女倾向于选择可预期结果的行为。这意味着，她们将避免那些涉及不熟悉或未知境况的反应，包括逃避。

此类研究有助于理解受虐个体为何不逃离施虐者。严重时会导致受虐者把杀死伴侣看做结束虐待的最后一招。尽管这种观点可能适合解释一些个体与其暴力型伴侣的相处之道，但受虐者和虐待型伴侣生活在一起的原因，除了自责和接受以外还有其他方面。考察这一领域时也必须考虑这些因素。例如，福尔曼和达洛斯（Foreman & Dallos 1995）考察了话语是如何导致压抑的。此外，达顿（Dutton 1988，引自 Dwyer et al. 1996）主张"创伤粘合理论"（traumatic bonding theory），它着眼于两个人（一方间歇性地虐待另一方）之间强烈的情感纽带的发展。达顿和佩因特（Dutton & Painter 1993，引自 Dwyer et al. 1996）指出，这个理论对于考察家庭暴力是有用的，因为它强调了关系中权力不平衡的作用。这种情况下，受虐个体对支持和情感的需要由于虐待本身而增强。施虐者的道歉和许诺因而会被接受，伴侣双方可能会再次相爱，直到下次暴力事件发生。

然而，家庭暴力的社会情境也不应忽视。社会宽容和法律体系的影响是不应忽视的重要问题。当家庭暴力变成施暴者控制其伴侣的有效手段时，最初的家庭暴力往往会愈演愈烈。社会的宽容和惩戒的缺乏导致施暴者认为，他们的行为是可接受的（Zubretsky & Digirolamo 1996）。基青格（Kitzinger 1995，引自 Hester et al. 1997）

认为，针对家庭暴力的"零宽容"运动已经促使人们把家庭暴力视为一种犯罪，需要严肃对待。

　　许多虐待理论都来自异性恋伴侣关系中男性暴力的研究结果。对同性伴侣虐待行为的研究非常罕见。正如汉伯格（Hamberger 1994）所指出，严格基于性别的伴侣虐待理论需要根据男同性恋和女同性恋家庭暴力重新进行评价。伦泽蒂（Renzetti 1992）研究女同性恋伴侣之间的虐待行为发现，施暴者对其伴侣的强烈依赖是此类关系中的一个重要因素。她认为虐待的程度和严重性反映了施虐者依赖伴侣的程度。通过虐待行为，施暴者成功地切断了伴侣与其他人的联系。然而，控制伴侣的成功反过来又增强了施暴者对伴侣的依赖。伦泽蒂还探索了物质滥用对虐待行为的促进作用。她指出，施虐者可能把暴力用作获得权力和控制的手段，以弥补其他方面的无能。

　　钱德勒和泰勒（Chandler & Taylor 1995）承认，很难认识到女同性恋关系中存在的伴侣虐待，因为虐待行为的存在对女性之间安全的生活方式这一传统观念构成了挑战。在女同性恋群体中，女同们对于虐待问题保持沉默。有人认为，同性恋媒体已经对这一主题进行了"肤浅的"和"无益的"报道（Chandler & Taylor 1995）。无论文化或种族背景是什么，伴侣关系都可能发生虐待行为（Walker 1984，引自 Bonilla-Santiago 1996）。无论社会和经济背景、年龄、性偏好、教育水平、身体能力或生活方式如何，虐待行为都可能会发生。

　　已有文献表明，女性在发现自己陷入家庭暴力时，很难获取支持和帮助。遭到同性虐待的妇女仍与其伴侣生活在一起，不太可能是因为陷入经济困境或者要教养孩子（Chandler & Taylor 1995）。但是她们面临着其他障碍，包括人们对同性恋的恐惧以及法律和公民权利的不健全。人们经常否认虐待双方的需要。此类歧视、偏见和不认可会导致更多的痛苦和孤立，即使在女同性恋群体中也是如此。正如克雷思（Creith 1996）所指出，诸如强奸、攻击或虐待等问题在此类群体内仍然是忌讳的。对于所有虐待受害者来说，可获得的信息和支持要重点关注。

　　本研究的目的是要考察已经遭受过伴侣虐待的个体的陈述。它专注于虐待的程度和支持的可获得性。请注意研究的焦点是可以修改的，因为本研究试图运用扎根理论程序探索资料。

作者注：要么在此处要么在方法部分，作者都应该说明使用一般的扎根理论和使用特殊的简缩版的扎根理论的理论依据。作者应该清楚为什么要使用扎根理论，而非其他的质性方法论，以及他希望通过此研究产生何种知识。作者还应该明确指出他意识到本研究并不是完整意义上的扎根理论。

方 法

对两名个体进行了半结构式访谈。参与者是女性，一位是全日制的大学本科生，一位是非全日制的接受继续教育的学生。她们的年龄分别为 23 岁和 32 岁。她们的种族背景是，一位是欧洲人，另一位是加勒比黑人。在访谈期间，参与者投入的并非是长久的或稳定的亲密关系。研究者获得了两位参与者参加研究的书面同意。此外，还告诉参与者她们在访谈的任何时候都有权退出，并且保证对访谈保密。访谈的地点由参与者选择，访谈分别持续了 40 分钟和 75 分钟。访谈表基于亲密关系中的"虐待行为"主题。包括下列问题：性方面的特点、亲密关系中最美好的和最糟糕的经验、所需要的治疗、虐待行为的消除、对他人的公开以及媒体报道（要想了解问题清单，参见第 228 页的附录）。

作者注：尽管访谈表包括的问题与导言 / 文献综述中所提出的问题完全一样，但更加明晰地说明构思访谈问题的过程有利于读者理解研究。此外，稍后的分析所确定的某些范畴会反映在某些访谈问题之中。访谈议程表与分析所确定的范畴的关系应该在报告适当的地方加以探讨。

所有访谈都进行了录音和转录。为了确保保密性和匿名性，在访谈之前同意参与者使用假名。参与者可以讨论与研究本身或研究主题有关的任何问题或顾虑，事后当着访谈者的面倾听磁带录音，索要转录稿或者最终的研究报告的副本。如果参与者需要，要向她们提供与虐待经验有关的更多信息或联系方式。转录标记以杰斐逊（Jefferson 1984，引自 Potter & Wetherell 1987）所设计的标记为基础。

资料的分析依据扎根理论程序（Strauss & Corbin 1990）。通过编码每个句子，并且如果可能还要贴上概念标签，对转录稿进行解读和分析。这些解读和分析连同引自转录稿的相关摘录，可以写在转录稿的副本上，也可以写在一张纸上。运用斯特劳斯和科尔宾（Strauss & Corbin 1990）的指导准则，给概念贴上标签（"开放式编码"）并考察它们之间的联系。斯特劳斯和科尔宾提出了"主轴编码"程序来强调概念之间的联系。尽管这是一种有用的技术，但是为了避免分析焦点的局限，应该灵活运用。最后，对不同范畴进行整合以促进理论生成。这主要涉及"选择性编码"，尽管"过程"程序也可能是有用的（亦可参见 Charmaz 1995）。

> 作者注：在没有具体说明某些专业术语含义时，最好不要使用"选择性编码"、"过程程序"和"主轴编码"等词语。这是因为并非所有读者都必然知道这些术语指代什么，甚至扎根理论研究者本人对于这些术语的具体含义也可能有不同的解释。

要对每份访谈转录稿依次进行分析。在整个分析过程中，尤其是在编码的初始阶段，分析要紧密地结合资料。在分析过程中，要对转录稿进行反复阅读，以便为支持或挑战生成的范畴提供进一步的证据。

自反性

尽管她们遭遇了严重的情感折磨和其他障碍，但是这些妇女在努力重建新生活上表现出了极大的勇气和决心。她们经历到的通常是孤独和痛苦。而往往正是在悲苦之际，人类会变得更加坚强。如果从积极的角度来看，这些经验可能具有积极的价值。这并不是说应该剥夺个体愤怒的权利。愤怒可以激发政治行动。愤怒可以促进愈合过程，但最终"继续前行"源自于"放下执著"。这些妇女以及其他处于相似境况的人所表现出来的力量，对于其他幸存者来说是一种安慰和鼓舞。社会对家庭暴力的持续忽视是不可接受的。对个体的责备、对虐待问题的社会沉默、对承认问题缺乏政治或政府承诺、在寻求支持时经常遇到的实际困难以及社会的不宽容，都反映了许多虐待行为受害者所遭受的持续不公。这是一个既影响异性恋社会又影响同性恋社会的问题。

扎根理论的运用有助于扎根于现实的理论的发展。扎根理论程序考虑了个体在塑造他们所生活的世界时所起的积极作用的重要性，还考虑了如果研究者想要了解正在发生的事件进入现场的必要性（Strauss & Corbin 1990）。在本研究中，研究焦点的变化（从社会支持的可获得性到维持虐待关系所涉及的风险因素）反映了扎根理论方法的灵活性以及它与资料的互动能力。然而，本研究的结果反映了建构资料的特定方式。它允许进行重新解释，因为范畴的建构不可避免地反映了研究者自己的解释和标签。探索资料的其他方法可能有话语分析以及考察各种可能导致个体在受虐过程中感到压抑和保持沉默的话语。家庭暴力是非常敏感的问题。访谈为研究者提供了一种资料收集的方法，研究者能以一种适合研究主题的方式与受访者互动。然而，访谈容易受自我报告偏差的影响，并且一定要承认研究者的身份可能会影响参与者的反应。

结　果

资料的分析生成了几种核心范畴。一些范畴并非从两组资料中同时生成。因此，我依次对每一位参与者陈述中的核心范畴进行了说明和描述。

作者注："核心范畴"这一术语在呈现结果部分之前就必须进行界定。

身　份

图 A1 总结了埃斯米"身份"的核心范畴及其子范畴。在埃斯米看来，身份包括性方面的特点（性征）、自尊、自我知觉和自我保护（参见图 A1）。在路易丝看来，身份由性方面的特点、自尊、自我意象、忍耐力和自我保护构成（参见图 A2）。

性征
- 性偏好：异性恋—同性恋
- 承诺：一夫一妻制—性放纵
- 持久性：长期—短期

自尊
- 强度：高—低
- 程度：多—少

身份
- 性征
- 自尊
- 自我知觉
- 自我保护

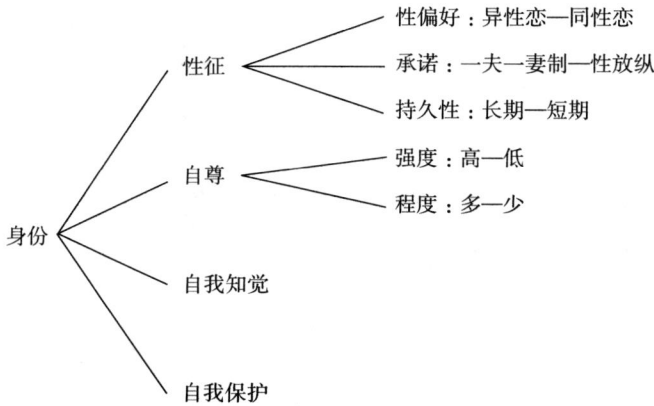

图 A1　埃斯米陈述中的"身份"

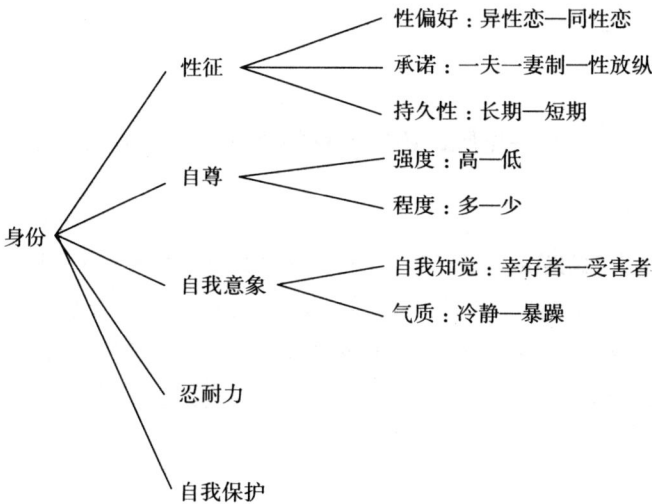

性征
- 性偏好：异性恋—同性恋
- 承诺：一夫一妻制—性放纵
- 持久性：长期—短期

自尊
- 强度：高—低
- 程度：多—少

自我意象
- 自我知觉：幸存者—受害者
- 气质：冷静—暴躁

身份
- 性征
- 自尊
- 自我意象
- 忍耐力
- 自我保护

图 A2　路易斯陈述中的"身份"

伴侣的身份

图 A3 总结了埃斯米的"伴侣身份"的核心范畴及其子范畴。在埃斯米的陈述中，伴侣的身份包括伴侣的意象和身体健康状况（图 A3）。非常相似的子范畴构成了路易丝陈述中的这一核心范畴（参见图 A4）。例如，当路易丝说"他刚才

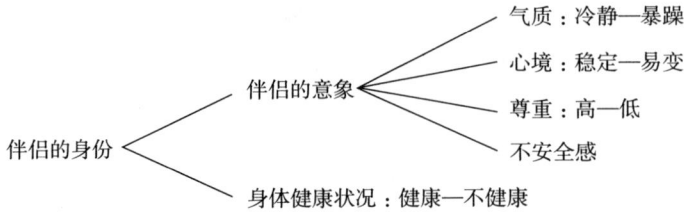

图 A3　埃斯米陈述中的"伴侣的身份"

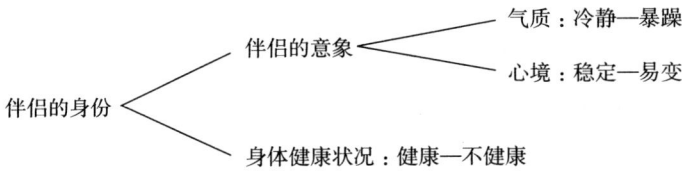

图 A4　路易丝陈述中的"伴侣的身份"

突然看了我一眼，骂我是一坨屎，还推了我的背部"时，她援引了她的伴侣的心境和性情。

作者注：利用引语来阐明范畴以及范畴之间的关系是扎根理论报告较普遍的做法。然而，务必要清楚为什么要选择特定的引语以及它们对读者理解分析有什么作用。这份报告中所包含的引语的确可以阐明范畴；然而，为什么某些范畴能用引语来阐明而其他范畴不能，这一点并不总是明确的。

尊　　重

在埃斯米和路易丝看来，"尊重"作为一种核心范畴，其生成方式相同。它既包含自己对伴侣的尊重情感，也包含伴侣对自己所表现出的尊重情感（参见图 A5 ）。

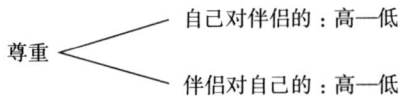

图 A5　埃斯米和路易丝陈述中的"尊重"

心理虐待

在埃斯米看来，"心理虐待"包括通过制造内疚和恐惧而产生的情感虐待（参见图 A6）。在路易丝看来，"心理虐待"是通过情感虐待和心理残害而产生的（参见图 A7）。两种情况下，恐惧都是情感虐待的一部分。

> 作者注:建构"心理虐待"这一核心范畴的根据并不清楚。由于埃斯米的陈述中"心理虐待"只有一种子范畴（情感虐待），并不清楚它在多大程度上或者以什么方式超越或者不只包括"情感虐待"。

例如，埃斯米描述了一次情感虐待的经历，她说："她说我是自私的和无用的，我应该感谢她跟我在一起，因为没有任何人愿意跟我有交往"。

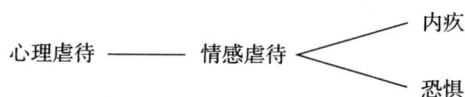

内疚
心理虐待 ——— 情感虐待 <
恐惧

图 A6　埃斯米陈述中的"心理虐待"

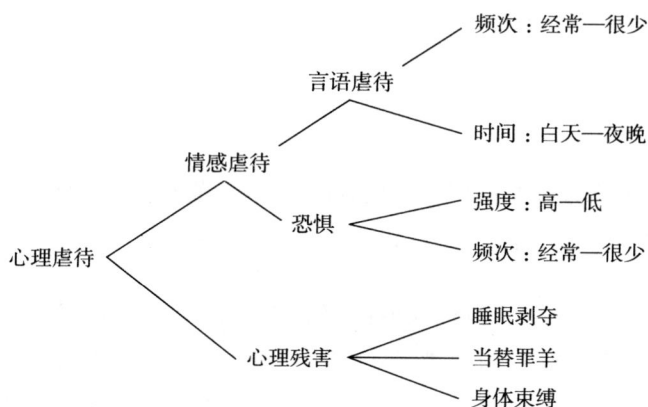

频次：经常—很少
言语虐待 <
时间：白天—夜晚
情感虐待 <
强度：高—低
恐惧 <
频次：经常—很少
心理虐待 <
睡眠剥夺
心理残害 — 当替罪羊
身体束缚

图 A7　路易丝陈述中的"心理虐待"

身体虐待

在埃斯米和路易丝看来，核心范畴"身体虐待"包括暴力的各个维度（参见图A8和A9）。例如，埃斯米这样描述了一次剧烈的身体虐待事件："她好像变了一个人似的，嗯，她猛打我的脸，接下来我知道，她把我顶到墙上，你知道的，用她的双手掐住我的喉咙"。

> 作者注：再一次指出，并不清楚建构这一核心范畴的根据。由于"身体虐待"只有一种子范畴（暴力）组成，并不清楚它在多大程度上或者以什么方式超越或者不只包括"暴力"。

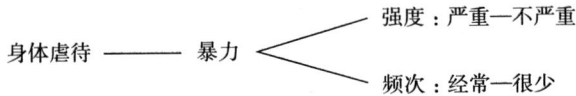

身体虐待 —— 暴力 〈
　　　　　　　　　　强度：严重—不严重
　　　　　　　　　　频次：经常—很少

图 A8　埃斯米陈述中的"身体虐待"

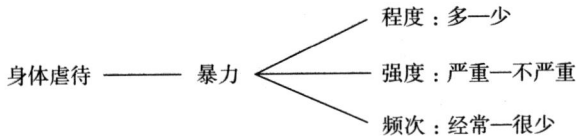

身体虐待 —— 暴力 〈
　　　　　　　　　　程度：多—少
　　　　　　　　　　强度：严重—不严重
　　　　　　　　　　频次：经常—很少

图 A9　路易丝陈述中的"身体虐待"

性虐待

只有一位参与者埃斯米援引了"性虐待"；这一范畴包括与性感受和性实践有关的身体疼痛和情感疼痛（参见图A10）。

> 作者注：考虑到上面三种核心范畴都围绕着虐待的概念，进一步整合这些范畴并创造一种总体性的范畴（虐待）很有意义，然后该总体性范畴可进一步细分成参与者所具体说明的各种类型的虐待。

```
                          身体疼痛
           性虐待
                          情感疼痛
```

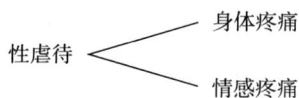

图 A10　埃斯米陈述中的"性虐待"

疼　痛

　　埃斯米和路易丝都援引了"疼痛"。疼痛可以施加、接受，并且在路易丝的案例中还可以避免。对疼痛的经验还进行了量化（如多—少、强—弱）（参见图 A11 和 A12）。例如，埃斯米提到她所经历的情感疼痛的强度："我想那时伤害我最深的就是她曾经对我说过的话"。

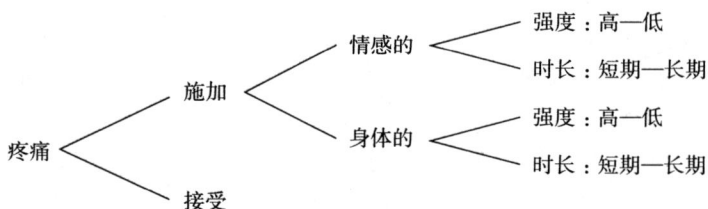

```
                                              强度：高—低
                          情感的
                                              时长：短期—长期
              施加
                                              强度：高—低
   疼痛                   身体的
                                              时长：短期—长期
              接受
```

图 A11　埃斯米陈述中的"疼痛"

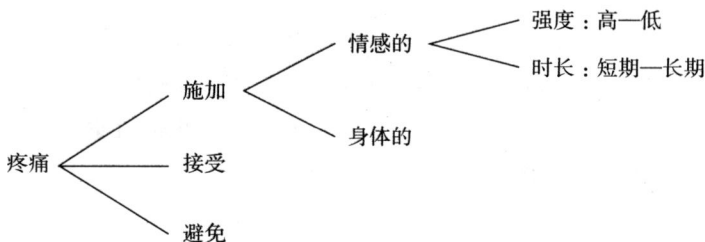

```
                                              强度：高—低
                          情感的
                                              时长：短期—长期
              施加
                          身体的
   疼痛        接受

              避免
```

图 A12　路易丝陈述中的"疼痛"

浪漫爱情

　　"浪漫爱情"这一核心范畴同时被两位参与者援引；然而，在埃斯米看来，浪漫爱情包括情感依恋、承诺、意象、现实的迷失和信任，而路易丝还提到了和睦相处。不过，路易丝没有把意象作为浪漫爱情的表现（参见图 A13 和 A14）。

作者注：有些范畴标签并非是不言自明的，需要进一步的详述和解释。例如，浪漫爱情中的"意象"就需要解释。

路易丝承认爱情的重要性，她说，"并不仅仅是因为实际问题，它是情感的……你对那个人已经有了强烈的情感联系"。

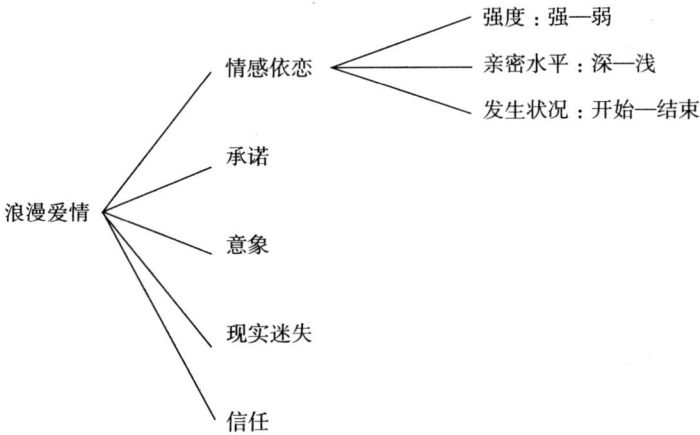

图 A13　埃斯米陈述中的"浪漫爱情"

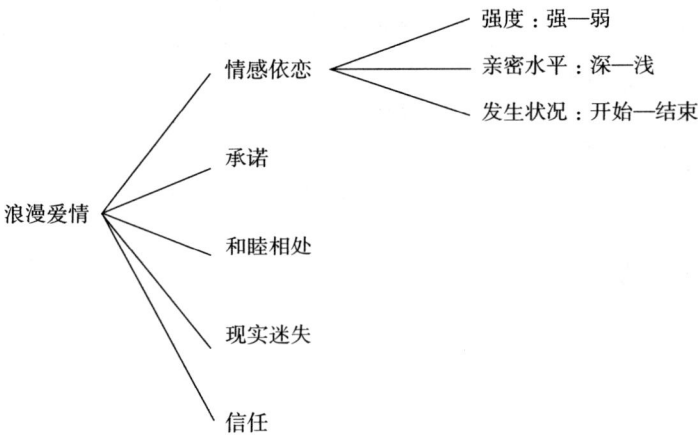

图 A14　路易丝陈述中的"浪漫爱情"

社会支持

埃斯米和路易丝都援引了"社会支持";但是,埃斯米指的是一般意义上的社会支持(如支持的类型),而路易丝的陈述详细描述和评价了具体的支持服务和支持网络(参见图 A15 和 A16)。例如,当埃斯米说"因为你能够感受到作为一名黑人女同性恋者如此孤立无援"时,她指出了她在获得个人支持网络方面所受的限制。当路易丝说"当你正在寻找一名你认识的广告张贴者时,你很难找到"时,她指出了在获得支持资源方面所存在的一些困难。

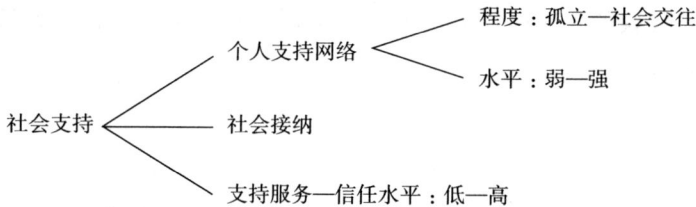

个人支持网络 —— 程度:孤立—社会交往
个人支持网络 —— 水平:弱—强

社会支持 —— 社会接纳

支持服务—信任水平:低—高

图 A15　埃斯米陈述中的"社会支持"

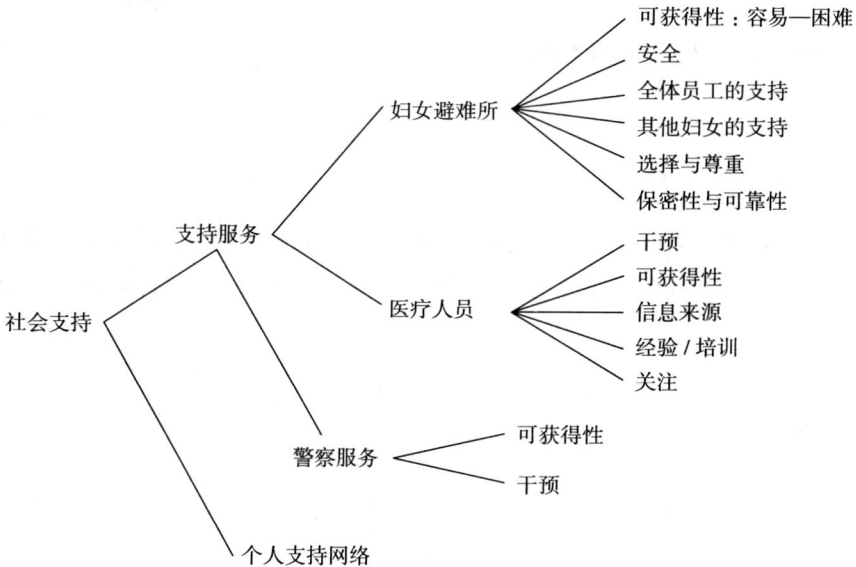

妇女避难所 —— 可获得性:容易—困难
安全
全体员工的支持
其他妇女的支持
选择与尊重
保密性与可靠性

医疗人员 —— 干预
可获得性
信息来源
经验／培训
关注

支持服务

社会支持

警察服务 —— 可获得性
干预

个人支持网络

图 A16　路易丝陈述中的"社会支持"

作者注：图 A16（路易丝陈述中的"社会支持"）介绍了子范畴里的子范畴。到目前为止，在所有其他的图形中（参见图 A1–A15），核心范畴（如疼痛）都可以分解成许多子范畴（如"施加"和"接受"），其中一些子范畴依次进行了维度化（如强度：高—低）。然而，在图 A16 中，子范畴（如妇女避难所）本身又进一步分解成了子范畴（如安全、全体职员的支持、可靠性等）。尽管这与扎根理论方法论是完全相容的，但它的确背离了这份报告已经确立的模式，因此研究者应该解释。

同性恋意象

埃斯米虐待经验的陈述提到了"同性恋意象"。这些陈述以意识形态和性取向的透露 / 公开为中心（参见图 A17）。

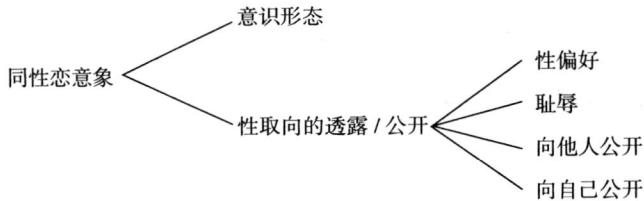

图 A17　埃斯米陈述中的"同性恋意象"

非暴力哲学

埃斯米和路易丝都赞同非暴力哲学。不过，在埃斯米看来，非暴力哲学包括内疚和权术，而路易丝认为，非暴力哲学关涉冷静和疼痛避免（参见图 A18 和 A19）。

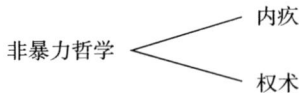

图 A18　埃斯米陈述中的"非暴力哲学"

```
                                       ┌─── 冷静
                        非暴力哲学 ─────┤
                                       └─── 疼痛避免
```

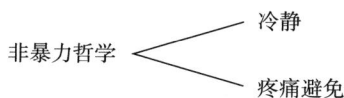

图 A19　路易丝陈述中的"非暴力哲学"

应对／生存策略

　　埃斯米和路易丝的陈述都确定了一系列她们用来应对和度过虐待的策略。埃斯米指出了 3 种策略（参见图 A20），而路易丝提出了 5 种（参见图 A21）。

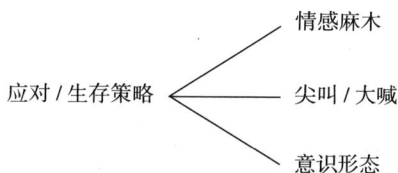

```
                                       ┌─── 情感麻木
                                       │
                     应对 / 生存策略 ───┼─── 尖叫 / 大喊
                                       │
                                       └─── 意识形态
```

图 A20　埃斯米陈述中的"应对 / 生存策略"

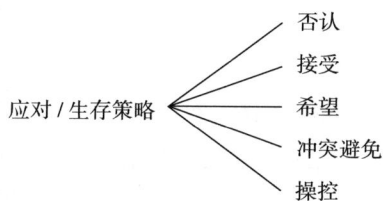

```
                                       ┌─── 否认
                                       │
                                       ├─── 接受
                                       │
                     应对 / 生存策略 ───┼─── 希望
                                       │
                                       ├─── 冲突避免
                                       │
                                       └─── 操控
```

图 A21　路易丝陈述中的"应对 / 生存策略"

责任心

　　两名参与者都援引了"责任心"，既涉及对她们自己（自责）又涉及她们的伴侣（责备伴侣）（参见图 A22）。

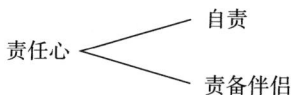

```
                                  ┌─── 自责
                      责任心 ──────┤
                                  └─── 责备伴侣
```

图 A22　埃斯米和路易丝陈述中的"责任心"

药物 / 物质滥用

埃斯米和路易丝都提到了药物的滥用；不过，埃斯米提到了 3 种类型的药物（酒精、药剂和大麻），而路易丝只谈到了酒精以及它的各种使用（参见图 A23 和 A24）。

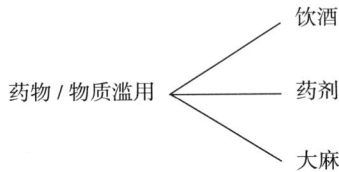

图 A23　埃斯米陈述中的"药物 / 物质滥用"

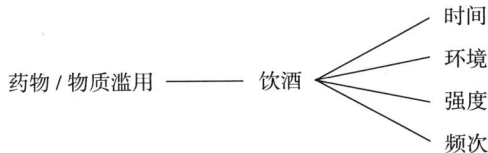

图 A24　路易丝陈述中的"药物 / 物质滥用"

作者注：除了"环境"以外，"饮酒"的子范畴看上去好像是可以根据其存在与否的程度来界定的维度。然而，没有迹象表明这些子范畴实际上可以维度化。这一点需要澄清。

易受伤害性的组成方面

对两位参与者所陈述的范畴进一步整合，确认了"易受伤害性的组成方面"。虐待的易受伤害性产生于分析中所确定的诸多核心范畴之间的潜在关联。这些范畴构成了虐待行为的潜在风险因素，因为它们促使个体决定维持虐待关系。社会支持的水平、尊重、希望 / 否认 / 接受、对伴侣的信任和承诺、现实的迷失、非暴力哲学、自责以及所谓的"情感束缚"（通过恐惧和情感依恋）似乎提高了与虐待型伴侣生活在一起的风险（参见图 A25）。

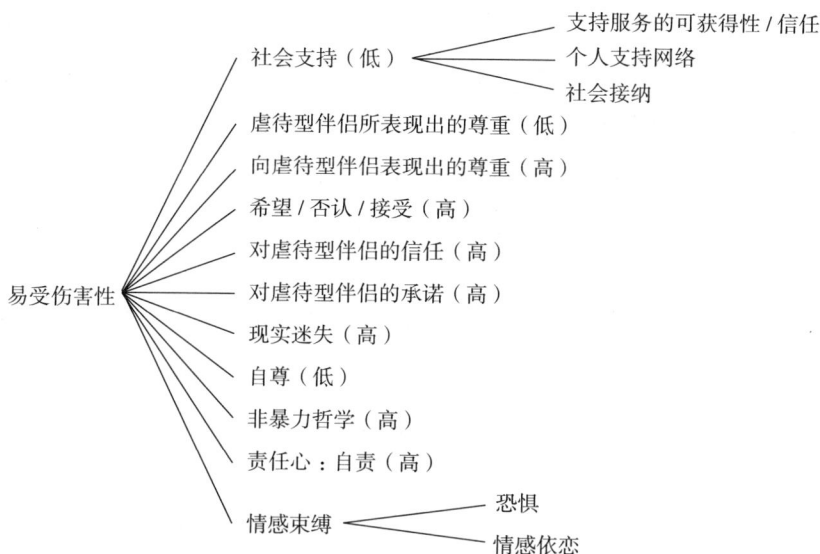

图 A25　增加与虐待型伴侣生活在一起的风险的促进因素

讨　论

　　本研究分别对一位异性恋妇女和一位同性恋妇女就虐待关系主题进行了访谈，对这两次访谈的扎根理论分析确定了许多核心范畴。就最初的研究焦点（虐待行为的发生和社会支持的可获得性）而言，心理虐待、身体虐待和疼痛这些核心范畴在两位参与者的经验中都起了重要作用，并且性虐待在同性恋妇女的亲密关系中也明显存在。两位参与者都谈到了她们所遭受的情感虐待带来的恶果以及她们的情感创伤的长期影响。结果表明，无论性取向如何，心理虐待、身体虐待和性虐待都可能发生。支持的获得似乎有两个来源——个人网络和专门的支持机构。这些服务的获得并没有保障。对支持服务的信任是获得这些服务的一个重要特征。对于同性恋个体而言，社会接纳也是一个问题，它影响了支持服务的可获得性。要深入地探索这些领域，需要进一步地收集资料。

　　对资料的进一步分析导致了研究焦点的修改。核心范畴似乎围绕着受虐者继续保持虐待关系所涉及的诸多问题而展开。这导致我们要找出可能增加个体与虐待型伴侣生活在一起的各种风险，即受虐者易受伤害性的各个方面。这些方面包括社会支持（支持服务的可获得性／信任、个人支持网络和社会接纳）、虐待型伴侣所表现出的尊重、向虐待型伴侣表现出的尊重、希望／否认／接受、对虐待型伴侣的信任、承诺、现实的迷失、自尊、非暴力哲学、责任心（自责）和"情感束缚"（恐惧和情感依恋）。

社会支持反映了支持服务的可获得性和对支持服务的信任、个人支持网络的存在以及社会接纳的出现。低水平的社会支持可能会增加受虐者与虐待型伴侣生活在一起的可能性。当虐待型伴侣表现出低水平的尊重，同时受虐者对虐待型伴侣表现出高水平的尊重时，也可能会增加与虐待型伴侣生活在一起的风险，高水平的希望／否认／接受同样如此。受虐者对虐待型伴侣高水平的信任、承诺和经常伴随着"坠入爱河"的现实迷失感，连同高水平的自责，也可能会促使虐待关系的维持。低自尊和非暴力哲学似乎促进了与虐待型伴侣生活在一起。持续的情感虐待的经验与低自尊的关系需要进一步探索。对非暴力的承诺意味着受虐待的伴侣不可能去报复。对虐待型伴侣高水平的恐惧和情感依恋会导致"情感束缚"的感觉。易受伤害性的所有这些方面之间的相互联系似乎促进了受虐者与虐待型伴侣生活在一起的决心。

本研究存在几个方面的局限。易受伤害性的每个方面对个体经验的影响有多大，这需要进一步探索。本研究所确定的潜在促进因素需要全面澄清。如果必要，建议进行额外的资料收集以促进理论发展和分析修改。需要探索的其他领域包括自尊与信任的关系和情感依恋、信任、承诺与希望的关系。此外，如果我们要了解努力挣脱虐待型伴侣的动力，还需要进一步探索信任和尊重在沟通失败中的作用以及诸如"无条件的爱"和"忠诚"等概念的作用。

本研究采用了只有两名参与者的非随机样本，因而依据本研究无法得出任何概括性的结论。

作者注：此时，区分理论概括性和统计概括性是有帮助的（参见第5章）。另外，在此背景下可以介绍理论抽样的概念。

此外，务必要认识到所得出的任何结论都是基于参与者的自我报告。

一些人认为受虐的伴侣迎合虐待行为，作为对这种观点的回应，易受伤害性各个方面的确定可以帮助我们理解个体不离开虐待型伴侣的原因。本研究强调了当个体发现自己卷入虐待关系时所涉及问题的复杂性。对于卷入虐待关系，还存在实际的和经济的因素，这一点本研究并未强调。例如，如果亲戚朋友从一开始就不同意这桩亲密关系的话，为了"顾全面子"，个体可能会迫于压力而保持这段关系。个体还可能会惧怕孤独。本研究没有突出性在亲密关系中的作用以及个体赋予性的意义。研究的结果会受到研究资料、分析方法和研究焦点的局限性的制约。因此，本研究只能算是管窥蠡测。

尽管习得性无助理论可以解释一些人应对暴力型伴侣的方式（参见导言），但是它无法充分解释为什么一些人即使对未知事物没有强烈的恐惧，仍和暴力型伴侣生活在一起。福尔曼和达洛斯（Foreman & Dallos 1995）认为，妇女的无助和软弱往往被人视为虐待的原因而非结果。然而，有人认为，受到虐待的妇女是机智的和勇敢的，她们的受虐经验只是暂时性地"堕入地狱"，她们通过积极斗争有可能并且肯定会从中逃脱出来。有人可能会问为什么受虐伴侣不赶紧离开。对于这样一个幼稚的问题，答案却是复杂的。本研究与我们分享经验的个体就证明了这一点。本研究的受虐妇女把她们对伴侣的爱恋和渴望看做她们尽可能长久地与伴侣生活在一起的关键因素。斯梅尔（Smail 1993）指出，爱情与权力的密切关系通常会被人忽视。斯梅尔认为，自我与他人的关系是通过知觉到的权力来建构的。斯梅尔批评心理学的研究焦点很少将直接显露情况的根源追溯到更远的社会网络领域。本研究虚心接受斯梅尔的批评，因为没有超出个体之间的直接关系来探索权力领域。爱情与权力的关系需要进一步探索。

社会支持的可获得性也是需要进一步考察的领域。本研究的结果表明了受虐者在获得支持服务方面存在困难。我们有必要跨越一系列关系来考察那些妨碍获取与家庭暴力有关的恰当信息和支持的问题。个体对支持服务的信任是令人担忧的。个体对社会憎恶同性恋的担心以及对同性关系法律空白的认识，使得这一问题更加复杂。

法律在家庭暴力领域内的实施依然是一个值得关注的问题。通常施暴者会由于控方原因而得不到惩罚。控方通常缺乏视觉或法庭证据，并且担心其对虐待行为的指控无法取信于人。此外，受害者通常会因形势所迫，感觉自己应该对虐待行为负责任。确立顺从与虐待的界限仍然困难。这在性虐待领域尤其如此。有些人可能认为，个体与虐待型伴侣生活在一起，说明她愿意成为虐待情境的一部分。本研究有助于我们再次确认该领域已有的研究结果，这些结果表明，受虐者继续保持虐待关系是一个很复杂的问题，涉及多种原因（包括超越个体的行为与选择之外的原因）。

大众传媒可能会轻视和炒作这一问题（Mooney 1994）。通常家庭暴力的严重性会埋没在大量庸俗娱乐的无聊新闻标题之中。同性恋媒体力图保持一种监督审查的视角，继续提升团结一致的形象。尽管在恐惧同性恋的社会中，同性恋者团结一致在反对歧视和争取平等权的持续斗争中举足轻重，但是如果不能解决像家庭暴力这样严重的问题，就会继续助长压迫行为和同性恋受虐者对虐待行为的接受。

只有承认与公开虐待行为，我们才能打破沉默，摧毁继续纵容施暴者的保护伞。沉默会导致虐待行为的合理化。必须给那些正在遭受虐待的人获得支持性网络的机会。她们必须明白，当她们的施虐者因为"控制自己的配偶"而获得认可时，她们不会因为"拼个鱼死网破"而面临社会排斥。虐待有什么好处吗？控制他人以满足自己的需要，而不考虑伴侣的感受，这只不过是赤裸裸的剥削——这样的虐待绝不是"爱"。

愤世嫉俗地说，人们醒来可以闻到咖啡的香味——这种意象可能很美妙，但是它实际品尝起来怎样呢？有时味道并不见得那样好。

参考文献

Bonilla-Santiago, G. (1996) Latino battered women: barriers to service delivery and cultural considerations, in A.R. Roberts (ed.) *Helping Battered Women: New Perspectives and Remedies.* Oxford: Oxford University Press.

Chandler, T. and Taylor, J. (1995) *Lesbians Talk: Violent Relationships.* London: Scarlett Press.

Charmaz, K. (1995) Grounded theory, in J.A. Smith, R. Harré and L. Van Langenhove (eds) *Rethinking Methods in Psychology.* London: Sage.

Creith, E. (1996) *Undressing Lesbian Sex: Popular Images, Private Acts and Public Consequences.*

London: Cassell.

Dwyer, D.C., Smokowski, P.R., Bricut, J.C. and Wodarski, J.S. (1996) Domestic violence and women battering: theory and practice implications, in A.R. Roberts (ed.) *Helping Battered Women: New Perspectives and Remedies.* Oxford: Oxford University Press.

Foreman, S. and Dallos, R. (1995) Domestic violence, in R. Dallos and E. McLaughlin (eds) *Social Problems and the Family.* London: Sage.

Hamberger, L.K. (1994) Domestic partner abuse: expanding paradigms for understanding and intervention, *Violence and Victims*, 9(2): 91-4.

Hester, M., Pearson, C. and Radford, L. (1997) *Domestic Violence: A National Survey of Court Welfare and Voluntary Sector Mediation Practice.* Bristol: The Policy Press.

Langhinrichsen-Rohling, J., Neidig, P. and Thorn, G. (1995) Violent marriages: gender differences in levels of current violence and past abuse, *Journal of Family Violence*, 10(2): 159-76.

Letellier, P. (1994) Gay and bisexual male domestic violence victimization: challenges to feminist theory and responses to violence, *Violence and Victims*, 9(2): 95-106.

Lie, G. and Gentlewarrier, S. (1991) Intimate violence in lesbian relationships: discussion of survey findings and practice implications, *Journal of Social Service Research*, 15(1-2): 41-59.

Lobel, K. (1986) *Naming the Violence: Speaking Out about Lesbian Battering.* Seattle, WA: Seal Press.

Mooney, J. (1993) *The Hidden Figure: Domestic Violence in North London.* London: Middlesex University Press.

Mooney, J. (1994) *The Prevalence and Social Distribution of Domestic Violence: An Analysis of Theory and Method.* London: Middlesex University Press.

Petretic-Jackson, P. and Jackson, T. (1996) Mental health interventions with battered women, in A.R. Roberts (ed.) *Helping Battered Women: New Perspectives and Remedies.* Oxford: Oxford University Press.

Potter, J. and Wetherell, M. (1987) *Discourse and Social Psychology.* London: Sage.

Renzetti, C.M. (1992) *Violent Betrayal: Partner Abuse in Lesbian Relationships.* London: Sage.

Roberts, A.R. (1996) A comparative analysis of incarcerated battered women and a community sample of battered women, in A.R. Roberts (ed.) *Helping Battered Women: New Perspectives and Remedies.* Oxford: Oxford University Press.

Smail, D. (1993) When I was little - the experience of power, in D. Smail (ed.) *The Origins of Unhappiness.* London: HarperCollins.

Strauss, A. and Corbin, J. (1990) *Basics of Qualitative Research.* London: Sage.

Zubretsky, T.M. and Digirolamo, K.M. (1996) The false connection between adult domestic violence and alcohol, in A.R. Roberts (ed.) *Helping Battered Women: New Perspectives and Remedies*. Oxford: Oxford University Press.

附　录

访谈表（指南）

嗨［名字］！谢谢你来到这里 / 允许我来到这里

此刻你感觉怎样？（放松点。请尽可能诚实地回答）

我可能要做一些记录，仅供我个人参考。你觉得方便吗？

我可以询问一下你的年龄吗？你的性别？你的种族背景？

你生活在［地名］有多长时间了？

你一直生活在英国吗？

你是学生吗？

你对什么活动感兴趣？

你如何描述你这个人？

你如何描述你的性取向？

有些人发现自己处于伴侣虐待的情境中。这种情况跟你有关吗？

他们的性别是什么？

你当时处于一种"一夫一妻的"关系中还是处于一种"性放纵"关系中？

你和你的伴侣住在一起吗？

当你处在那种关系中的时候，你和伴侣在一起的最美好的经验是什么？

当你处在那种关系中的时候，你和伴侣在一起的最糟糕的经验是什么？

由于你的伴侣的行为，有时你需要治疗吗？

你有没有告诉其他人所发生的事件？

你处在这种关系中有多长时间了？虐待行为是如何停止的？

你认为是什么原因导致了你的伴侣的行为？

你将如何描述（同性恋）媒体对同性关系中的虐待行为所作的报道？

［感谢参与者］

欣赏艺术的情绪体验：
在国家美术馆的一项观察

——卡罗利娜·莫恩斯乔

自反性前言

我在大学最后一年选择学习质性研究方法。我对这一模块感兴趣的原因是，它的内容似乎与我以前所学的（必修的）量性方法模块的内容根本不同。它吸引我的地方是它更具整体性的心理学研究取向。质性研究方法不是仅仅根据个体在计算机测验上的反应时间来考量个体，而是把个体看做一个有感受和思考能力的人。当然，大部分科学家确实都承认人有情感，但是要找到获取这些情感的有效测量手段却很困难。因此，我很高兴获悉从质性方法的角度来看，也有许多研究人的其他方法。我要利用质性方法在研究主题和场所上能为我提供的新空间。质性研究并不需要科学实验室，几乎可以在任何地方进行。而且，人们认识到，研究主题与研究者密切相关。我喜爱艺术和美丽的绘画，我认为它们能像音乐和诗歌一样影响你的情绪，或许因为艺术家像诗人或音乐家那样在表达某些主观的东西。就场所而言，我想要摆脱学术环境！这就是我最终来到国家美术馆的原因。使用质性方法使我感觉自己像一个独立的、有才能的实地研究者，并且使我相信自己有能力进行一项我自己的研究。观察人是一件有趣的事，我喜欢自己秘密观察者的身份。我还乐于倾听人们谈论他们的艺术体验，但这已使得研究成为必要（所以我就有了毕业研究项目的选题想法！）。

摘 要

这项观察研究是在伦敦国家美术馆进行的。当参观美术馆的几个人停下来欣赏两幅不同的艺术作品时，研究者悄悄对他们进行了观察。任何时候研究者都不与参与者互动。本研究的目的是确定参观者在观看艺术时通常会发生的行为。然而，主要的研究结果是，绘画似乎引发了观看者强烈的情绪反应。尽管此结果出乎意料，但本研究与已有的艺术鉴赏的动力性理论存在某种联系。最后讨论了研究结果的意义。

导 言

参观美术馆对于许多人来说是一种流行的消遣方式。尽管人们参观美术馆的原因可能各异，但美术馆是一种艺术环境，可能会引起观看者某些类型的行为和反应。本研究的目的是要考察人们在美术馆表现出的不同行为。有人可能期望在这样一种情境下会有一系列不同的行为发生，并且这可能会在某种程度上揭示观看者体验视觉艺术的方式。例如，人们在观赏的过程中可能会采取不同的身体姿势，这取决于绘画吸引人的程度。当两人结伴或三五成群地欣赏绘画时，人们可能会指指点点。他们相互之间可能会讨论观看绘画的视觉经验。此类行为可能存在性别差异。例如，据我所知，男性可能倾向于做出更多的指示行为，并试图解释图画中的景象，而女性可能从视觉上理解整幅图画，而不指示具体的细节。

观察法似乎适用于间歇性的观察，我选择拥有各种艺术作品的著名国家美术馆的原因是，它可以吸引大量不同年龄和国籍的参观者。这样，我希望我的样本尽可能是异质的。在观察之前没有找到任何与这一特定主题有关的前人研究。因此，我们对于将会发现什么不可能勾勒出任何进一步的具体期望，也不可能确定情境的哪些方面应该特别注意。不过，我们期望在美术馆的参观者身上会有一些新的、有趣的发现。

方 法

本研究采用观察法来进行，该方法关注于"准确地观察和记录自然发生的现象"（Banister et al. 1994: 18）。质性观察的本质是，它针对的是自然发生的行为。我选择此方法的原因是，它适合当前的研究目的；即探索人们在美术馆的行为。选择此方法的另一个原因是，我喜欢非互动式的质性研究取径。

> 作者注：此时，最好介绍更多观察和记笔记的实际程序的信息。例如，研究者制作了何种类型的笔记？它们是否包括自反性的和分析性的材料，抑或纯粹是描述性的？此外，如何分析和整合笔记以得出连贯一致的陈述？陈述中删除了什么和保留了什么，为什么？

场 景

资料是在伦敦特拉法尔加广场附近的国家美术馆收集到的，时间是 1999 年 2 月 20 日，周六。观察是结构化的，预先选择了一幅画作为观察的焦点。在观察的当日，又选择了另一幅画，以便获得能够比较和对比的两组资料。

> 作者注：此时，如果能给出导致研究者在观察的当日决定采取比较方法的原因，那将有助于读者理解该研究。

然而，在资料收集过程中，我的关注面非常广泛，并且尽力注意一切可能发生的行为。目的是考察参观者观看两幅不同的绘画所表现出的行为。

参与者

在观察的当日，参观国家美术馆的人相当多。大部分是不同年龄的成年人。也有少量的青少年和儿童。不过，儿童的数量相当少，总共也就是 10 到 15 个，看上去年龄在 7~10 岁。人们单独、两人结伴或者三五成群地来观看这两幅画作。一个由导游带领的大型团体（约 20 人）出现过一次。我没有向参与者给出任何解释或事后情况说明，他们没有意识到所进行的观察。

伦理考量

由于资料是在公开场合收集的，并且所有参与者都是匿名的，因而可以认为伦理考量不存在问题。而且，我观察的是自然发生的行为，没有涉及任何操控。

画　作

第一幅画作是《枣红马》（Whistlejacket），由乔治·斯塔布斯（George Stubbs，1724-1806）于 1762 年所画（参见图 A26）。美术馆此图旁边的信息简介中提到，《枣红马》公认为斯塔布斯的杰作，画中的马是比赛用马，是作者以接近实物的尺幅为它的主人画的。此外，这幅画还被称为"英国历史上马的最具独创性的肖像之一"。关于技术信息，简介中提到："素色背景衬托出枣红马极为逼真的形象，创造出超越任何时空的不朽经典"。实际上，选择马作为观察的焦点是有原因的。早些时候，我到美术馆闲逛，看看什么会引起我的兴趣，而《枣红马》最早打动了我。因此，我的研究的假设和出发点是，令我着迷的画作对其他观看者也会有类似的效果。

> 作者注：承认如下观点很重要：选中这幅绘画就意味着，观察的目的是考察参观者如何看待某种绘画，即能够吸引参观者的兴趣和打动参观者的绘画。

图 A26　乔治·斯塔布斯（George Stubbs，1724–1806）创作的《枣红马》

注释：经伦敦国家美术馆允许重印

　　尽管在观察之日到来之前我只选择了一幅绘画，但后来我决定再选择一幅绘画，以便比较和对比人们在面对两幅完全不同的绘画时的行为。在第一组资料收集之前我在美术馆内散步，我还想不出该选择哪一幅画。因此，我开始观察《枣红马》的观看者。正在收集资料的时候，我注意到我右边的一幅画吸引了许多人的兴

图 A27 由德比的约瑟夫·赖特（Joseph Wright，1734–1797）创作的《气泵里的鸟实验》

注释：经伦敦国家美术馆允许重印

趣。所以我决定利用那幅画来产生第二组资料。这幅画是《气泵里的鸟实验》（An Experiment on a Bird in the Air Pump），由德比的约瑟夫·赖特（Joseph Wright，1734-1797）于1768年所画（参见图 A27）。此画旁边的简介解释了画中的情境：一名演讲者正在向一群家庭成员演示真空的产生。一只白色凤头鹦鹉关在一个玻璃烧瓶里，烧瓶里的空气被抽出，直到这只鸟不再呼吸。

实践考量

悄悄地观察参与者非常重要。《枣红马》悬挂在一间大的矩形房间的墙中央，房间的中央摆放有座位。这个位置有助于独立地观察和记笔记。《枣红马》的空间位置也是我选择这幅画的原因之一。《枣红马》资料的收集从下午 1 点 30 分到 2 点 15 分，持续了 45 分钟。随后，观察欣赏鸟实验绘画的人的时间从下午 2 点 15 分持续到 3 点。

分　析

一组观察笔记描述了参与者在每幅画作面前所表现出的最频繁的行为。

作者注：我们不清楚，为什么作者决定专注于最频繁发生的行为。质性研究并没有假定，最频繁发生的事件就必定最有趣或最重要。

观察资料的最普遍特征描述如下。

画作 1 :《枣红马》

结　果

许多人都会驻足欣赏这幅画，然后他们会走近墙壁阅读信息简介。接下来，他们会后退几步以便能够再次清楚地观看那匹马。由于这幅画很大，大部分人都从距离五、六米远的地方来欣赏它。然而，有些人会从差不多 15 米远的地方来欣赏。由于我原本预料在两人结伴或三五成群欣赏图画的观看者之间会有一些互动，因而我最初对没有发生这样的行为感到很惊讶。然而，不久就变得很明显，这种沟通的缺乏可能是欣赏马的经验的一个重要部分。最引人注目的发现是，参与者在欣赏《枣红马》时脸上呈现出了一种温和的表情。这种温和的表情几乎总会发展成微笑。如果人们结伴而来，他们会彼此紧挨而立，微笑着，目光注视着那匹马。即使评论那幅画，他们的眼睛往往也不会离开那匹马而面对彼此。不过，有少量的人先是看看这幅画，然后转向彼此并微笑。许多人在欣赏这幅画时还会翘起他们的头。更多的人会把一只手放在嘴巴前或者使胳膊交叉在一起。无论人们是独自欣赏图画还是与他人一起，这种行为模式（温和的面部表情、微笑以及表现出手部动作或胳膊动作）

都会发生。对于男性和女性以及不同种族的人来说，情况同样如此。

另一个有趣的发现是，参与者会变换他们欣赏图画的位置。例如，从较远的距离欣赏过这幅画之后，一些观看者会走得非常近地欣赏。特别是，人们会仔细地察看马蹄。实际上，由于此画的尺幅，马的后蹄处于大部分人眼睛的水平线上。不像印象派作品从远处看详细、精确而从近处看弥散，枣红马的蹄子甚至近看时也的确很真实，这似乎对人们很有吸引力。然而，更重要的是，人们在绘画前会走来走去，好像试图从不同角度观看这匹马。

最后，应该指出的是，并不是所有人都停下来密切关注《枣红马》。这可能有很多原因。例如，他们参观时可能早就欣赏过这幅画正在离开，或者他们可能觉得这幅画没意思。此外，小孩子也没有留下深刻印象。尽管陪同的大人作了很大的努力，做了许多指示手势，但孩子们仍然背对画作漠然置之。

解　释

在观察过程中我注意到，《枣红马》这幅画以不同方式影响了观看者。这表现在两个方面。第一，这幅画似乎引发了观看者的某些情感。诸如人们脸上温和的表情和头部翘起等行为，就表明了喜爱和亲切等积极情感。画家的描绘手法使得枣红马似乎在注视着观看者，并且它接近实物大小，这两个事实可能增强了这种情绪反应。这些特征可能也说明了第二个方面；即在欣赏的过程中，枣红马似乎从一幅二维图画转换成了一匹"真正的"马。换言之，人们把它看成了一种三维的生命体。尽管这可能显得有些牵强附会，但它可以解释为什么大多数人会从不同角度来欣赏这匹马。例如，许多人会从合适的角度来观察这匹马，似乎他们试图从前面观察而不是从侧面（侧面是画家描绘的角度）。即使近距离欣赏马的后蹄也不会稍减马的生命力。总之，可以这样说，《枣红马》在人们脑海中创造了非常真实的马的形象，并且这引发了积极的情绪反应。

画作 2：《气泵里的鸟实验》

结果与解释

第二幅画对观看者的影响迥异于第一幅画。参观者对这幅画最初的自发反应是皱眉。他们看上去焦虑不安，好像在自问，"这儿发生什么了？"由于这幅画比前面那幅要小，因而人们站得更近，而且还想立即阅读墙上的信息简介，好像他们迫切想弄清楚所发生的事件。然后他们总是看上去相当不舒服，可能是为了那只鸟。令人吃惊的是，人们会转身看看彼此，但未必会有语言交流。这可以视为寻求安慰的信号。此外，人们在面对这幅画时彼此之间会有更多的互动。许多人会指示着画中的不同人物相互谈论。小孩子也会指指点点。

有一次，一群美国人由他们的领队担任导游观看了这幅画。他们的表现很有趣，因为尽管这些人的初始反应与上文所描述的那些人很相似，但是当导游向他们解释这幅画时，他们开始表现出不同行为。主要表现在两方面。第一，导游谈论了画中的不同人物，并且谈到女性通常会表现出更多的情绪和悲痛，而男性对实验程序感兴趣。团体中的女性对这一说法的反应是紧张地发笑和局促不安。她们的身体语言似乎表明，她们并不满意这样一种泛化的性别歧视。然而，当导游继续介绍说这是这幅画创作时期的女性的典型特征时，这群人似乎才又平静下来。第二，导游解释了艺术家如何利用光线的明暗变化来创造非常逼真的效果。这种解释值得注意，因为它对观看者产生了重要影响。他们脸上的表情突然发生了改变，好像他们意识到自己一直在受骗；他们似乎在想，毕竟这幅画仅仅是一幅画，未必是对真实事件的写照。因此，参观者似乎体验到了一种放松感，因为毕竟他们认识到那只鸟可能并没有真得遭受苦难。

讨　论

本研究采用观察法对人们在美术馆的行为进行了研究。研究的最初目的是，探索观看者欣赏画作的不同方式以及他们在欣赏画作时彼此之间的互动方式。结果表明，尽管人们表现出了各种不同的行为，但最引人注目的发现是画作所激起的观看者的情绪反应。这种多少让人感到惊奇的发现，是在整个资料收集过程中保持广泛的关注面而获得的，因而对意外情况的出现始终保持关注。我很高兴发现，当人们被一幅画吸引时，他们似乎体验到了各种不同的情绪，以至于现实与艺术家所创造的世界之间融为一体。

艺术家通过他们的作品来表达情绪，这已经广为人知。例如，有人指出，伦勃朗（Rembrandt）在其自画像中对光线明暗的运用反映了作画时的心情，尤其是在抑郁期间（Postma 1993）。然而，就观看者的情绪体验而言，考量似乎很大程度上都是理论性的。不同的理论取向强调审美体验的不同方面。例如，从精神分析的角度看，艺术作品的情绪表现力是根据绘画与观看者之间的紧张和松弛系统来解释的（Rose 1991）。然而，这种观点因为太过局限而受到了批评。有人认为，艺术体验是一种转换过程，想象与审美情绪在这一过程中都发挥了某种作用（Guimaraes-Lima 1995）。

作者注：这些观点很有趣。如果能更详细地介绍这些观点并且更明晰地讨论它们与本研究的关系，那将有助于读者理解本研究。

人们欣赏艺术时的情绪反应的观察研究似乎很少见。本研究可能较为新颖，因为它是在自然场景内进行的，因而成功地抓住了参与者的自发性反应。尽管我没有料想到情绪会在研究结果中起主要作用，但是我的研究的结果可以与艺术鉴赏的心理学理论很好地联系起来。例如，芬奇（Funch 1997）讨论了艺术与欣赏者的关系，并指出视觉艺术影响观看者的方式有很多种。首先，根据芬奇的观点，人们对某种绘画存在一种自发性偏好。我认为我选择枣红马这幅画时就经历了这种偏好，并且参与者在停下来欣赏这幅画的时候也经历了这种偏好。反过来，自发性偏好这一概念也可以解释为什么一些人（包括小孩子在内）没有为这幅画吸引。根据芬奇的观点，艺术鉴赏可能还有点像一种充满喜悦的超越性体验。这种现象可以视为个人偶然遇到某种艺术作品时所表现出的一种特征，它可以在许多欣赏者表现出的温和面部表情和微笑中观察到。根据芬奇的观点，审美体验还提供了具有鲜明焦点的情绪。或许这可以解释为什么欣赏鸟实验绘画的大多数人似乎都体验了相同的情绪；包含明/暗效果的背景使观看者产生了生动逼真的效果，这可以明显地观察到。尽管如此，当导游强调了这幅画的具体特征之后，观看者成功地摆脱了这幅画所留下的迷人的第一印象，而更加客观地欣赏它。这意味着艺术的体验方式有两种。个人的审美体验可能会引发情绪反应，而探索艺术家的技术和动机需要一种更超脱的、分析性的方法。

未来的研究可以以多种方式扩展本研究。例如，如果资料是在多种场合收集的，那么就可以通过比较各组资料来评价观察相同或相似的程度。我们可以利用开放式问卷或访谈来研究美术馆参观者对特定画作的自发性偏好。要求人们描述这幅画是如何影响他们的、它激发了何种思想和情感，等等。这将有助于了解不同画作吸引人们的方式。也能考察同一幅画是否会引发所有观看者相似的情绪反应。

应该指出的是，在不同的文化环境中或者利用不同的参与者（如年幼的孩子）可能会得到不同的研究结果。然而，由于本研究的目的，不可能误解参与者的情绪反应。我对研究结果的信心增强了，因为事实上我一开始并不是在寻找观看者的情绪反应。

自反性

个人维度

我原本就打算在吸引我的环境内开展某种观察研究。我个人爱好艺术，包括欣赏艺术和创造我自己的艺术作品。因此，我喜欢这样的主意：既能够花时间在美术馆研究其他人的艺术体验，同时又可以做我的课程作业！

我很高兴看到，人们是如何对《枣红马》作出情绪反应的，这幅画是我选择用于研究的第一幅画。我能够看出，人们在欣赏艺术品时所能感受到全神贯注的投入，在某种意义上是相通的。这向我证明了人类的想象能力远比许多认知心理学家能向我们证明的还要多。看到这样的情况，我认识到人们的创造潜能和情感潜能经常会被"科学的"心理学研究所忽视，尤其是那些量性方法研究。

同样，当我看到人们聚集在第二幅画（鸟实验）前，并且期待了解画中发生的事件时，我自己的反应与其他观看者的反应是类似的。当我走近图画阅读信息简介时，我发现了另一位单个的观看者，他皱着眉寻求安慰地看着我，这告诉我他在为那只可怜的鸟儿感到难过。这让我确信，人类能够在顷刻间感受到共情。

我是一个感觉相当敏锐和情绪化的人，这可能会增强我获取和解释参与者的反应的能力，正如我所做的那样。本研究使我发生的主要改变是，恢复了我对人们的潜在能力的信念，即他们在情绪上能受到绘画的触动，以及"栩栩如生"地欣赏绘画的能力。

认识论维度

当我开始观察诸如指指点点等外显行为时，能使用的唯一方法就是观察法。然而，这种方法限制了研究结果，因为人们的感受方式只能从他们的行为来推断。实际上并没有询问他们的感受。如果采用诸如开放式问卷或半结构式访谈等其他取径，就会得到更加丰富的资料和更加详细的信息。但我仍然认为，不可能得出其他解释。

参考文献

Banister, P., Burman, E., Parker, I., Taylor, M. and Tindall, C. (1994) *Qualitative Methods in Psychology: A Research Guide.* Buckingham: Open University Press.

Funch, B.S. (1997) *The Psychology of Art Appreciation.* Copenhagen: Museum Tusculanum Press.

Guimaraes-Lima, M. (1995) From aesthetics to psychology: notes on Vygotsky's psychology of art, *Anthropology and Education Quarterly*, 26(4): 410-24.

Postma, J.U. (1993) Did Rembrandt suffer from depressive periods? A photo-analytic study of his self-portraits, *European Journal fo Psychiatry*, 7(3): 180-84.

Rose, G. (1991) Abstract art and emotion: expressive form and the sense of wholeness, *Journal of the American Psychoanalytic Association*, 39(1): 131-56.

参考文献

Alasuutari, P. (1995) *Researching Culture: Qualitative Method and Cultural Studies*. London: Sage.

Anfara, V.A. and Mertz, N.T. (2006) *Theoretical Frameworks in Qualitative Research*. London: Sage.

Annells, M. (1996) Grounded theory method: philosophical perspectives, paradigm of inquiry, and postmodernism, *Qualitative Health Research*, 6(3): 379–93.

Antaki, C., Billig, M., Edwards, D. and Potter, J. (2003) Discourse analysis means doing analysis: a critique of six analytical shortcomings, *Discourse Analysis Online*, 1, available from http://www.shu.ac.uk/daol/previous/v1/n1/index.htm.

Arribas-Ayllon, M. and Walkerdine, V. (2008) Foucauldian discourse analysis, in C. Willig and W. Stainton Rogers (eds) *The Sage Handbook of Qualitative Research in Psychology*. London: Sage.

Ashworth, P. (2003) An approach to phenomenological psychology: the contingencies of the lifeworld, *Journal of Phenomenological Psychology*, 34(2): 145–56.

Atkinson, J.M. and Heritage, J.C. (eds) (1984) *Structures of Social Action: Studies in Conversation Analysis*. Cambridge: Cambridge University Press.

Banister, P., Burman, E., Parker, I., Taylor, M. and Tindall, C. (1994) *Qualitative Methods in Psychology: A Research Guide*. Buckingham: Open University Press.

Bannister, D. and Fransella, F. (1986) *Inquiring Man: The Psychology of Personal Constructs*, 3rd edn. London: Croom Helm.

Bem, S. and Looren de Jong, H. (1997) *Theoretical Issues in Psychology: An Introduction*. London: Sage.

Billig, M. (1991) *Ideology and Opinions: Studies in Rhetorical Psychology*. London: Sage.

Billig, M. (1997) Rhetorical and discursive analysis: how families talk about the royal family, in N. Hayes (ed.) *Doing Qualitative Analysis in Psychology*. Hove: Psychology Press.

Billig, M., Condor, S., Edwards, D. et al. (1988) *Ideological Dilemmas: A Social Psychology of Everyday Thinking*. London: Sage.

Brinkmann, S. and Kvale, S. (2008) Ethics in qualitative psychological research, in C. Willig and W. Stainton Rogers (eds) *The Sage Handbook of Qualitative Research in Psychology*. London: Sage.

Brocki, J.M. and Wearden, A.J. (2006) A critical evaluation of the use of interpretative phenomenological analysis (IPA) in health psychology, *Psychology and Health*, 21(1): 87–108.

Bromley, D.B. (1986) *The Case Study Method in Psychology and Related Disciplines*. Chichester: John Wiley.

Burr, V. (1995) *An Introduction to Social Constructionism*. London: Routledge.

Burr, V. (2002) *The Person in Social Psychology*. Hove: Psychology Press.

Burr, V. (2003) *Social Constructionism*, 2nd edn. London: Routledge.

Butt, T. and Langdridge, D. (2003) The construction of self: the public reach into the private sphere, *Sociology*, 37(3): 477–94.

Calle, S. (2007) *Take Care of Yourself*. Arles: Acts Sud.

Carabine, J. (2000) Unmarried motherhood 1830–1990: a genealogical analysis, in M. Wetherell, S. Taylor and S.J. Yates (eds) *Discourse as Data: A Guide for Analysis*. London: Open University Press.

Chalmers, A.F. (1999) *What is this Thing Called Science?*, 3rd edn. Buckingham: Open University Press.

Chamberlain, K. (2000) Methodolatry and qualitative health research, *Journal of Health Psychology*, 5(3): 285–96.

Chamberlain, K., Camic, P. and Yardley, L. (2004) Qualitative analysis of experience: grounded theory and case studies, in D.F. Marks and L. Yardley (eds) *Research Methods for Clinical and Health Psychology*. London: Sage.

Charmaz, K. (1990) 'Discovering' chronic illness: using grounded theory, *Social Science and Medicine*, 30(11): 1161–72.

Charmaz, K. (1995) Grounded theory, in J.A. Smith, R. Harré and L. Van Langenhove (eds) *Rethinking Methods in Psychology*. London: Sage.

Charmaz, C. (2000) Constructivist and objectivist grounded theory, in N.K. Denzin and Y. Lincoln (eds) *Handbook of Qualitative Research*, 2nd edn. Thousand Oaks, CA: Sage.

Charmaz, C. (2002) Grounded theory analysis, in J.F. Gubrium and J.A. Holstein (eds) *Handbook of Interview Research*. Thousand Oaks, CA: Sage.

Charmaz, C. (2003) Grounded theory, in J.A. Smith (ed) *Qualitative Psychology: A Practical Guide to Research Methods*. London: Sage.

Charmaz, C. (2006) *Constructing Grounded Theory: A Practical Guide Through Qualitative Research*. London: Sage.

Charmaz, C. and Henwood, K. (2008) Grounded theory, in C. Willig and W. Stainton Rogers (eds) *The Sage Handbook of Qualitative Research in Psychology*. London: Sage.

Clarke, A.E. (2003) Situational analyses: grounded theory mapping after the postmodern turn, *Symbolic Interaction*, 26: 553–76.

Clarke, A.E. (2005) *Situational Analyses: Grounded Theory After the Postmodern Turn*. Thousand Oaks, CA: Sage.

Clarke, A.E. (2006) Feminism, grounded theory, and situational analysis, in S. Hess-Biber and D. Leckenby (eds) *Handbook of Feminist Research Methods*. Thousand Oaks, CA: Sage.

Colaizzi, P. (1978) Psychological research as the phenomenologist views it, in R. Valle and M. King (eds) *Existential-phenomenological Alternatives for Psychology*. New York: Oxford University Press.

Crawford, J., Kippax, S., Onyx, J., Gault, U. and Benton, P. (1992) *Emotion and Gender: Constructing Meaning from Memory*. London: Sage.

Crawford, J., Kippax, S. and Waldby, C. (1994) Women's sex talk and men's sex talk: different worlds, *Feminism and Psychology*, 4(4): 571–87.

Crossley, M.L. (2000) *Introducing Narrative Psychology: Self, Trauma and the Construction of Meaning*. Buckingham: Open University Press.

Curt, B.C. (1994) *Textuality and tectonics: troubling social and psychological science*. Buckingham: Open University Press.

Davies, B. and Harré, R. (1999) Positioning and personhood, in R. Harré and L. Van Langenhove (eds) *Positioning Theory*. Oxford: Blackwell.

Deutscher, I. (1978) Asking questions cross-culturally, in N.K. Denzin (ed.) *Sociological Methods: A Sourcebook*. London: McGraw-Hill.

Dey, I. (1999) *Grounding Grounded Theory: Guidelines for Qualitative Inquiry*. London: Academic Press.

Dey, I. (2004) Grounded theory, in C. Seale, G. Gobo, J.F. Gubrium and D. Silverman (eds) *Qualitative Research Practice*. London: Sage.

Drew, P. (1995) Conversation analysis, in J.A. Smith, R. Harré and L. Van Langenhove (eds) *Rethinking Methods in Psychology*. London: Sage.

Duncombe, J. and Jessop, J. (2002) 'Doing rapport' and the ethics of 'faking friendship', in M. Mauthner, M. Birch, J. Jessop and T. Miller (eds) *Ethics in Qualitative Research*. London: Sage.

Eatough, V. and Smith, J.A. (2008) Interpretative phenomenological analysis, in C. Willig and W. Stainton Rogers (eds) *The Sage Handbook of Qualitative Research in Psychology*. London: Sage.

Edley, N. and Wetherell, M. (2001) Jekyll and Hyde: men's constructions of feminism and feminists, *Feminism and Psychology*, 11(4): 439–57.

Edwards, D. (2004) Discursive psychology, in K. Fitch and R. Sanders (eds) *Handbook of Language and Social Interaction*. Mahwah, NJ: Lawrence Erlbaum.

Edwards, D., Ashmore, M. and Potter, J. (1995) Death and furniture: the rhetoric, politics and theology of bottom line arguments against relativism, *History of the Human Sciences*, 8(2): 25–49.

Edwards, D. and Potter, J. (1992) *Discursive Psychology*. London: Sage.

Elliott, R., Fischer, C.T. and Rennie, D.L. (1999) Evolving guidelines for publication of qualitative research studies in psychology and related fields, *British Journal of Clinical Psychology*, 38: 215–29.

Elmes, D.G., Kantowitz, Z.H. and Roediger, H.L. (1995) *Research Methods in Psychology*, 5th edn. St Paul: West Publications Company.

Elsbree, L. (1982) *The Rituals of Life: Patterns in Narrative*. Port Washington, NY: Kennikat Press.

Ess, C. and the AoIR Ethics Working Committee (2002) Ethical decision-making and Internet-research: recommendations from the AoIR Ethics Working Committee, approved by Association of Internet Researchers, 27 November 2002, available from http://www.aoir.org/reports/ethics.pdf.

Evans, A., Elford, J. and Wiggins, D. (2008) Using the internet for qualitative research, in C. Willig and W. Stainton Rogers (eds) *The Sage Handbook of Qualitative Research in Psychology*. London: Sage.

Fairclough, N. (1995) *Critical Discourse Analysis: The Critical Study of Language*. London: Longman.

Fischer, C. and Wertz, F. (1979) Empirical phenomenological analysis of being criminally victimised, in A. Giorgi, R. Knowles and D.L. Smith (eds) *Duquesne Studies in Phenomenological Psychology*, Vol. 3. Pittsburgh, PA: Duquesne University Press.

Flick, U. (1998) *An Introduction to Qualitative Research*. London: Sage.

Flowers, P., Smith, J.A., Sheeran, P. and Beail, N. (1997) Health and romance: understanding unprotected sex in relationships between gay men, *British Journal of Health Psychology*, 2: 73–86.

Flowers, P., Smith, J.A., Sheeran, P. and Beail, N. (1998) 'Coming out' and sexual debut: understanding the social context of HIV risk-related behaviour, *Journal of Community and Applied Social Psychology*, 8: 409–21.

Forshaw, M.J. (2007) Free qualitative research from the shackles of method, *The Psychologist*, 20(8): 478–79.

Foucault, M. (1982) 'The subject and power': an afterword, in H. Dreyfus and P. Rabinow, *Michel Foucault: Beyond Structuralism and Hermeneutics*. Chicago, IL: University of Chicago Press.

Foucault, M. (1990) *The History of Sexuality*. Translated from the French by Robert Hurley. London: Penguin.

Frank, A.W. (1995) *The Wounded Storyteller: Body, Illness, and Ethics*. London: The University of Chicago Press Ltd.

Frosh, S., Phoenix, A. and Pattman, R. (2003) Taking a stand: using psychoanalysis to explore the positioning of subjects in discourse, *British Journal of Social Psychology*, 42: 39–53.

Frosh, S. and Saville Young, L. (2008) Psychoanalytic approaches to qualitative psychology, in C. Willig and W. Stainton Rogers (eds) *The Sage Handbook of Qualitative Research in Psychology*. London: Sage.

Gergen, K.J. (1973) Social psychology as history, *Journal of Personality and Social Psychology*, 26(2): 309–20.

Gergen, K.J. (1989) Social psychology and the wrong revolution, *European Journal of Social Psychology*, 19: 463–84.

Gergen, K.J. and Gergen, M. (1986) Narrative form and the construction of psychological science, in T. Sarbin (ed.) *Narrative Psychology: The Storied Nature of Human Conduct*. New York: Praeger.

Giddens, A. (1984) *The Constitution of Society*. Berkeley, CA: University of California Press.

Gillies, V., Harden, A., Johnson, K., Reavey, P., Strange, V. and Willig, C. (2004) Women's collective constructions of embodied practices through memory work: Cartesian dualism in memories of sweating and pain, *British Journal of Social Psychology*, 43(1); 99–112.

Gilligan, C. (1982) *In a Different Voice*. Cambridge, MA: Harvard University Press.

Giorgi, A. (1970) *Psychology as a Human Science*. New York: Harper & Row.

Giorgi, A. (1975) An application of phenomenological method in psychology, in A. Giorgi, C. Fischer and E. Murray (eds) *Duquesne Studies in Phenomenological Psychology*, Vol. 2. Pittsburgh, PA: Duquesne University Press.

Giorgi, A. (1985) The phenomenological psychology of learning and the verbal learning tradition, in A. Giorgi (ed.) *Phenomenology and Psychological Research*. Pittsburgh, PA: Duquesne University Press.

Giorgi, A. (1994) A phenomenological perspective on certain qualitative research methods, *Journal of Phenomenological Psychology*, 25: 190–220.

Giorgi, A. (in press) Types of phenomenological methods being practiced in psychology, *Journal of Phenomenological Psychology*.

Giorgi, A., Fischer, C. and Murray, E. (eds) (1975) *Duquesne Studies in Phenomenological Psychology*, Vol. 2. Pittsburgh, PA: Duquesne University Press.

Giorgi, A. and Giorgi, B. (2003a) The descriptive phenomenological psychological method, in P.M. Camic, J.E. Rhodes and L. Yardley (eds) *Qualitative Research in Psychology: Expanding Perspectives in Methodology and Design*. Washington, DC: American Psychological Association.

Giorgi, A. and Giorgi, B. (2003b) Phenomenology, in J.A. Smith (ed.) *Qualitative Psychology: A Practical Guide to Research Methods*. London: Sage.

Giorgi, A. and Giorgi, B. (2008) Phenomenological psychology, in C. Willig and W. Stainton Rogers (eds) *The Sage Handbook of Qualitative Research in Psychology*. London: Sage.

Glaser, B.G. (1978) *Theoretical Sensitivity*. Mill Valley, CA: Sociology Press.

Glaser, B.G. (1992) *Emergence vs Forcing: Basics of Grounded Theory Analysis*. Mill Valley, CA: Sociology Press.

Glaser, B.G. (1999) The future of grounded theory. Keynote address from the Fourth Annual Qualitative Health Research Conference, *Qualitative Health Research*, 9(6): 836–45.

Glaser, B.G. and Strauss, A.L. (1967) *The Discovery of Grounded Theory: Strategies for Qualitative Research*. New York: Aldine.

Gordon, C. (1968) Self-conceptions: configurations of content, in C. Gordon and K.J. Gergen (eds) *The Self in Social Interaction*. New York: John Wiley.

Hamel, J. (1993) *Case Study Methods*. London: Sage.

Hammersley, M. (1992) *What's Wrong with Ethnography? Methodological Explorations*. London: Routledge.

Haraway, D.J. (1988) Situated knowledges: the science question in feminism and the privilege of partial perspective, *Feminist Studies*, 14(3): 575–97.

Haraway, D.J. (1991) *Simians, Cyborgs, and Women: The Reinvention of Nature*. London: Free Association Press.

Harden, A. and Willig, C. (1998) An exploration of the discursive constructions used in young adults' memories and accounts of contraception, *Journal of Health Psychology*, 3(3): 429–45.

Harding, S. (1991) *Whose Science? Whose Knowledge? Thinking from Women's Lives*. Buckingham: Open University Press.

Harré, R. (1986) *The Social Construction of Emotion*. Oxford: Blackwell.

Harré, R. (1997) An outline of the main methods for social psychology, in N. Hayes (ed.) *Doing Qualitative Analysis in Psychology*. Hove: Psychology Press.

Harré, R. and Gillett, G. (1994) *The Discursive Mind*. London: Sage.

Harré, R. and Van Langenhove, L. (eds) (1999) *Positioning Theory*. Oxford: Blackwell.

Hart, E. and Bond, M. (1995) *Action Research for Health and Social Care: A Guide to Practice*. Buckingham: Open University Press.

Haug, F. (ed.) (1987) *Female Sexualisation*. London: Verso.

Have, P.T. (1999) *Doing Conversation Analysis*. London: Sage.

Hayes, N. (ed.) (1997) *Doing Qualitative Analysis in Psychology*. Hove: Psychology Press.

Henriques, J., Hollway, W., Urwin, C., Venn, C. and Walkerdine, V. (1984) *Changing the Subject: Psychology, Social Regulation and Subjectivity*. London: Methuen.

Henwood, K.L. and Pidgeon, N.F. (1992) Qualitative research and psychological theorising, *British Journal of Psychology*, 83(1): 97–112.

Henwood, K.L. and Pidgeon, N.F. (1995) Grounded theory and psychological research, *The Psychologist*, 8(3): 115–18.

Henwood, K.L. and Pidgeon, N.F. (2006) Grounded theory, in G. Breakwell, S. Hammond, C. Fife-Shaw and J. Smith (eds) *Research Methods in Psychology*. 3rd edn. London: Sage.

Hepburn, A. and Potter, J. (2003) Discourse analytic practice, in C. Seale, D. Silverman, J.F. Gubrium and G. Gobo (eds) *Qualitative Research Practice*. London: Sage.

Hepburn, A. and Wiggins, S. (2005) Developments in discursive psychology, *Discourse & Society*, 16: 595–602.

Hepburn, A. and Wiggins, S. (eds) (2007) *Discursive Research in Practice: New Approaches to Psychology and Everyday Interaction*. Cambridge: Cambridge University Press.

Heritage, J. (1997) Conversation analysis and institutional talk: analysing data, in D. Silverman (ed.) *Qualitative Research: Theory, Method and Practice*. London: Sage.

Hewitt, J.P. and Stokes, R. (1975) Disclaimers, *American Sociological Review*, 40: 1–11.

Hiles, D. and Čermák, I. (2008) Narrative psychology, in C. Willig and W. Stainton Rogers (eds) *The Sage Handbook of Qualitative Research in Psychology*. London: Sage.

Hollway, W. (1989) *Subjectivity and Method in Psychology: Gender, Meaning and Science*. London: Sage.

Hollway, W. and Jefferson, T. (2000) *Doing Qualitative Research Differently: Free Association, Narrative and the Interview Method*. London: Sage.

Holzkamp, K. (1983) 'Aktualisierung' oder Aktualität des Marxismus? Oder: Die Vorgeschichte des Marxismus ist noch nicht zuende, *Aktualisierung Marx: Argument-Sonderband*. AS 100. Berlin: Argument Verlag.

Husserl, E. (1931) *Ideas*. Translated by W.R. Boyce Gibson. London: George Allen & Unwin.

Jarman, M., Smith, J.A. and Walsh, S. (1997) The psychological battle for control: a qualitative study of healthcare professionals' understandings of the treatment of anorexia nervosa, *Journal of Community and Applied Social Psychology*, 7: 137–52.

Karson, M. (2006) *Using Early Memories in Psychotherapy: Roadmaps to Presenting Problems and Treatment and Impasses*. Oxford: Rowman & Littlefield.

Kelly, G.A. (1955) *The Psychology of Personal Constructs*, Vols 1 and 2. New York: Norton.

Kendall, G. and Wickham, G. (1999) *Using Foucault's Methods*. London: Sage.

Kidd, P.S. and Parshall, M.B. (2000) Getting the focus and the group: enhancing analytical rigor in focus group research, *Qualitative Health Research*, 10(3): 293–308.

Kidder, L.H. and Fine, M. (1987) Qualitative and quantitative methods: when stories converge, in M.M. Mark and L. Shotland (eds) *New Directions in Program Evaluation*. San Francisco, CA: Jossey-Bass.

Kippax, S., Crawford, J., Benton, P., Gault, U. and Noesjirwan, J. (1988) Constructing emotions: weaving meaning from memories, *British Journal of Social Psychology*, 27: 19–33.

Kippax, S., Crawford, J., Waldby, C. and Benton, P. (1990) Women negotiating heterosex: implications for AIDS prevention, *Women's Studies International Forum*, 13(6): 533–42.

Kirk, J. and Miller, M. (1986) *Reliability and Validity in Qualitative Research*. London: Sage.

Kohlberg, L. (1976) Moral stages and moralization: the cognitive developmental approach, in T. Lickona (ed.) *Moral Development and Behaviour*. New York: Holt, Rinehart & Winston.

Koutroulis, G. (1996) Memory-work: process, practice and pitfalls, in D. Colquhoun and A. Kellehear (eds) *Health Research in Practice, Vol. 2 Personal Experiences, Public Issues*. London: Chapman & Hall.

Koutroulis, G. (2001) Soiled identity: memory-work narratives of menstruation, *Health*, 5(2): 187–205.

Kugelmann, R. (1997) The psychology and management of pain: gate control as theory and symbol, *Theory and Psychology*, 7(1): 43–65.

Kuhn, T. ([1962] 1970) *The Structure of Scientific Revolutions*. Chicago, IL: University of Chicago Press.

Kvale, S. (1995) The social construction of validity, *Qualitative Inquiry*, 1(1): 19–40.

Kvale, S. (1996a) The 1000-page question, *Qualitative Inquiry*, 2(3): 275–84.

Kvale, S. (1996b) *InterViews: An Introduction to Qualitative Research Interviewing*. London: Sage.

Langdridge, D. (2004) *Research Methods and Data Analysis in Psychology*. London: Pearson Prentice Hall.

Langdridge, D. (2007) *Phenomenological Psychology: Theory, Research and Method*. London: Pearson Prentice Hall.

Larkin, M., Watts, S. and Clifton, E. (2006) Giving voice and making sense in interpretative phenomenological analysis, *Qualitative Research in Psychology*, 3: 102–20.

Leininger, M. (1994) Evaluation criteria and critique of qualitative research studies, in J.M. Morse (ed.) *Critical Issues in Qualitative Research Methods*. London: Sage.

Lemon, N. and Taylor, H. (1997) Caring in casualty: the phenomenology of nursing care, in N. Hayes (ed.) *Doing Qualitative Analysis in Psychology*. Hove: Psychology Press.

Lorion, R.P. (1990) Evaluating HIV risk reduction efforts: ten lessons from psychotherapy and prevention outcome strategies, *Journal of Community Psychology*, 18: 325–36.

MacMartin, C. and LeBaron, C. (2006) Multiple involvements within group interaction:

a video-based study of sex offender therapy, *Research on Language and Social Interaction*, 39: 41–80.

MacNaghten, P. (1993) Discourses of nature: argumentation and power, in E. Burman and I. Parker (eds) *Discourse Analytic Research*. London: Routledge.

Madill, A. and Doherty, K. (1994) 'So you did what you wanted then': discourse analysis, personal agency and psychotherapy, *Journal of Community and Applied Social Psychology*, 4: 261–73.

Madill, A., Jordan, A. and Shirley, C. (2000) Objectivity and reliability in qualitative analysis: realist, contextualist and radical constructionist epistemologies, *British Journal of Psychology*, 91: 1–20.

Mann, C. and Stewart, F. (2000) *Internet Communication and Qualitative Research: A Handbook for Researching Online*. London: Sage.

Marsh, P., Rosser, E. and Harre, R. (1978) *The Rules of Disorder*. London: Routledge.

Melia, K.M. (1996) Rediscovering Glaser, *Qualitative Health Research* (Special Issue: Advances in Grounded Theory), 6(3): 368–78.

Middleton, D. and Brown, S. (2005) *The Social Psychology of Experience: Studies in Remembering and Forgetting*. London: Sage.

Moran, D. (2000) *Introduction to Phenomenology*. London: Routledge.

Morse, J.M. (ed.) (1992a) *Qualitative Health Research*. London: Sage.

Morse, J.M. (1992b) Negotiating commitment and involvement in the nurse–patient relationship, in J.M. Morse (ed.) *Qualitative Health Research*. London: Sage.

Moustakas, C. (1994) *Phenomenological Research Methods*. London: Sage.

Murray, M. (2003) Narrative psychology, in J.A. Smith (ed.) *Qualitative Psychology: A Practical Guide to Research Methods*. London: Sage.

Murray, M. and Chamberlain, K. (eds) (1999) *Qualitative Health Psychology: Theories and Methods*. London: Sage.

Neisser, U. (1981) John Dean's memory: a case study, *Cognition*, 9: 1–22.

Nightingale, D. and Cromby, J. (1999) *Social Constructionist Psychology: A Critical Analysis of Theory and Practice*. Buckingham: Open University Press.

O'Connell, D.C. and Kowal, S. (1995) Basic principles of transcription, in J.A. Smith, R. Harré and L. Van Langenhove (eds) *Rethinking Methods in Psychology*. London: Sage.

O'Connor, K. and Hallam, R.S. (2000) Sorcery of the self: the magic of you, *Theory and Psychology*, 10(2): 238–64.

Ogden, J. (1995) Changing the subject of health psychology, *Psychology and Health*, 10: 257–65.

Orum, A.M., Feagin, J.R. and Sjoberg, G. (1991) Introduction: the nature of the case study, in J.R. Feagin, A.M. Orum and G. Sjoberg (eds) *A Case for the Case Study*. London: University of North Carolina Press.

Osborn, M. and Smith, J.A. (1998) The personal experience of chronic benign lower back pain: an interpretative phenomenological analysis, *British Journal of Health Psychology*, 3: 65–83.

Packer, M. and Addison, R. (eds) (1989) *Entering the Circle: Hermeneutic Investigation in Psychology*. Albany, NY: State University of New York Press.

Parker, I. (1992) *Discourse Dynamics: Critical Analysis for Social and Individual Psychology*. London: Routledge.

Parker, I. (1994) Reflexive research and the grounding of analysis: social psychology and the psy-complex, *Journal of Community and Applied Social Psychology*, 4(4): 239–52.

Parker, I. (1997) Discursive psychology, in D. Fox and I. Prilleltensky (eds) *Critical Psychology: An Introduction*. London: Sage.

Parker, I. (ed.) (1998) *Social Constructionism, Discourse and Realism*. London: Sage.

Parker, I. and the Bolton Discourse Network (1999) *Critical Textwork: An Introduction to Varieties of Discourse and Analysis*. Buckingham: Open University Press.

Parker, I., Georgaca, E., Harper, D., McLaughlin, T. and Stowell-Smith, M. (1995) *Deconstructing Psychopathology*. London: Sage.

Pease, B. (2000) *Recreating Men: Postmodern Masculinity Politics*. London: Sage.

Pidgeon, N. and Henwood, K. (1997) Using grounded theory in psychological research, in N. Hayes (ed.) *Doing Qualitative Analysis in Psychology*. Hove: Psychology Press.

Pidgeon, N.F. and Henwood, K.L. (2004) Grounded theory, in M. Hardy and A. Bryman (eds) *Handbook of Data Analysis*. London: Sage.

Pomerantz, A. (1986) Extreme case formulations: a new way of legitimating claims, in G. Button, P. Drew and J. Heritage (eds) *Human Studies* (Special Issue: Interaction and Language Use), 9: 219–30.

Popper, K.R. (1969) *Conjectures and Refutations*. London: Routledge & Kegan Paul.

Potter, J. (1992) Constructing realism: seven moves (plus or minus a couple), *Theory and Psychology*, 2: 167–73.

Potter, J. (1996) *Representing Reality: Discourse, Rhetoric and Social Construction*. London: Sage.

Potter, J. (1997) Discourse analysis as a way of analysing naturally occurring talk, in D. Silverman (ed.) *Qualitative Research: Theory, Method and Practice*. London: Sage.

Potter, J. (1998) Fragments in the realization of relativism, in I. Parker (ed.) *Social Constructionism, Discourse and Realism*. London: Sage.

Potter, J. and Hepburn, A. (2005) Qualitative interviews in psychology: problems and possibilities, *Qualitative Research in Pychology*, 2: 38–55.

Potter, J. and Wetherell, M. (1987) *Discourse and Social Psychology: Beyond Attitudes and Behaviour*. London: Sage.

Potter, J. and Wetherell, M. (1994) Analysing discourse, in A. Bryman and R.G. Burgess (eds) *Analysing Qualitative Data*. London: Routledge.

Potter, J. and Wetherell, M. (1995) Discourse analysis, in J.A. Smith, R. Harré and L. Van Langenhove (eds) *Rethinking Methods in Psychology*. London: Sage.

Puchta, C. and Potter, J. (2004) *Focus Group Practice*. London: Sage.

Qualitative Research in Psychology (2005) Special Section on Interviewing, 281–325.

Radley, A. and Chamberlain, K. (2001) Health psychology and the study of the case: from method to analytic concern, *Social Science and Medicine*, 53: 321–32.

Reicher, S. (2000) Against methodolatry: some comments on Elliott, Fischer, and Rennie, *British Journal of Clinical Psychology*, 39: 1–6.

Reid, K., Flowers, P. and Larkin, M. (2005) Exploring lived experience, *The Psychologist*, 18(1): 20–23.

Rennie, D.L. (1998) Grounded theory methodology: the pressing need for a coherent logic of justification, *Theory and Psychology*, 8(1): 101–19.

Rennie, D.L. (1999) Qualitative research: a matter of hermeneutics and the sociology of knowledge, in M. Kopala and L.A. Suzuki (eds) *Using Qualitative Methods in Psychology*. London: Sage.

Robinson, K.M. (2001) Unsolicited narratives from the internet: a rich souce of qualitative data, *Qualitative Health Research*, 11(5): 706–14.

Robson, C. (1993) *Real World Research: A Resource for Social Scientists and Practitioner-researchers*. Oxford: Blackwell.

Rose, N. (1999) *Governing the Soul: The Shaping of the Private Self*, 2nd edn. London: Free Association Books.

Rosenblatt, P.C. (1995) Ethics of qualitative interviewing with grieving families, *Death Studies*, 19: 139–55.

Schegloff, E.A. (1997) 'Whose text? Whose context?', *Discourse and Society*, 8(2): 165–88.

Schleiermacher, F. (1998) *Hermeneutics and Criticism and Other Writings*, Andrew Bowie (ed.), Cambridge: Cambridge University Press.

Schmidt, L.K. (2006) *Understanding Hermeneutics*. Stocksfield: Acumen Publishing Limited.

Seale, C. (2000) Using computers to analyse qualitative data, in D. Silverman (ed.) *Doing Qualitative Research: A Practical Handbook*. London: Sage.

Silver, C. and Fielding, N. (2008) Using computer packages in qualitative research, in C. Willig and W. Stainton Rogers (eds) *The Sage Handbook of Qualitative Research in Psychology*. London: Sage.

Silverman, D. (1993) *Interpreting Qualitative Data: Methods for Analysing Talk, Text and Interaction*. London: Sage.

Silverman, D. (ed.) (2000) *Doing Qualitative Research: A Practical Handbook*. London: Sage.

Sims-Schouten, W., Riley, S. and Willig, C. (2007) Critical realism in discourse analysis: a presentation of a systematic method of analysis using women's talk of motherhood, childcare and female employment as an example, *Theory & Psychology*, 17(1): 127–50.

Sistrunk, F. and McDavid, J.W. (1971) Sex variable in conforming behaviour, *Journal of Personality and Social Psychology*, 17: 200–07.

Slife, B.D. and Williams, R.N. (1995) *What's Behind the Research? Discovering Hidden Assumptions in the Behavioural Sciences*. London: Sage.

Smith, J.A. (1991) Conceiving selves: a case study of changing identities during the transition to motherhood, *Journal of Language and Social Psychology*, 10: 225–43.

Smith, J.A. (1993) The case study, in R. Bayne and P. Nicolson (eds) *Counselling and Psychology for Health Professionals*. London: Chapman & Hall.

Smith, J.A. (1995a) Repertory grids: an interactive case-study perspective, in J.A. Smith, R. Harré and L. Van Langenhove (eds) *Rethinking Methods in Psychology*. London: Sage.

Smith, J.A. (1995b) Semi-structured interviewing and qualitative analysis, in J.A. Smith, R. Harré and L. Van Langenhove (eds) *Rethinking Methods in Psychology*. London: Sage.

Smith, J.A. (1996) Beyond the divide between cognition and discourse: using interpretative phenomenological analysis in health psychology, *Psychology and Health*, 11: 261–71.

Smith, J.A. (1997) Developing theory from case studies: self-reconstruction and the transition to motherhood, in N. Hayes (ed.) *Doing Qualitative Analysis in Psychology*. Hove: Psychology Press.

Smith, J.A. (1999) Towards a relational self: social engagement during pregnancy and psychological preparation for motherhood, *British Journal of Social Psychology*, 38: 409–26.

Smith, J.A. (2004) Reflecting on the development of interpretative phenomenological analysis and its contribution to qualitative research in psychology, *Qualitative Research in Psychology*, 1: 39–54.

Smith, J.A., Harré, R. and Van Langenhove, L. (1995) Idiography and the case study, in J.A. Smith, R. Harré and L. Van Langenhove (eds) *Rethinking Psychology*. London: Sage.

Smith, J.A., Jarman, M. and Osborn, M. (1999) Doing interpretative phenomenological analysis, in M. Murray and K. Chamberlain (eds) *Qualitative Health Psychology: Theories and Methods*. London: Sage.

Smith, J.A. and Eatough, V. (2006) Interpretative phenomenological analysis, in G. Breakwell, S. Hammond, C. Fife-Schaw and J.A. Smith (eds) *Research Methods in Psychology*. 2nd edn. London: Sage.

Speer, S.A. (2007) On recruiting conversation analysis for critical realist purposes (comment), *Theory & Psychology*, 17(1): 151–61.

Spinelli, E. (1989) *The Interpreted World: An Introduction to Phenomenological Psychology*. London: Sage.

Spradley, J.P. (1979) *The Ethnographic Interview*. New York: Holt, Rinehart & Winston.

Stake, R.E. (1994) Case studies, in N.K. Denzin and Y.S. Lincoln (eds) *Handbook of Qualitative Research*. London: Sage.

Stake, R.E. (1995) *The Art of Case Study Research*. London: Sage.

Stanley, L. and Wise, S. (1983) *Breaking Out: Feminist Consciousness and Feminist Research*. London: Routledge.

Stephenson, N. (2003) Rethinking collectivity: practicing memory-work, *International Journal for Critical Psychology*, 9: 160–76.

Stephenson, N. and Kippax, S. (2008) Memory work, in C. Willig and W. Stainton Rogers (2007) *The Sage Handbook of Qualitative Research in Psychology*. London: Sage.

Stevick, E.L. (1971) An empirical investigation of the experience of anger, in A. Giorgi, W. Fisher and R. Von Eckartsberg (eds) *Duquesne Studies in Phenomenological Psychology*, Vol. 1. Pittsburgh, PA: Duquesne University Press.

Strauss, A.L. (1987) *Qualitative Analysis for Social Scientists*. Cambridge: Cambridge University Press.

Strauss, A.L. and Corbin, J. (1990) *Basics of Qualitative Research: Grounded Theory Procedures and Techniques*. London: Sage.

Strauss, A.L. and Corbin, J. (1998) *Basics of Qualitative Research: Grounded Theory Procedures and Techniques*, 2nd edn. London: Sage.

Urwin, C. (1984) Power relations and the emergence of language, in J. Henriques, W. Hollway, C. Urwin, C. Venn and V. Walkerdine, *Changing the Subject: Psychology, Social Regulation and Subjectivity*. London: Methuen.

Van Dijk, T. (1987) *Communicating Racism*. Newbury Park, CA: Sage.

Van Kaam, A. (1959) Phenomenal analysis: exemplified by a study of the experience of 'really feeling understood', *Journal of Individual Psychology*, 15(1): 66–72.

Van Manen, M. (1990) *Researching Lived Experience: Human Science for an Action Sensitive Pedagogy*. Albany, NY: SUNY Press.

Vingoe, L. (2008) *The Construction of Personality Disorder: A Discourse Analysis of Contemporary Professional, Cultural and Political Texts*, unpublished DPsych dissertaton, City University, London.

Weitzman, E. and Miles, M.B. (1995) *Computer Programs for Qualitative Data Analysis: A Software Sourcebook*. London: Sage.

Wetherell, M. (1998) Positioning and interpretative repertoires: conversation analysis and post-structuralism in dialogue, *Discourse and Society*, 9(3): 387–413.

Wetherell, M. (2001) Debates in discourse research, in M. Wetherell, S. Taylor and S.J. Yates (eds) *Discourse Theory and Practice: A Reader*. London: Sage.

Wetherell, M., Taylor, S. and Yates, S.J. (2001) *Discourse as Data: A Guide for Analysis*. London: Sage.

Wetherell, M. and Potter, J. (1992) *Mapping the Language of Racism: Discourse and the Legitimation of Exploitation*. Hemel Hempstead: Harvester Wheatsheaf.

Wiggins, S. and Potter, J. (2008) Discursive psychology, in C. Willig and W. Stainton Rogers (eds) *The Sage Handbook of Qualitative Research in Psychology*. London: Sage.

Wilkinson, S. (1998) Focus groups in health research: exploring the meanings of health and illness, *Journal of Health Psychology*, 3(3): 329–48.

Willig, C. (1995) 'I wouldn't have married the guy if I'd have to do that' – heterosexual adults' accounts of condom use and their implications for sexual practice, *Journal of Community and Applied Social Psychology*, 5: 75–87.

Willig, C. (1997) The limitations of trust in intimate relationships: constructions of trust and sexual risk-taking, *British Journal of Social Psychology*, 36: 211–21.

Willig, C. (1998) Constructions of sexual activity and their implications for sexual practice: lessons for sex education, *Journal of Health Psychology*, 3(3): 383–92.

Willig, C. (1999a) Beyond appearances: a critical realist approach to social constructionist work in psychology, in D. Nightingale and J. Cromby (eds) *Psychology and Social Constructionism: A Critical Analysis of Theory and Practice*. Buckingham: Open University Press.

Willig, C. (ed.) (1999b) *Applied Discourse Analysis: Social and Psychological Interventions*. Buckingham: Open University Press.

Willig, C. (2000) A discourse-dynamic approach to the study of subjectivity in health psychology, *Theory and Psychology*, 10(4): 547–70.

Willig, C. (2004) Discourse analysis and health psychology, in M. Murray (ed.) *Critical Health Psychology*. NY: Palgrave Macmillan.

Willig, C. (2008) Discourse analysis, in J.A. Smith (ed.) *Qualitative Psychology: A Practical Guide to Research Methods*. 2nd edn. London: Sage.

Willig, C. (2007) Reflections on the use of the phenomenological method, *Qualitative Research in Psychology*, 4: 1–17.

Willig, C. and dew Valour, K. (1999) Love and the work ethic: constructions of intimate relationships as achievement. Paper presented to the *Annual Conference of the British Psychological Society*, London, 20–21 December.

Willig, C. and dew Valour, K. (2000) 'Changed circumstances', 'a way out' or 'to the bitter end'? A narrative analysis of 16 relationship break-ups. Paper presented to the *Annual Conference of the Social Psychology Section of the British Psychological Society*, Nottingham, 6–8 September.

Willig, C. and Stainton Rogers, W. (eds) (2008) *The SAGE Handbook of Qualitative Research in Psychology*. London: Sage.

Wodak, R. (1996) *Disorders of Discourse*. Harlow: Addison Wesley Longman.

Wooffitt, R. (2005) *Conversation Analysis and Discourse Analysis: A Comparative and Critical Introduction*. London: Sage.

Yardley, L. (ed.) (1997) *Material Discourses of Health and Illness*. London: Routledge.

Yardley, L. (2000) Dilemmas in qualitative health research, *Psychology and Health*, 15: 215–28.

Yardley, L. and Bishop, F. (2008) Mixing qualitative and quantitative methods: a pragmatic approach, in C. Willig and W. Stainton Rogers (eds) *The Sage Handbook of Qualitative Research in Psychology*. London: Sage.

Yin, R.K. (1993) *Applications of Case Study Research*. London: Sage.

Yin, R.K. (1994) *Case Study Research: Design and Methods*. London: Sage.